国家通用手语系列
中国残疾人联合会 组编

国家通用手语探微

国家手语和盲文研究中心 ◎ 编著

华夏出版社
HUAXIA PUBLISHING HOUSE

图书在版编目（CIP）数据

国家通用手语探微 / 中国残疾人联合会组编；国家手语和盲文研究中心编著．
-- 北京：华夏出版社有限公司，2023.1
（国家通用手语系列）
ISBN 978-7-5222-0414-7

Ⅰ．①国… Ⅱ．①中…②国… Ⅲ．①手势语—研究—中国 Ⅳ．① H126.3

中国版本图书馆 CIP 数据核字 (2022) 第 173294 号

地图审图号 GS 京（2022）0659 号

Ⓒ 华夏出版社有限公司　未经许可，不得以任何方式使用本书全部及任何部分内容，违者必究。

国家通用手语探微

组 编 者	中国残疾人联合会
编 著 者	国家手语和盲文研究中心
项目统筹	曾令真
策划编辑	刘　娲
责任编辑	王一博　李亚飞
责任印制	顾瑞清
出版发行	华夏出版社有限公司
经　　销	新华书店
印　　装	三河市少明印务有限公司
版　　次	2023 年 1 月北京第 1 版 2023 年 1 月北京第 1 次印刷
开　　本	787×1092　1/16 开
印　　张	17.5
字　　数	323 千字
定　　价	68.00 元

华夏出版社有限公司　　地址：北京市东直门外香河园北里 4 号　　邮编：100028
　　　　　　　　　　　　网址：www.hxph.com.cn　　电话：（010）64663331（转）

若发现本版图书有印装质量问题，请与我社营销中心联系调换。

前 言

2010年7月,中国残联、教育部、国家语委依托北京师范大学设立"国家手语和盲文研究中心"。自那时起,我们作为中心工作团队的成员,有幸参与了国家通用手语的一系列课题研究。在这个过程中,作为后辈,我们全面回顾了前辈们开创的通用手语研究的历史,体会到其中的艰辛与曲折;作为学生,我们真诚求教于精通手语语言学理论的教授学者,方知道些微浅显的基础知识;作为伙伴,我们观察、学习全国各地聋人的手语,领略到大量绝妙有趣的视觉语言;作为同行,我们与来自四面八方的聋校教师们、手语翻译们交流切磋,感受到他们学习、使用通用手语过程中的渴求和纠结。

有感于上述原因,我们作为这次新的国家通用手语研究的亲历者,一直想编写一本面向手语初学者和聋校教师的书,以告慰前辈:通用手语规范工作没有中断,在继续前行;以回馈自己:把这些年学中做、做中学的点滴收获和思考做一梳理,留个总结;以告诉读者:通用手语的由来,构词结构的一些现象、特点,背后的个中故事;以呼唤后人:几代人为之努力的通用手语还在路上,需要继续传承和发展。

为此,本书主要汇集了中华人民共和国成立以来党和国家关于手语工作的方针、政策、法律、规章;分析了我国通用手语研究工作提出的历史背景及不同阶段;思考了通用手语研究工作历程中的经验教训;基于推广和培训中聋校教师们最需要了解的内容,尝试用普通语言学和手语语言学的一些分类和术语对《国家通用手语词典》中的词汇从不同角度进行归纳分析,不涉及手语句法。本书作为我们学习思考的一个总结,既不是有完整学术框架的专著,也有别于通常的教学辅导教材,因此,冠以"国家通用手语探微"名称最为贴切。对于博大精深的手语和手语学科来说,我们只能"察知微细之事",做点表面文章。当然,尽管它不够成熟、不够系统,但还是希望能为喜欢手语的一般读者,特别是为聋校教师们了解、学习和使用国家通用手语提供一些参考和启迪,进而产生继续研究的兴趣。

本书是国家手语和盲文研究中心工作团队的集体成果,主笔人为顾定倩、王晨华、高辉;国家通用手语基本手形、类标记手形、基本手势由魏丹、于缘缘、仇冰、乌永胜、恒淼归纳整理;天津市聋人学校教师王健调查了部分地名手语的理据;北京启喑实验学校特级教师孙联群负责绘制手形图和表情图。全书由顾定倩统稿。

国家通用手语研究工作得到了国家语委、教育部语言文字应用管理司、教育部语言文字信息管理司几任领导李卫红、杜占元、田学军、姚喜双、李宇明、田立新、彭兴颀、刘宏、周道娟、易军、王丹卉，中国残疾人联合会领导程凯、张新龙、李东梅、韩咏梅、林帅华的关心和支持。本书在撰写中参考了诸多学者的著作，英国中央兰开夏大学高级讲师杨军辉博士、北京师范大学教授郑璇、南京聋人学校原副校长朱菊玲、中国聋人协会主席杨洋、湖北聋人协会原秘书长李俊鹏提供了相关资料。华夏出版社国家通用手语数字推广中心刘娲、王一博、李亚飞、许婷、徐聪为此书的编辑、出版工作付出了辛勤的努力。在此一并表示衷心的感谢！

限于我们的专业水平和能力，本书难免存在不完善之处，恳请读者批评指正。

编写组
2022 年 2 月

目 录

第一章　我国通用手语研究的历史背景 ··· 1
　第一节　我国历史文献记载的手语使用 ·· 3
　第二节　我国通用手语研究的背景 ·· 6
　第三节　我国通用手语研究的几个阶段 ·· 9
第二章　我国通用手语研究与推广的政策和法律依据 ································ 23
　第一节　国际上有关手语立法的情况 ·· 25
　第二节　我国法治框架内的国家通用手语研究与推广 ······························ 28
　第三节　我国法律、法规、规章中有关手语的条款 ································· 30
第三章　我国通用手语研究中的相关术语 ·· 39
　第一节　我国历史上有关手语的术语 ·· 41
　第二节　我国当代有关手语的术语及其概念界定 ···································· 43
　第三节　手形、类标记手形、基本手势 ··· 47
第四章　我国通用手语研究历程中的各种探索 ·· 69
　第一节　关于手语性质的探索 ··· 71
　第二节　关于手语规范化路径的探索 ·· 76
第五章　我国手指字母的历史演变及使用 ·· 83
　第一节　清末民初传入我国的手指字母 ··· 85
　第二节　民国时期的手指字母 ··· 88
　第三节　新中国汉语手指字母方案 ··· 94
　第四节　《汉语手指字母方案》的修订 ··· 100
第六章　通用手语词中的"词同形异"现象及其使用 ································ 107
　第一节　词目、词义相同而手语不同，可以相互通用的词 ····················· 109
　第二节　词目、词义相同而手语不同，需要区分使用的词 ····················· 117
　第三节　词目相同，手语不同的其他情况 ··· 121

第七章　通用手语词序的一些特点 ··· 125
第一节　构词语素不颠倒的手语动词 ··· 127
第二节　构词语素可能有颠倒的手语词 ··· 130
第三节　表达反义关系或否定意义的通用手语词 ··· 137

第八章　通用手语词中的非手控要素 ··· 143
第一节　通用手语词中的表情要素 ··· 145
第二节　通用手语词中的目光和口动要素 ··· 155
第三节　通用手语词中的身体姿势 ··· 161

第九章　通用手语词中的中华文化（上）··· 165
第一节　表达物质生活民俗的手语词 ··· 167
第二节　表达社会生活民俗的手语词 ··· 173
第三节　表达精神生活民俗的手语词 ··· 181

第十章　通用手语词中的中华文化（下）··· 185
第一节　通用手语词中的汉字文化 ··· 187
第二节　通用手语词中的传统艺术文化 ··· 191
第三节　内地（大陆）通用手语与港澳台地区手语的渊源 ··· 197

第十一章　通用手语中的我国地名手语 ··· 201
第一节　我国地名手语研究的阶段性特征 ··· 203
第二节　有关自然、人文、经济地理的地名手语 ··· 206
第三节　与汉字相关的地名手语 ··· 211

第十二章　通用手语中的外来手语和外文字母手语 ··· 217
第一节　外来手语和外文字母手语涉及的范围 ··· 219
第二节　外国国名、地名手语的主要构词方式 ··· 225

结束语 ··· 237

参考文献 ··· 245

附录　新中国手语工作大事记 ··· 247

第一章
我国通用手语研究的历史背景

"通用手语"是二十世纪五十年代新中国手语研究工作初始时提出的一个新概念。2011年后,"国家通用手语"一词正式使用。为行文方便,本书以"通用手语"作为简称。我国是听力残疾人口很多的国家。按照第七次全国人口普查结果公报,截至2020年11月1日,我国人口达到141178万(未包括台湾省)。根据2006年第二次全国残疾人抽样调查数据得出的残疾人占全国总人口的6.34%和听力残疾人占残疾人总数的24.16%的比例推算,我国残疾人总数已达8950万,其中听力残疾人约有2162万,属于一、二级听力残疾的约有400万人,他们不同程度地需要使用手语。此外,我国每年新生听力残疾儿童近3万人。因此,通用手语研究成为我国语言研究中不可缺少的组成部分。

第一节　我国历史文献记载的手语使用

　　手语要真正成为聋人之间的沟通工具，形成有系统的体系，离不开两个社会条件：一是聋人之间的聚集交往，二是聋人教育的产生。在我国漫长的封建社会背景下，这两个条件都不具备。所以，至今找不到系统记录古代和近代中国手语的史料，只有一些散见描述。傅逸亭、梅次开认为，五代南唐冯延巳（公元903年—960年）所著《昆仑奴》中的"之郎君颖悟，必能默识，所以手语耳"是可查的最早关于"手语"一词的记载了。[①]这段引述被戴目、高宇翔等人采用。实际上，《昆仑奴》是唐代传奇《昆仑奴传》[②]的别名，收录于《太平广记》卷第一百九十四，作者是唐代裴铏，并非冯延巳。这本文学作品中的人物是作者塑造出来的。该传奇讲了一个故事：一个大官的儿子崔生是位年轻俊美、性格内向的翩翩公子。一次，他奉父命去看望一位生病的一品高官时遇见了高官府中最漂亮的家妓红绡。临别时，红绡用手势给崔生比划了一番。崔生回家后念念不忘红绡和她的神秘手势，神魂颠倒。他的失常被家里的昆仑奴磨勒注意到了。磨勒问清了事情的原委，帮崔生猜出了红绡手势之谜。于是，在红绡手势指明的那夜，磨勒带着链锤和崔生去了一品高官家。高官家有猛犬，见生人就吃，世界上只有磨勒一人能杀。杀了狗，他又背着崔生翻越十道高墙，找到了红绡的住处。红绡向崔生倾诉衷肠，愿意离开高官府嫁给崔生。磨勒为了成全他们二人的好事，背上崔生和红绡，又飞越十道高墙将他们送回家。陆德阳在《中国残疾人史》一书中介绍清朝一个被称为"吴孝子"的聋人靠手语与其母沟通的事情，母子俩形成了互为知晓的手势：用双手拇、食指作圆，即知大饼；手指覆腕，即知馒头；手成八字，即知水饺；手掌平伸，即知为鱼。[③]这些都是对孤立聋人个案的描述，其自发产生的生活手势属于手语语言学所说的"离群"聋人的自然手语，还不是聋人群体间使用的有体系的手语。

　　直至近代聋校教育的产生使聋人聚集的情况增多，手语语言的社会功能与价值才逐步显现和扩大。从目前所发现的少量相关史料中可以看到近代聋人手语与现代聋人手语的联系。如高宇翔在书中记录的1877年E.J.艾特尔（E. J. Eitel）描

[①] 傅逸亭，梅次开. 聋人手语概论[M]. 上海：学林出版社，1986：1.
[②] 昆仑奴传[DB/OL]. 2018-07-16[2021-03-02]. https://baike.baidu.com/item/%E6%98%86%E4%BB%91%E5%A5%B4%E4%BC%A0/3359346?fromtitle=%E6%98%86%E4%BB%91%E5%A5%B4&fromid=7112779#viewPageContent.
[③] 陆德阳，稻森信昭. 中国残疾人史[M]. 上海：学林出版社，1996：208-209.

述当时所见中国聋人的一些手语："在面前挥手表示'不要'；两手拇指伸出，其余四指紧握，置于头部两侧，表示'羊'；两手掌心朝前置于头部两侧，手指上下摇动，表示'猪'；一手置于面前，拇指与其他两指或三指张合，表示'鸭子'；拇指与其他一指张合则表示'鸡'。"① 这些与现在的手语几乎一样。1937 年上海福哑学校校长、英国人傅步兰发表的《盲聋哑儿童教育》一文中将手语称为"比量"，即用手或面部及肢体的动作，来代表一种固定的名词或事实。他说这是同为聋哑病者"彼此说话时较为经济之表演。其方法有二：一、自然的；二、人为的。所谓自然的比量，即常人亦往往以之为代表意思之动作，如以鞠躬握手为表示欢迎庆贺之意，点头摇头为表示赞否之意；以下数句关于比量之各言读之，可知比量之价值矣。'身体各部之动作，均能有助于意思之表示，如用手眼等以表示应许、叫、要不要、请求、问、完毕、快乐、忧愁、疑忽、禁止、多少、时间、轻视、诚恳等可用此种表示，使常人领悟其意义，尚有许多形容词，及代名词，在此种比量的表示时，亦可加以省略'"②。1948 年时任南京盲哑学校校长的白今愚在《特殊教育的理论与实际》一文中写道："伸拇指表示'好'；伸小指表示'坏'；伸食指连点额骨表示'知道''明白'；伸右手摸左额头表示'不知道''不明白'；又如手向上举形容'高''大'；手向下放形容'低''矮'；又如两手握拳，挺起身躯，横眉瞪目，表示'强硬''不怕'；两手扶胸，身体后退，表示'害怕''懦弱'。"③ 1994 年出版的《杭州教育志》记载中华人民共和国成立前杭州聋哑学校"人物学"课程是指导哑童用"手指语"（此手指语实为手势语）表示人物称谓的学问，如用拇指直贴嘴来称呼"爸爸"，改用食指就是称呼"妈妈"。④ 这些零星记载所提及的聋人手势语，许多至今还在使用，如"好""坏""高""矮""不知道""强硬""爸爸""妈妈"等；有的则发生了细微变化，如"不怕""害怕"等。

  旧中国四亿五千万人口中有多少聋人，没有做过普查。1912 年，张謇先生推算"考西国人丁册之调查，每千人中有盲哑二人；以此衡之，中国四万万人中，不将有八十万之盲哑耶？"1935 年，吴燕生在《聋教育常识》一书中"推论吾国聋哑者之数目，当不在少数。设以吾国人口千分之一计算，可有四十余万人"。1947 年国民党政府教育部"根据各国盲人或聋哑与常人之比例（各为二比一千）

---

① 高宇翔. 无声世界：中国聋人史略 [M]. 郑州：郑州大学出版社，2018：192.
② 傅步兰. 盲聋哑儿童教育 [J]. 儿童教育，1937，8（02）：1-30.
③ 白今愚. 特殊教育的理论与实际 [J]. 中华教育界，1948，2（02）：48-55；1948，2（03）：32-35.
④ 杭州教育志 [M]// 顾定倩，朴永馨，刘艳虹. 中国特殊教育史资料选. 北京：北京师范大学出版社，2010：1407.

推算我国约有盲哑各九十万人"。① 聋校在形成、使用、传播手语过程中发挥着重要作用。然而，民国初年张謇先生慨叹"除英美德教士于中国所设之二三盲哑学校外，求之中国，绝无其所"，"盲哑累累，教育无人"。② 吴燕生在书中写道："乃全国十数聋哑学校，收容学生不过数百人，其他多数聋哑，全无受教育之机会，是则此种不幸之国民，可谓不幸中之不幸矣。"③ 1934 年出版的《第一次中国教育年鉴》列出全国聋教育机构 9 家，在校聋生 346 人。④ 1948 年出版的《第二次中国教育年鉴》统计，1946 年全国有特殊教育学校 42 所，其中聋校 20 所，盲哑学校 9 所，在校聋生约 1600 人。⑤ 可见，在旧中国绝大多数聋人是文盲，没有受教育的机会，他们只能形成简单的家庭手语。而且当时的聋校、盲哑学校"多系私立者，各校之间，彼此既无联络，又无组织，至于研究学术，交换心得，更无机会"⑥。连国民党政府教育行政部门都承认"根据本司三十六年二月间调查，全国计有盲哑学校四十二所，除少数公立者外，多无基金与校舍，而设备亦极简陋，且其中尚不乏以营利为目的者"；"各盲哑学校教师资质至差，大多数非但事前未曾受过盲哑教育师资训练，且复缺乏研究，实难担任此特殊教育工作"⑦。在如此办学条件下，聋人难以发展起良好的手语能力，进了学校的聋生也难与其他地方的聋生进行交往，一旦交往就会出现沟通上的障碍。如傅步兰二十世纪三十年代在我国看到的情景："常有此处聋哑人所习用者，只有常相共处者，方能了解。在其他的一群，即难以完全明了其意矣。如以手指夹头，即表示经过一日之意；更以手指示以数目，即可表示几日。又如以手指加诸头顶，即表示帝王或贵人。惟已学习者，则能知之，故教育之重要功能，即使聋哑者能得一种有效的方法，表示其意义之动作，而为他人所均能明了耳。"⑧ 1947 年 8 月，国民党政府教育部给

---

① 改进全国盲哑教育案 [M]// 顾定倩，朴永馨，刘艳虹. 中国特殊教育史资料选. 北京：北京师范大学出版社，2010：70.
② 张謇. 筹设盲哑师范传习所之意旨 [M]// 曹从坡，杨桐. 张謇全集：第四卷. 南京：江苏古籍出版社，1994：106.
③ 吴燕生. 聋教育常识 [M]// 顾定倩，朴永馨，刘艳虹. 中国特殊教育史资料选. 北京：北京师范大学出版社，2010：832-850.
④ "民国"教育部教育年鉴编纂委员会. 第一次中国教育年鉴：丙编 [M]. 上海：开明书店，1934.
⑤ "民国"教育部教育年鉴编纂委员会. 第二次中国教育年鉴：第九编 [M]. 上海：商务印书馆，1948.
⑥ 吴燕生. 聋教育常识 [M]// 顾定倩，朴永馨，刘艳虹. 中国特殊教育史资料选. 北京：北京师范大学出版社，2010：832-850.
⑦ 改进全国盲聋哑教育计划草案 [M]// 顾定倩，朴永馨，刘艳虹. 中国特殊教育史资料选. 北京：北京师范大学出版社，2010：71-72.
⑧ 傅步兰. 盲聋哑儿童教育 [J]. 儿童教育，1937，8（02）：1-30.

直属南京盲哑学校的"训令"中还专门提出"哑生手势，应予改进统一，并增手势之种类使无意不能表达"[①]的要求。

第二节　我国通用手语研究的背景

我国通用手语研究工作从一开始就是在国家语言文字工作总体方针和政策的指导下进行的。要理解通用手语研究的必然性和重要性，首先，需要了解国家关于语言文字工作的方针、政策和基本任务；其次，必须了解聋人的状况与需求。

一、新中国语言文字工作的方针、政策和任务

新中国成立之初，百废待兴，大规模的社会主义建设需要更多的人员交流、信息沟通，以及高素质的劳动者，而当时全国80%的人口是文盲。要将人口资源转变为人力资源，一切都离不开教育，离不开语言文字。早在革命战争年代，党就十分注意运用各种形式帮助贫苦的工农大众摘掉文盲的帽子。著名作曲家马可在延安时期创作的《夫妻识字》，运用老百姓喜闻乐见的秧歌剧形式，通过刘二夫妻生动通俗的演唱，道出了识字学文化对翻身解放的农民群众的重要性：

女：黑格隆冬天上，
男：出呀出星星。
女：黑板上写字，
男：放呀么放光明。
女：什么字？
男：放光明。
合：学习，
男：学习二字我认得清。
女：认得清，
男：认得清。
女：要把道理说分明，庄稼人为什么要识字？
男：不识字不知道大事情。旧社会咱不识字，糊里糊涂受人欺。

---

① 令本部特设盲哑学校[M]// 顾定倩，朴永馨，刘艳虹. 中国特殊教育史资料选. 北京：北京师范大学出版社，2010：83.

合：如今咱们翻了身，受苦人变成了当家的人，睁眼的瞎子怎能行！

哎咳哎咳咿哟，学习那文化最呀当紧，呀么嗯哎哟。

为了建设新中国，必须摆脱文化落后的状态，语言文字工作的重要性不言而喻。为此，1949 年 10 月 10 日，新中国诞生仅 10 天，中国文字改革协会就成立了。1952 年 2 月 5 日，隶属政务院文化教育委员会的中国文字改革研究委员会成立。1953 年 10 月 1 日，党中央成立中央文字问题委员会。1954 年 12 月 23 日，中国文字改革委员会正式成立，直属国务院。党和国家确定了"简化汉字、推广普通话、制定和推行汉语拼音方案"三大任务，国家陆续颁布《汉字简化方案》《汉语拼音方案》。1958 年 1 月 10 日，周总理作《当前文字改革的任务》的重要报告，指出：汉字简化工作实际上是对历史上流行的简字的整理和规范；推广普通话是为了消除方言之间的隔阂，而不是为了禁止和消灭方言；《汉语拼音方案》是用来为汉字注音和推广普通话的，并不是用来代替汉字的拼音文字。[1] 我国语言文字的方针和政策，为新中国开基创业、江山一统、民族团结、文化昌盛发挥了基础性、关键性的作用。

1985 年 12 月 16 日，国务院决定将原中国文字改革委员会改名为国家语言文字工作委员会。新时期我国语言文字工作继续贯彻、执行国家关于语言文字工作的政策和法令，促进语言文字规范化、标准化。同时，调整了原来"继续推动文字改革工作"的提法，提出对汉字的简化持谨慎态度，使汉字的形体在一个时期内保持相对稳定，以利于社会应用。2000 年 10 月 30 日，第九届全国人大常委会第十八次会议审议通过我国历史上首部语言文字的专门法律《国家通用语言文字法》，将国家的语言文字方针、政策和中华人民共和国成立后语言文字工作的成功经验上升为法律，使我国语言文字的应用与管理法制化。党的十八大以来，我国语言文字工作确定了"围绕中心、服务大局，拓宽视野、改革创新，大力推广和规范使用国家通用语言文字，科学保护各民族语言文字，加强语言文字基础建设和管理服务，增强国家语言实力，提高国民语言能力，构建和谐语言生活，服务教育现代化，服务社会主义文化强国建设，推进语言文字事业全面发展"的指导思想和工作方向。为与《国家通用语言文字法》保持一致，2011 年国务院残疾人工作委员会印发的《中国残疾人事业"十二五"发展纲要》中提出"规范、推广国家通用手语、通用盲文，提高手语、盲文的信息化水平"。"国家通用手语"名称首次正式使用。

纵观新中国 70 多年历史，推动语言文字的规范化、标准化一直是我国语言文字

---

[1] 国家语言文字工作委员会组编. 新中国语言文字事业 70 年纪事 [M]. 北京：语文出版社，2019：2-43.

工作的基本国策，它对维护国家主权统一、促进经济社会发展、增强中华民族凝聚力和文化软实力起着重要作用，也决定了我国通用手语研究的根本方向。

二、聋人群众改变命运的迫切需要

新中国成立，广大聋人群众获得了平等的社会地位和权利，有了从散居、孤独的家庭小天地走向社会大环境的机会。他们或走进学校接受教育，或进入农业合作社、工厂参加工农业生产。但同样，聋人中文盲充斥，且文盲率高于全国80%的文盲比例，不但绝大多数生活在农村的聋人是文盲，而且城镇的聋人大多数也是文盲，既不懂文字又没有语言。他们不仅不能与周围的听人交谈，而且历史原因造成的手语贫乏、不一致，使他们彼此之间也无法很好地交流。二十世纪五六十年代的文献中还这样描述当时聋人手语使用的状况："各地聋人应用的手势语只是形象的比量，无法表达抽象词汇，而各地存在着方言手势，互不统一，影响了聋人的思想交流。"① "全国各地流行的手势语很不一致，以致产生甲地聋哑人不懂乙地聋哑人手势语的现象。我国有劳动能力的聋哑人在社会主义大跃进中基本上都已参加了劳动生产和工作，扩大了社会交往。但由于手势语的不统一，严重地妨碍着聋哑人之间的思想沟通、生产经验交流和文化知识的传播。"② 中华人民共和国成立后聋人在社会生活方面发生的深刻变化必然会提出语言方面的需求，"他们迫切要求掌握一套完善的全国通用的手语"③。

可见，通用手语研究与手语规范化该不该提出和能不能进行，关键看它是否顺应了聋人群体生存与发展的需求，是否顺应了社会发展对手语功能的需求。提出规范手语，形成国家通用手语，是从根本上改变广大聋人群众的命运、从他们的长远利益出发的。

三、聋人受教育学文化的迫切需要

我国通用手语规范化研究起步的直接原因，一方面是要改变手语不一致给聋人沟通造成严重障碍的状况，另一方面是要制定新的汉语手指字母方案。中华人民共和国成立前，各地聋校使用的手指字母方案也不统一，这种状况一直延续到中华人民共和国成立后。1957年11月1日，国务院全体会议通过了《汉语拼音方案》，1958年2月11日，第一届全国人民代表大会第五次会议批准了这个方案。此后，该

---

① 聋人手语改革委员会成立[J]. 聋哑教育通讯，1958（05）：25.
②③ 内务部、教育部、中国文字改革委员会批转中国盲人聋哑人协会《关于修订聋哑人通用手语工作方案》的通知[M]// 何东昌. 中华人民共和国重要教育文献（1949—1975）. 海口：海南出版社，1998：1010.

方案成为帮助学习汉字和推广普通话的工具。同年 4 月 10 日，教育部印发《关于在盲童学校和聋哑学校教学拼音字母的通知》，提出各地盲童学校和聋哑学校逐步推行汉语拼音字母教学。《汉语拼音方案》的颁布实施，为我国统一手指字母奠定了基础，制定汉语拼音手指字母方案的任务迫在眉睫。

为了有领导、有组织地开展手语规范化工作，1958 年 7 月 29 日，中国聋哑人福利会成立了聋人手语改革委员会，标志着我国通用手语研究工作的正式开始。委员会一成立就将"制定手指字母方案"列为首要工作，其他两项工作是：制定手势语规范化方案，指导全国推行手指字母方案及手势语规范化方案。同时，委员会认为，在研究聋人手语的过程中必须研究聋人的视觉感受，因此决定邀请中国科学院心理研究所科研人员参加研究工作。

1960 年 10 月 19 日，内务部、教育部、中国文字改革委员会批转同意的中国盲人聋哑人协会《关于修订聋哑人通用手语工作方案》中阐述了这项工作的目的是"为了贯彻党的文化革命的精神，为了适应聋哑人交流生产经验，传播文化科学知识的需要，改革聋哑人的手势语，使之成为一套完整的通用手语"[①]。

第三节　我国通用手语研究的几个阶段

我国通用手语研究的历程大致可以分为三个阶段：二十世纪五十年代末—六十年代中为初始阶段，二十世纪七十年代末—二十一世纪前十年为改革阶段，从二十一世纪第二个十年起进入新发展阶段。

一、初始阶段（二十世纪五十年代末—六十年代中）

中国聋哑人福利会聋人手语改革委员会成立后，在北京、沈阳、哈尔滨、南京、上海、青岛、武汉、广州、兰州、成都、昆明设立了 11 个工作点，收集各地聋人流行的手势，然后加以分析和比较归类，对其中认为是表达合理的手势直接采用，部分合理的手势则进行修改。1959 年 7 月，委员会在成立一周年之际编印出《聋人手语草图》修订第一辑（收词 500 个），报请内务部、教育部、中国文字改革委员会公布试行。同月 27 日，教育部、内务部发出《关于试行规范化的"聋人手语"的联合

---

① 内务部、教育部、中国文字改革委员会批转中国盲人聋哑人协会《关于修订聋哑人通用手语工作方案》的通知 [M]// 何东昌. 中华人民共和国重要教育文献（1949—1975）. 海口：海南出版社，1998：1010.

通知》，提出中国聋哑人福利会聋人手语改革委员会编制的《聋人手语草图》可以先在有组织的聋人中试行，同时印发《聋人手语草图》修订第一辑，希望先在聋人福利工作干部训练班、聋人业余学校、扫盲班（组）及聋人生产单位试行；聋哑学校学生课外语言交往也可试行，并要求在试行过程中，随时收集反映及修正意见，以便作进一步的修改，使之成为全国聋人通用的正式草图。1960年1月，委员会编印出《聋人手语草图》修订第二辑（收词500个），进行试行。同年5月25日，中国聋哑人福利会与中国盲人福利会合并成立中国盲人聋哑人协会，通用手语研究和推广工作转归协会领导。在两辑《聋人手语草图》试行的基础上，同年10月19日，内务部、教育部、中国文字改革委员会批转中国盲人聋哑人协会《关于修订聋哑人通用手语工作方案》的通知，提出在1960年"第四季度初，公布第三批通用手语单词。并争取在二、三年内逐批完成有关工业、农业、财经、文教以及社会生活交往等方面聋哑人常用的3000～4000个手语单词的修订工作，为正式制订和推行聋哑人通用手语做好准备"。同年11月2日，内务部、教育部、中国文字改革委员会联合发出《关于试行聋哑人通用手语草图第三辑的通知》。同月，中国盲人聋哑人协会编印出《聋哑人通用手语草图》修订第三辑（收词480个）。1961年6月，《聋人手语草图》修订第一、二辑改称为《聋哑人通用手语草图》修订第一、二辑，重新印发各地使用。同年12月，中国盲人聋哑人协会编印出《聋哑人通用手语草图》订定第四辑（收词511个）。这四本通用手语图辑共收词1991个，其中有6个词目重复，实际收词1985个，虽说距原定目标还相差较多，但它奠定了我国通用手语的基础。

《聋人手语草图》　　　　　　《聋哑人通用手语草图》

通用手语研究以规范化为目的，它从整理、研究词汇手势开始，以常用词为内容，定位于建立规范，"为正式制订和推行聋哑人通用手语做好准备"。因此，可以用"规范化"作为这个阶段的关键词。

二、改革阶段（二十世纪七十年代末—二十一世纪前十年）

由于"文化大革命"，刚刚起步的通用手语研究和试用工作随之中断。直至 1978 年党的十一届三中全会召开，开启了改革开放和社会主义现代化建设新时期，中国盲人聋哑人协会恢复工作，我国通用手语研究和试用工作才又重新启动。

1979 年 7 月，重建后的中国盲人聋哑人协会将原四册《聋哑人通用手语草图》汇编成 16 开本的新版《聋哑人通用手语图》第一、二辑，在全国发行。1981 年 5 月，《聋哑人通用手语图》改以 32 开合订本重新制版印刷，对其中个别手势动作和文字说明做了技术性修改。该合订本共收入 2099 个词目的手势，其中含列入括号内的同义词、近义词 195 个，说明《聋哑人通用手语图》比原《聋哑人通用手语草图》增加了一些词。

1979 年 8 月 3 日—13 日，中国盲人聋哑人协会筹备组在北京召开了全国手语工作座谈会，来自全国各地的聋人和聋人工作者讨论制定了 430 个手语新词的手势动作，之后编成《聋哑人通用手语图》第三辑（试行本）。同年 9 月 17 日，民政部、教育部、中国文字改革委员会发出《关于进一步试行和推广聋哑人通用手语的联合通知》，同意在全国试行。

1982 年 10 月，中国盲人聋哑人协会召开第二次全国手语工作座谈会，讨论制定了 640 个手语新词的手势动作，之后编成《聋哑人通用手语图》第四辑（试行本）。11 月 15 日，民政部、教育部、中国文字改革委员会批准在全国试行。重启后的手语研究工作起到了承前启后的作用，既继续推行二十世纪五六十年代通用手语研究的成果，又根据新的社会政治经济形势和聋人学习、工作的需要，研究并推出上千个新的手语词目，通用手语词目达到 3000 多个。

经过三年试行，1985 年，中国盲人聋哑人协会委托上海市盲人聋哑人协会组织编辑小组对《聋哑人通用手语图》四辑本进行修订。1987 年 5 月，在山东泰安举行的第三次全国手语工作会议通过了编辑小组的报告，并决定将《聋哑人通用手语图》易名为《中国手语》。1988 年 3 月 11 日，中国残疾人联合会成立，新组建的中国聋人协会成为联合会所属的专门协会之一。1990 年 5 月，《中国手语》以中国聋人协会的名义出版。1991 年 10 月 4 日，民政部、国家教委、国家语委、中国残联联合发文在全国推广应用《中国手语》。1993—1994 年，中国残联、中国聋人协会多次召开手语新词讨论会。1994 年 8 月，《中国手语》续集出版，收词 2266 个。2001 年，中国残疾人联合会教育就业部和中国聋人协会委托北京师范大学特殊教育研究中心组织修订《中国手语》首集、续集。2003 年,《中国手语》(修订版）出版，收词 5586 个。

作为中国手语系列丛书的《中国手语日常会话》《计算机专业手语》《体育专业手语》《理科专业手语》《美术专业手语》等工具书相继出版，通用手语应用领域不断扩大，初步形成构建"一般性常用词手语＋学科性专业词手语"通用手语体系的工作思路。

《中国手语》 　　　《中国手语》续集 　　　《中国手语》（修订版）

中国手语系列丛书

在坚持规范化方向的前提下，改革阶段的通用手语研究进一步扩展，通用手语未来的框架体系朦胧显现。因此，可以用"体系化"作为这个阶段的关键词。

三、新发展阶段（二十一世纪第二个十年至今）

尽管过去几十年对通用手语研究工作付出极大的努力，但由于工作原则方面的问题，使得《中国手语》一书不完全符合聋人手语生活实际，未得到聋人和聋人工作者的普遍认可，难以推广。手语不通用、不适应聋人和特殊教育需要的问题没有解决。2011年，国家手语和盲文研究中心对全国18个省（市、自治区）949名成年聋人和2709名聋人工作者进行调查，52.7%的成年聋人和76.1%的聋人工作者认为《中国手语》的词汇量不够，需要补充手语新词；67.7%的成年聋人和72.3%的聋人工作者认为"手语动作不统一"是他们在手语使用中各排在首位和第二位的困难；59%的成年聋人和82.8%的聋人工作者认为有必要制定国家通用手语；63.1%的成年聋人和85.2%的聋人工作者希望制定国家通用手语。国家通用手语研究工作亟需再次开展。

2011年，国家通用手语标准研究被列为国家语委、中国残联2011年度重大科研项目；同年11月8日，开题会在北京举行，时任教育部副部长、国家语委主任李卫红和中国残联副理事长程凯出席并讲话。2015年12月29日，课题结题意见宣布，时任教育部副部长、国家语委主任杜占元和中国残联副理事长程凯出席并讲话。

党的十八大以来，中国特色社会主义进入新时代。处在新的发展阶段，国家通用手语研究和推广工作与过去大不一样，呈现出以下一些显著特点。

第一，提升了手语规范化工作的地位。新时代手语规范化研究与通用手语推广的初心不变，即解决听力残疾人沟通上的障碍，促进他们的发展，同时赋予了新的含义：将规范与推广通用手语上升到贯彻习近平新时代中国特色社会主义思想，实现党和国家的奋斗目标和任务，以及"关乎残疾人语言文字权益的实现，关乎残疾人文化素质的提高和融合发展，关乎残疾人实现全面小康的进程"的政治高度；将规范与推广通用手语作为践行"坚持以人民为中心"的发展思想和执政理念，作为顺应听力残疾人期待制定国家通用手语的迫切愿望，作为办好特殊教育的实际行动，纳入国家语言文字工作整体布局之中。

第二，国家作出手语规范化的顶层设计。2012年12月4日，教育部、国家语委印发《国家中长期语言文字事业改革和发展规划纲要（2012—2020年）》，提出"加快手语、盲文规范标准研制。加强国家通用手语和盲文规范化、标准化、信息化建设，修订通用盲文国家标准，研制通用手语国家标准"。2015年10月13日，由中国残疾人联合会、教育部、国家语委、国家新闻出版广电总局制定的我国首个专门针对手语和盲文规范化工作的《国家手语和盲文规范化行动计划（2015—2020年）》发布，提出"以手语和盲文规范化工作为中心，加快国家通用手语和国家通用盲文的研制"。2018年6月18日，中央宣传部、中国残疾人联合会、教育部、国家语言文字工作委员会和国家广播电视总局印发《关于推广国家通用手语和国家通用盲文的通知》，要求各地相关部门和单位贯彻落实《国家通用手语推广方案》；6月25日，上述五部门在北京召开国家通用手语和国家通用盲文推广部署电视电话会议。2021年6月11日，中国残疾人联合会、中央宣传部、教育部、国家语委、科技部、工业和信息化部、文化和旅游部、国家广播电视总局联合印发《第二期国家手语和盲文规范化行动计划（2021—2025年）》；同年11月24日，"十四五"国家手语和盲文工作部署视频会召开，我国手语规范化及国家通用手语推广工作进一步深化。

上述纲要、行动计划和推广方案，从指导思想、任务目标、主要措施、保障条件对手语和盲文的规范化工作作出全面阐述和部署，成为指导建立手语、盲文工作体制和机制，制定规范标准，开展科学研究、应用推广、学科建设、人才培养和建设社会服务体系的纲领性文件。国家主管部门直接领导和组织国家通用手语的研究和推广工作。

第三，大幅增加经费投入，条件保障更为有力。国家财政拨付给中国残疾人联合会的手语和盲文工作专项经费，"十一五"期间（2006—2010 年）总额为 166.68 万元，年均 33.33 万元；"十二五"期间（2011—2015 年）总额为 600 万元，年均 120 万元，比"十一五"增长了 3.6 倍；"十三五"期间（2016—2020 年）总额为 3054.14 万元，年均 610.83 万元，比"十二五"增长了 5.1 倍，比"十一五"增长了 18.3 倍；2021 和 2022 年，又投入 400 多万。同时，2012—2022 年国家语委投入手语和盲文培训工作专项经费达 148.5 万元。这些充分体现了党和国家对手语和盲文工作的高度重视。正是由于国家的强力投入，使手语和盲文规范化工作实现了跨越式发展，取得一系列显著成果。

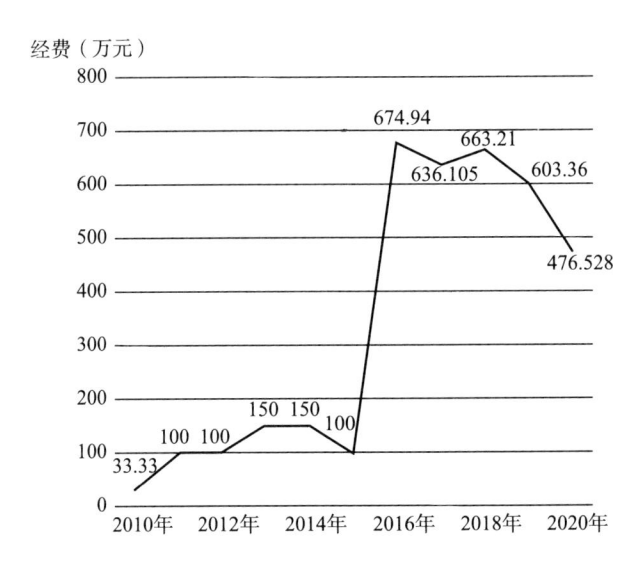

图 1-1　2010—2020 年国家手语和盲文工作专项经费投入

第四，对手语本体研究意义的认识不断深化。英国学术院院士、国际知名手语语言与脑科学专家本森·沃尔（Bencie Woll）教授曾呼吁："所有语言学者思考手语，重视手语。其重要意义在于：第一，有比较才可能更好地认识到人类语言中有声语言的不同；第二，手语数据可以检验现有的语言学理论；第三，加强手语研究，可以更全面地揭示人类语言的面貌；第四，重视手语研究，可更好地关注聋儿和使用手语群体的利益；最后，重视手语研究，聋人群体可以得到发展，手语作为独立的语言也能够得以存活。"①

　　手语语言学理论的传播为全面、科学地认识与分析手语提供了新的视角、理论和方法，使通用手语的研究不再停留在记录手语的"知其然"阶段，而是从手语使用的客观实际出发去探索手语的构成与表达规律、特点，力求达到"知其所以然"的理论自觉高度。通用手语的研究和呈现内容也从手语词扩展到手语的一些句法特点。尽管手语的句法部分还不够系统、深入，但迈出的这一步很有意义，初步弥补了以往通用手语的研究只限于词，没有手语语法的不足；改变了过去通用手语书只有手语词，没有手语句子，顶多是一本手语词典，不是手语的全貌的状况；纠正了过去容易给读者（特别是听人读者）"看书学手语词，然后按照汉语顺序打出来句子就以为学会了手语、掌握了一门语言"的误区。

　　第五，坚持实用性和服务教育为先的导向。通用手语首先要满足聋人社会生活、文化学习、劳动就业等方面交往的基本需要。所以，常用词是其最主要的内容。然而，即使有些词在日常交流中不常用，但在义务教育阶段聋教育教学中常用，也要收入，以便聋生顺利地接受义务教育。

　　同时，在规范的步骤上不急于求成，求同存异。如同方言，各地手语千差万别是自然的社会现象。聋人的手语如同听人的口语，是个性化的、动态化的，任意性、变异性和发展性的特点尤其明显。收集、规范手语的速度总是慢于语言生活变化的速度。因此，通用手语只收入意见一致或基本一致的手语，不收入意见分歧大的，如"案件"目前就没有通用手语。有些手语词的手势动作拿不准是否可行，也先搁置，留待以后决定。

　　第六，聋人研究手语的主体意识、主动意识、责任意识、团队意识和学术水平整体提高，对通用手语意义与作用的认识加深，成为研究、宣传、推广通用手语的主力军。这次通用手语研究充分尊重聋人的主体地位，研究团队 3/4 的成员是中国聋人协会推荐的有代表性的聋人。聋人是手语的第一使用者，通用手语研究成败的关键取决于聋人答应不答应、聋人满意不满意、聋人使用不使用。也正因为通用手语书中每一个词的动作、语法例举的每一个手语句子，都直接来自聋人手语或经过聋人共同讨论同意，并在全国 33 个聋协和招收聋生的特殊教育院校试点使用，所以，最终的成果得到绝大多数聋人的认可和欢迎。

---

① 刘鸿宇，Bencie Woll，付继林. 手语语言学发展的比较与借鉴——从 Bencie Woll 院士《透过聋人之眼看语言》看中国手语研究 [J]. 燕山大学学报（哲学社会科学版），2018，19（01）：67-72.

经过近十年的不懈努力，通用手语研究产生了一批成果：2018 年 1 月，《美术常用词通用手语》《计算机常用词通用手语》出版。2018 年 3 月 9 日，教育部、国家语言文字工作委员会、中国残疾人联合会发布语言文字规范《国家通用手语常用词表》，自 2018 年 7 月 1 日起实施；同月，《体育和律动常用词通用手语》出版。2019 年 7 月 15 日，教育部、国家语言文字工作委员会、中国残疾人联合会发布新修订的语言文字规范《汉语手指字母方案》，自 2019 年 11 月 1 日起实施；10 月，《国家通用手语词典（全四册）》出版，收词 8214 个；11 月，《汉语手指字母指式挂图》出版。2020 年 10 月，《数学常用词通用手语》出版；11 月 23 日，教育部、国家语言文字工作委员会、中国残疾人联合会发布语言文字规范《〈中华人民共和国国歌〉国家通用手语方案》，自 2021 年 3 月 1 日起实施；12 月，国家通用手语系列《社会主义核心价值观挂图》《中国各民族名称挂图》出版。2021 年 10 月，《物理常用词通用手语》出版。2022 年 10 月，《化学常用词通用手语》《生物常用词通用手语》和全新修订的《美术常用词通用手语》出版。本阶段，通用手语在出版纸质版图书的同时也制作视频和 APP，使手语的保存与传播跟上时代潮流。随着研究成果的陆续推出，国家通用手语已经逐步在聋校教材、电视媒体、社会公共服务领域使用。

国家语言文字规范 – 手语 　　　　《国家通用手语词典》

国家通用手语系列

总之，这次通用手语的研究在指导思想、实施路径、工作方法等方面认真总结历史经验和教训，力求不走错路、少走弯路、符合科学。因此，可以用"科学化"作为这个阶段的关键词。

四、为我国通用手语研究做出重要贡献的若干人物

我国通用手语的研究工作一直是有领导、有组织地进行的，这是我国通用手语研究工作的基本经验之一。在我国通用手语研究的各个阶段，代表中国聋人的全国性聋人组织一直是通用手语研究的发动者、组织者，发挥着主体作用。同时，吸收来自不同领域的专家、学者共同组成研究团队。其中，为我国通用手语研究做出重要贡献的前辈和有功之臣，永远值得铭记。

（一）建国时期通用手语研究的领导者

1958年7月29日，中国聋哑人福利会成立聋人手语改革委员会，聘请聋人教育工作者、文字学家、语言学家及社会聋人19人为委员，推举洪雪立、周有光、顾朴、陆志韦、李摛5人组成常务委员会，洪雪立任主任委员，周有光、顾朴任副主任委员。他们成为建国时期通用手语研究的领导者。

洪雪立（1901.9—1971.2），聋人。1929年9月加入中国共产党，曾担任中共泉州县委（特支）委员、中共福建南安区委书记等职，并在菲律宾、印尼等地开展地下斗争。中华人民共和国成立后任中央教育部盲聋哑教育处专员、中国聋哑人福利会副总干事、第一至第二届中国盲人聋哑人协会副主席、中国聋人手语改革委员会主任委员。组织制定《汉语手指字母方案》《聋哑人通用手语草图》。发表《聋哑学校语言教学商讨》《关于聋哑学校语言教学的几个问题》《要有一套手指字母》《手语改革的当前任务》《手指字母的四个双字母视态清晰性实验报告》《手语改革的途径和方法》等多篇文章。

顾朴（1923.10.4—2011.8.24），童年失聪。上海福哑学校毕业，抗战时期参加革命，1946年7月加入中国共产党，曾任苏中解放区《人民报》、山东解放区《鲁中大众报》《大众日报》美术编辑。中华人民共和国成立后先后担任华东人民出版社美术编辑，《漫画》月刊编辑组长，人民美术出版社设计组长、副编审，

《儿童漫画》副主编，中国美术家协会会员，中国盲人聋哑人协会常委，北京市盲人聋哑人协会副主席。参与《聋人手语草图》的选词、绘图、审定工作。撰有文章《谈谈手势语的改革工作》。

周有光（1906.1.13—2017.1.14），著名语言学家。《汉语拼音方案》和《汉语手指字母方案》的主要制定者，1974年与沈家英一起发明"汉语手指音节"。他学富五车，著述等身，其中包括《聋哑教育上的两大改革》《汉语拼音在聋哑教育中的作用》《汉语手指字母的功用和特点》等文章。

陆志韦（1894—1970），心理学家、语言学家。1920年获芝加哥大学哲学博士学位，回国后历任南京高等师范学校、东南大学、燕京大学教授、系主任和燕京大学校务委员会主席、校长。建国后任中国心理学会会长、第一届全国政协委员、中国科学院语言研究所研究员、中国科学院哲学社会科学部委员、中国文字改革委员会委员等职。一生从事汉语音韵、语法和心理学的研究。

李掬（1921.11.2—2017.5.29），终身从事聋教育的老共产党员。1940年投身党的地下工作，1946年加入中国共产党。1947年在北京市立聋哑学校任教员，1958年担任北京市第三聋哑学校（现北京市健翔学校）校长兼书记，1982年11月担任中国特殊教育研究会首任理事长。

闻大敏（1931.3.7—2014.8），少年失聪，北京解放后的首位聋人教师（北京市第一聋人学校）。1956年调入中国聋哑人福利会。1980年1月加入中国共产党。参与编纂《汉语手指字母方案》《聋哑人通用手语图》《中国手语》《教你学手语》《百年沧桑话聋人》等书。在担任《中国聋人》（后更名为《盲聋之音》《中国残疾人》）杂志副编审期间，以笔名"龙卒"与聋人王瑞亭合作编写图文并茂的"学手语""日常手语"专栏达一百多期。

沈家英（1925.11.24—2016.1.19），《汉语手指字母方案》的研制者和"汉语手指音节"的发明者，对盲文也有研究。中华人民共和国成立后先后在上海盲童学校、教育部盲聋哑教育处和原北京第四聋人学校工作，退休后被中央教科所特教研究室聘任，是国内少有既懂盲教育又懂聋教育，既有特殊教育行政管理经历又有理论研究功底的教师、专家。著有《要有一套手指字母》《对手势规范化工作的几点建议》《我国手指字母的演进》《从发展盲聋哑教育来谈推行〈汉语拼音方案〉》《汉语拼音方案对革新盲字的贡献》《盲聋人手语的初步研究》等文章。

（二）改革开放时期通用手语研究的领导者

1978年8月，中国盲人聋哑人协会恢复工作，协会中的聋人专职主席成为改革开放时期通用手语研究的领导者。

李石涵（1919.5—1993.2），少年失聪。其父是第一次国内革命战争时期的老党员，受父辈影响，他1934年参加革命，1942年7月加入中国共产党，在延安等革命根据地从事革命文化教育工作。中华人民共和国成立后，调外交部门工作，任中国驻瑞士大使馆秘书、研究员，成为中国第一个聋人外交官。1955年调北京师范大学工作，先后担任图书馆副馆长、校顾问、史学研究所研究员，兼任中国聋哑人福利会筹委会常委、中国聋哑人福利会常委、中国盲人聋哑人协会常委。1979年任中国盲人聋哑人协会副主席，甫一上任，就将因十年动乱而中断的通用手语研究工作抓起来，于同年和1982年主持召开两次全国手语工作座谈会，在第二次会议上发表《当前手语改革的主要任务》的讲话，组织编纂新的《聋哑人通用手语图》。1988年当选为首届中国残疾人联合会主席团副主席。

戴目（1925.2.28—2018.3.3），童年失聪。1941年毕业于上海福哑学校，先后在上海、杭州、无锡多所聋校任教，并于1944年创办武进县立民众教育馆聋哑教育班。1945年参加新四军，1948年加入中国共产党。中华人民共和国成立后，创办并领导了国内第一所对聋人实施正规系统中等职业教育的学校——上海市聋哑青年技术学校，并担任上海市聋哑职工业余中学校长、上

海市特殊教育研究会副理事长、中国残疾人联合会第二至第三届主席团副主席、中国聋人协会第一至第三届主席等职,其间担任《中国手语》首集编辑小组副组长、续集顾问。离休后笔耕不辍,著有《梦圆忆当年》《多国手语拾掇》《中国手语浅谈》《百年沧桑话聋人》《现代汉语常用词手势图解》《汉语成语手势图解》等著作,年过九旬仍在酝酿编撰唐诗宋词手势图解。1991 年获"全国自强模范"称号。

富志伟,1940 年 9 月生,青年失聪。1984 年 9 月加入中国共产党。曾任中国盲人聋哑人协会副主席,1988—2003 年连任三届中国聋协副主席、中国残联理事,现退休。1987 年率先提议将通用手语命名为"中国手语",在第三次全国手语工作会议上一致通过。担任《中国手语》首集、续集编辑小组组长,修订版工作组主要成员,为《中国手语》首集题写书名,在修订版中首次编入《中华人民共和国国歌》手语版,这为后来国家通用手语和国歌手语的完善奠定了基础。

(三)为通用手语研究做出特别贡献的其他代表人物

历经数代,为通用手语研究贡献才智的人员不计其数,仅写在《中国手语》各个版本序言、编写说明中的人员就约百人,而二十世纪五十年代至八十年代通用手语书的编写者、参与者大都隐姓埋名成为无名英雄。下面介绍四位为通用手语研究做出特别贡献的代表人物。

傅逸亭(1924.8—1995.3.15),少年失聪。中华人民共和国成立后在上海中华聋哑学校和上海市聋哑青年技术学校任教,我国聋人中等职业教育的开拓者之一。擅长绘图,建国初被教育部抽调编写聋校教材,受特教处委托担任特教通讯编辑工作。1981 年接受中国盲人聋哑人协会的委托,编辑《聋哑人通用手语图》,同年编辑《上海盲人聋哑人》大型画册。1986 年受上海电视台的委托,创作电视系列片《学点聋哑人手语》剧本。曾任《中国手语》首集封面设计者和绘图者。与他人合著出版的《聋人手语概论》,被称为国内第一本手语研究专著,并被译成日文出版。

周国芳（1949.9.16—2008.4.8），副编审，我国通用手语书成为正式出版物的策划者和组织者。1979年3月加入中国共产党。曾任华夏出版社教育文化编辑室主任，是《中国手语》首集、续集、修订版和《中国手语教学辅导》《中国手语培训教材》《中国手语日常会话》《计算机专业手语》的责任编辑。由于她的工作，过去通用手语书无书号只能内部发行的状况彻底终结。

邱丽君，1953年8月生，童年失聪。1988年12月加入中国共产党。从1993年起，历任中国聋人协会第二至第七届委员会委员，第五至第六届委员会副主席，现任中国聋人协会手语研究与推广委员会主任。曾参与《中国手语》续集讨论，主编《手语你我他》一书。在组织聋人参与国家通用手语研究、《〈中华人民共和国国歌〉国家通用手语方案》研究，全国手语信息采集点建设等工作中发挥了领导核心作用。

孙联群，1954年11月生，先天失聪。2004年10月加入中国共产党。特级教师，北京启喑实验学校美术教师，获北京市先进教师、优秀工作者等多种荣誉称号，现退休返聘。《中国手语》续集和修订版绘图者之一。从2002年至今，他通过使用电子画板极大地提高了手语绘图的质量和效率，是《国家通用手语常用词表》《国家通用手语词典》及国家通用手语系列丛书唯一的绘图者。

第二章
我国通用手语研究与推广的政策和法律依据

手语作为一种语言和社会现象，需要在法治环境下加以保护、发展和管理，为手语立法正逐步成为共识。我国一方面积极参与国际语言事务的治理，尊重和保护残疾人的语言权利；另一方面完善语言文字法律法规，健全工作机制。许多人认为，我国缺少手语立法，手语的语言地位没有确立。实际上，我国通用手语研究与推广工作始终是在有领导、有组织、依法依规的前提下进行的，有关手语的政策、法规性文件在国际上恐怕也是最多的。现在我国也在推动有关语言文字法规增加条款，明确保护残疾人的语言权利。

第一节　国际上有关手语立法的情况

一、为手语立法正在成为一种趋势

随着对手语认识的不断深入，以法律形式承认手语的语言地位，保障聋人使用手语的权利，在国际上正在成为一种发展趋势。1981年，瑞典率先在通用语言法中承认手语的语言地位，之后又有11个国家相继承认。二十世纪后二十年，只有12个国家和地区有手语方面的法律，而二十一世纪前二十年，就有48个国家和地区为手语立法，增速明显加快，2021年又增加了3个国家——挪威、保加利亚、意大利。根据世界聋人联合会网站公布的信息，截至2021年9月，已有66个国家和地区有了与手语相关的法律。立法的方式包括制定专门的手语法（Sign Language Law or Act），或在宪法（Constitution）、通用语言法（General language Legislation）、手语和其他交流形式法（Sign Language Law or Act and Other Mean of Communication）、残疾人法（Disability Legislation）中承认手语的语言地位，或由国家语言委员会承认。巴西、比利时、乌克兰、捷克、西班牙等国数次修订和手语相关的法律，加拿大、斯洛文尼亚则在不同的法律中同时对手语作出规定[1]，见表2-1。

表2-1　为手语立法的国家和地区

立法方式	国家和地区、立法时间
手语法	巴拿马（1992）、斯洛伐克（1995）、乌拉圭（2001）、巴西（2002/2005）、斯洛文尼亚（2002）、比利时（2003/2006/2019）、乌克兰（2004/2017/2019）、塞浦路斯（2006）、波斯尼亚和黑塞哥维那（2009）、玻利维亚（2009）、尼加拉瓜（2009）、秘鲁（2010）、智利（2010/2021）、科索沃（2010/2014）、洪都拉斯（2013）、萨尔瓦多（2014）、韩国（2015）、马耳他（2016）、爱尔兰（2017）、希腊（2017）、卢森堡（2018）、菲律宾（2018）、荷兰（2020）、哥斯达黎加（2020）、危地马拉（2020）、巴拉圭（2020）、挪威（2021）、保加利亚（2021）、意大利（2021）
宪法	芬兰（1995）、乌干达（1995）、南非（1996）、葡萄牙（1997）、委内瑞拉（1999）、奥地利（2005）、新西兰（2006）、厄瓜多尔（2008）、匈牙利（2009）、肯尼亚（2010）、津巴布韦（2010）、斯洛伐尼亚（2021）
通用语言法	瑞典（1981/2006/2009）、拉脱维亚（1999）、爱沙尼亚（2007）、冰岛（2011）
手语和其他交流形式法	哥伦比亚（1996）、捷克（1998/2008）、西班牙（2007/2010）、波兰（2011）、克罗地亚（2015）、加拿大（2019）

---

[1] The Legal Recognition of National Sign Languages [EB/OL]. 2020-06-12 [2021-10-02]. https://wfdeaf.org/news/the-legal-recognition-of-national-sign-languages.

续表

立法方式	国家和地区、立法时间
残疾人法	立陶宛（1995）、罗马尼亚（2002）、德国（2002）、土耳其（2005）、墨西哥（2005）、日本（2011）、俄罗斯（2012）、孟加拉国（2013）、阿尔巴尼亚（2014）、马来西亚（2014）、巴布亚新几内亚（2015）、马绍尔群岛（2015）、印度（2016）、蒙古（2016）、加拿大（2019）、乌兹别克斯坦（2020）
国家语言委员会承认	丹麦（2014）

二、我国积极推动国际社会保障残疾人权利

我国是联合国创始国之一。1971年10月25日，我国恢复在联合国的合法席位，之后作为常任理事国在推动保障残疾人权利方面发挥了重要作用，其中包括保障聋人手语的权利。

例如，1975年12月9日，联合国大会通过《残疾人权利宣言》，1976年12月16日又通过了关于1981年为"国际残疾人年"的决议和相应的活动计划。我国政府高度重视、积极响应，于1981年4月25日批准成立了"中国国际残疾人年组织委员会"，并于1981年4月、7月组织了多种形式的活动，同年11月发行了专题纪念邮票。1985年3月15日，为了纪念中国残疾人福利基金会成立一周年，邮电部发行一套《中国残疾人》特种邮票，全套四枚，其中第二枚是以汉语手指音节指式为内容设计的。

需要指出的是，我国积极推动联合国制定《残疾人权利公约》。2006年12月13日，联合国大会通过了该公约。2007年3月30日，我国率先签署了该公约，并建立了国家履约机制。《残疾人权利公约》中提出："'语言'包括口语和手语及其他形式的非语音语言"；"承认和推动手语的使用"；"提供各种形式的现场协助和中介，包括提供向导、朗读员和专业手语译员，以利向公众开放的建筑和其他设施的无障碍"；"在正式事务中允许和便利使用手语、盲文、辅助和替代性交流方式及残疾人选用的

其他一切无障碍交流手段、方式和模式";"为学习手语和宣传聋人的语言特性提供便利";"残疾人特有的文化和语言特性,包括手语和聋文化,应当有权在与其他人平等的基础上获得承认和支持"。[①]

三、在国际语言事务治理中倡导尊重和保护手语的使用

2014年6月5日—6日,经国务院批准,教育部、国家语委、中国联合国教科文组织全委会、江苏省人民政府和联合国教科文组织在苏州联合举办世界语言大会,来自全球96个国家和地区的409名政府官员、学者和学术团体代表出席了会议。会议的主题是:语言能力与人类文明和社会进步。我国参与起草并由大会达成了成果文件《世界语言大会苏州共识》(以下简称《共识》)。《共识》认为,语言是人类文明世代相传的载体,是相互沟通理解的钥匙,是文明交流互鉴的纽带。作为推动历史发展的重要力量,语言对于激发个体潜能,实现2015后全球发展新目标至关重要。语言能力是激发文化活力、促进认知发展,推动社会进步和经济繁荣的根本因素。《共识》指出,手语和盲文应得到尊重并在教育中得到使用。

2018年9月19日—20日,我国政府和联合国教科文组织在湖南长沙联合主办首届世界语言资源保护大会。来自全球40多个国家和地区相关领域的专家学者共200余人参加开幕式。这次大会的主题为"语言多样性对构建人类命运共同体的作用:语言资源保护、应用与推广"。会议积极推动形成的重要成果性文件《岳麓宣言》是联合国教科文组织首个以"保护语言多样性"为主题的宣言和永久性文件,也是联合国"2019国际本土语言年"的重要基础性文件。《岳麓宣言》向全世界发出倡议:"保护和促进语言多样性有助于提高濒危语言、少数民族语言、土著语言、非官方语言以及方言母语者的潜力、行动力和主动性。这包括人们自儿童期便开始使用并传承母语、接受母语教育、获得互联网和其他公共空间的信息和知识,视障人士使用盲文、听障人士使用手语进行交流,增加优质教育和性别平等的机会。"[②]

可以说,通过承办这两次重要的国际性语言大会,推动制定语言使用、语言保护的国际性条规文件,增强了我国在国际事务中的话语权,向世界传递了中国声音、贡献了中国智慧,也充分彰显了我国政府和社会对尊重、保障包括手语在内的残疾人权利的鲜明立场和态度。

[①] 残疾人权利国际公约 [EB/OL]. 2006-12-13 [2021-03-03]. https://www.un.org/chinese/disabilities/convention/.
[②] 保护和促进世界语言多样性 岳麓宣言 [EB/OL]. 2019-02-21 [2021-03-03]. https://en.unesco.org/sites/default/files/yuelu_proclamation_ch.pdf.

第二节　我国法治框架内的国家通用手语研究与推广

一、中国共产党是国家法治建设的领导者

2018 年 3 月 11 日，第十三届全国人民代表大会第一次会议通过的《中华人民共和国宪法修正案》中特别增加了"中国共产党领导是中国特色社会主义最本质的特征"一句。我国各级人民代表大会和政府部门都是共产党领导下的权力机关，都要贯彻党的路线、方针和政策。党的路线、方针和政策首先体现在党的文件中，同时决定着立法的政治原则、政治方向，由各级人民代表大会和政府部门依照法定程序上升为国家意志，体现在法律，行政法规，地方性法规、自治条例和单行条例、规章中。

进入新世纪以来，党的文件中多次提到手语工作。2008 年 3 月 28 日，《中共中央、国务院关于促进残疾人事业发展的意见》中提出"积极推进信息和交流无障碍，公共机构要提供语音、文字提示、盲文、手语等无障碍服务"。2015 年 1 月，中共中央办公厅、国务院办公厅印发《关于加快构建现代公共文化服务体系的意见》，提出"保障特殊群体基本文化权益"，将包括残疾人在内的特殊群体作为公共文化服务的重点对象，"鼓励和支持有条件的电视台增加手语节目或加配字幕"。2018 年 6 月 18 日，中央宣传部、中国残联、教育部、国家语委和国家广播电视总局联合印发《关于推广国家通用手语和国家通用盲文的通知》（以下简称《通知》）。《通知》指出："国家通用手语和国家通用盲文是国家通用语言文字的重要补充。作为中国公民，听力和视力残疾人有使用国家通用手语和国家通用盲文的权利。推广国家通用手语和国家通用盲文，是落实党的十九大提出的'坚持以人民为中心'的具体举措，不仅使听力和视力残疾人使用语言文字的权利得以维护，也必将对残疾人学习文化知识、获取信息、社会交往以及更加公平地参与社会生活，平等实现权益与融合发展起到重要作用。各地要以习近平新时代中国特色社会主义思想为指导，深入贯彻党的十九大精神，坚定'四个自信'，认真落实习近平总书记'全面建成小康社会，残疾人一个也不能少'和'办好特殊教育'的重要指示，充分认识推广国家通用手语和国家通用盲文的重要意义，增强责任感和使命感，提高推广自觉性和主动性。"由党中央机关部门挂帅，对推广使用国家通用手语提出要求，在中国共产党百年历史上前所未有，体现了党对手语工作的高度重视。

2020年10月13日，中共中央政治局委员、国务院副总理孙春兰在全国语言文字工作会议上讲话并指出，党的十八大以来，国家通用语言文字普及水平持续提升，为发展教育文化事业、促进经济社会发展、维护国家统一、提升国家软实力做出了重要贡献。各地各有关部门要充分认识语言文字的特殊重要性，完善法律法规，健全工作机制，加强队伍建设，全面加强新时代语言文字工作。要坚定不移推广普及国家通用语言文字，发挥学校教育的基础阵地作用、党政机关的带头作用、新闻媒体的示范作用、公共服务行业的窗口作用，全面提升普及水平和质量。

语言文字是文化传承的载体，是国家繁荣发展的根基。2021年3月5日，习近平总书记在参加十三届全国人大四次会议内蒙古代表团的审议时强调，文化认同是最深层次的认同，是民族团结之根、民族和睦之魂。要认真做好推广普及国家通用语言文字工作，全面推行使用国家统编教材。2021年11月11日，中国共产党第十九届中央委员会第六次全体会议通过《中共中央关于党的百年奋斗重大成就和历史经验的决议》，其中指出"全面推行国家通用语言文字教育教学"。

国家通用手语作为党和国家语言文字工作的组成部分，在发展残疾人教育文化事业、促进经济和社会发展、维护民族团结和国家统一、提升国家软实力方面同样具有特殊重要性。因此，要将推广国家通用手语的认识提升到与党和国家语言文字工作的大政方针保持一致的高度。以习近平新时代中国特色社会主义思想为指导，按照全国语言文字工作会议的精神，加快手语规范化、标准化、信息化进程，加强学科建设和人才培养，坚持以学校和公共服务领域为重点，加大和提高推广、规范使用国家通用手语的力度和质量，为听力残疾人提供更好的语言服务。

二、我国立法体系的三个层次

想知道我国关于手语的法律规定，首先需要了解我国的立法体系。2015年3月15日第十二届全国人民代表大会第三次会议修订的《中华人民共和国立法法》规定，我国的立法由法律，行政法规，地方性法规、自治条例和单行条例、规章三个层次构成。

根据《立法法》，全国人民代表大会和全国人民代表大会常务委员会行使国家立法权；国务院根据宪法和法律制定行政法规；省、自治区、直辖市的人民代表大会及其常务委员会根据本行政区域的具体情况和实际需要，在不同宪法、法律、行政法规相抵触的前提下，可以制定地方性法规。国务院各部、委员会、中国人民银行、审计署和具有行政管理职能的直属机构，可以根据法律和国务院的行政法规、决定、命令，在本部门的权限范围内制定规章；涉及两个以上国务院部门职权范围的事项，应当提请国务院制定行政法规或者由国务院有关部门联合制定规章；省、自治区、直辖市和设区的市、自治州的人民政府，可以根据法律、行政法规和本省、自治区、直辖市的地方性法规制定规章。

因此，三个立法层次中任何一个有关手语的规定，都属于立法的范畴。

第三节　我国法律、法规、规章中有关手语的条款

一、全国人大制定的法律中有关手语的条款

1991年5月15日施行、2008年修订的《中华人民共和国残疾人保障法》中规定"政府有关部门应当组织和扶持盲文、手语的研究和应用"；"特殊教育教师和手语翻译，享受特殊教育津贴"；"开办电视手语节目"，还规定"每年五月第三个星期日，为全国助残日"。

2018年5月20日是第28个全国助残日，全国各邮政网点于当日统一对外发行出售《全国助残日》纪念邮票，这是国家邮政局在中国残联配合下首次在全国助残日发行主题纪念邮票。该邮票以残疾人标识为主要元素，白色的标识和色相渐变的爱心图案，象征残疾人事业的纯洁、美好，突出全社会关爱残疾人的主题。爱心背景上有八种助残标识，分别为无障碍标识、手语、助听、信息、盲文、卫生健康、手推轮椅、导盲（聋）犬，体现残疾人平等参与社会、共享发展的理念。整体寓意改革开放四十年，特别是中国残疾人联合会成立三十年以来，中国残疾人事业的蓬勃发展。

二、国务院文件和行政法规中有关手语的条款

（一）国务院文件

从1988年到2021年，国务院批准实施了八个中国残疾人事业发展计划纲要，其中都有针对手语工作的任务要求。1988年9月发布的《中国残疾人事业五年工作纲要（1988年—1992年）》中提出"做好盲文、手语的研究、推广和应用工作"。之后，

残疾人事业发展计划转为与国家经济社会发展五年计划同步制定和实施。1991年12月发布的《中国残疾人事业"八五"计划纲要（1991年—1995年）》提出"为适应残疾人特殊需要，部分影视作品增加字幕；开办电视手语节目"。1996年4月发布的《中国残疾人事业"九五"计划纲要（1996年—2000年）》提出"基本普及'中国手语'"，"中等以上城市电视台普遍开办配有手语的专栏节目"等任务和措施。2001年4月发布的《中国残疾人事业"十五"计划纲要（2001年—2005年）》提出"推广中国手语"，"制定计算机等专业手语词汇"，"省会城市及有条件的中等城市电视台争取开办手语新闻栏目"，"服务行业人员学习、掌握基本手语"。2006年6月发布的《中国残疾人事业"十一五"发展纲要（2006年—2010年）》提出"加强手语的研究、完善和推广工作，继续研制专业手语"；"组织开展手语特殊教育培训"；"市（地）级以上电视台要开办手语节目"；"推动信息交流无障碍法律、法规建设，采用盲文、手语、字幕、特殊通讯设备等辅助技术或替代技术，为残疾人接受和传播信息，参与社会生活创造条件"。2011年5月发布的《中国残疾人事业"十二五"发展纲要》提出"将手语、盲文研究与推广工作纳入国家语言文字工作规划，建立手语、盲文研究机构，规范、推广国家通用手语、通用盲文，提高手语、盲文的信息化水平"；"建立手语翻译员培训、认证、派遣服务制度"；"电视台要积极创造条件开办手语栏目。对困难地区广播电台开设残疾人专题节目、电视台开设手语栏目给予扶持"。2016年8月发布的《"十三五"加快残疾人小康进程规划纲要》提出"组织实施《国家手语和盲文规范化行动计划（2015—2020年）》，推广国家通用手语和通用盲文，提高手语、盲文信息化水平"。2021年7月发布的《"十四五"残疾人保障和发展规划》提出"制定实施《第二期国家手语和盲文规范化行动计划（2021—2025年）》，加快推广国家通用手语和国家通用盲文"；"把国家通用手语、国家通用盲文作为应急语言文字服务内容，政府新闻发布会和电视、网络发布突发公共事件信息时加配字幕和手语"；"政府新闻发布会配备同步速录字幕、手语翻译，鼓励政务服务大厅和公共服务场所为残疾人提供字幕、手语、语音等服务"；"鼓励有条件的职业院校和普通本科院校增设康复治疗、康复工程技术、特殊教育、手语、盲文等相关专业"。

国务院发布的其他文件中也提及了手语。2015年1月20日发布的《关于加快推进残疾人小康进程的意见》提出"制定实施国家手语、盲文规范化行动计划，推广国家通用手语和通用盲文"。2021年11月30日发布的《国务院办公厅关于全面加强新时代语言文字工作的意见》指出"加快手语和盲文规范化、标准化、信息化建设，加快推广国家通用手语和国家通用盲文，加强手语、盲文学科建设和人才培养，为听力、视力残疾人提供无障碍语言文字服务"。

（二）行政法规

在国务院发布实施的一些行政法规中也有关于手语的条款。2012年8月1日施行的《无障碍环境建设条例》规定"公共服务机构和公共场所应当创造条件为残疾人提供语音和文字提示、手语、盲文等信息交流服务"。2017年5月1日新修订的《残疾人教育条例》开始施行，其中规定"从事听力残疾人教育的特殊教育教师应当达到国家规定的手语等级标准"，"组织和扶持盲文、手语的研究和应用"。

三、国务院所属部委的文件和规章中有关手语的条款

为贯彻全国人大法律和国务院文件、行政法规，国务院所属部委很早就开始制定涉及手语的文件、规章，且近些年越来越多，见表 2-2。

表 2-2　国务院所属部委涉及手语的文件、规章一览

1956 年 6 月 23 日	教育部《关于聋哑学校使用手势教学的班级的学制和教学计划问题的指示》
1959 年 2 月 24 日	内务部、教育部《关于试行聋人汉语手指字母方案的联合通知》
1959 年 7 月 27 日	教育部、内务部《关于试行规范化的"聋人手语"的联合通知》
1960 年 10 月 19 日	内务部、教育部、中国文字改革委员会批转中国盲人聋哑人协会《关于修订聋哑人通用手语工作方案》的通知
1960 年 11 月 2 日	内务部、教育部、中国文字改革委员会《关于试行聋哑人通用手语草图第三辑的通知》
1963 年 12 月 29 日	内务部、教育部、中国文字改革委员会《关于公布"汉语手指字母方案"的联合通知》
1979 年 9 月 17 日	民政部、教育部、中国文字改革委员会《关于进一步试行和推广聋哑人通用手语的联合通知》
1982 年 11 月 15 日	民政部、教育部、中国文字改革委员会《关于试行和推广聋哑人通用手语的通知》
1988 年 9 月 3 日	国务院批转执行国家计委、国家教委、民政部、财政部、劳动部、卫生部及中国残疾人联合会编制的《中国残疾人事业五年工作纲要（1988 年—1992 年）》
1991 年 10 月 4 日	民政部、国家教委、国家语委、中国残联《关于在全国推广应用〈中国手语〉的通知》
1991 年 12 月 29 日	国务院批转执行国家计委、国家教委、民政部、司法部、财政部、人事部、劳动部、文化部、广播影视部、卫生部、国家体委、中国人民银行、国家工商局、国家税务局、国务院贫困地区经济开发领导小组、中国残疾人联合会制定的《中国残疾人事业"八五"计划纲要（1991 年—1995 年）》
1993 年 10 月 12 日	国家教委《全日制聋校课程计划（试行）》
1996 年 4 月 26 日	国务院批转国务院残疾人工作协调委员会组织有关部门制定的《中国残疾人事业"九五"计划纲要（1996 年—2000 年）》
1998 年 12 月 2 日	教育部《特殊教育学校暂行规程》

续表

2001年4月10日	国务院批转执行国务院残疾人工作协调委员会制定的《中国残疾人事业"十五"计划纲要（2001年—2005年）》
2006年6月4日	国务院批转执行国务院残疾人工作委员会制定的《中国残疾人事业"十一五"发展纲要（2006年—2010年）》
2007年2月2日	教育部《聋校义务教育课程设置实验方案》
2008年1月8日	中国残疾人联合会教育就业部、教育部基础教育司、教育部语言文字应用管理司《"十一五"期间在全国部分聋校开展推广〈中国手语〉试点工作方案（2008年—2010年）》
2008年3月18日	劳动和社会保障部《国家职业标准：手语翻译员（试行）》
2009年5月7日	教育部、国家发展改革委、民政部、财政部、人力资源社会保障部、卫生部、中央编办、中国残联《关于进一步加快特殊教育事业发展的意见》
2011年5月16日	国务院批转执行国务院残疾人工作委员会制定的《中国残疾人事业"十二五"发展纲要》
2012年12月4日	教育部、国家语委《国家中长期语言文字事业改革和发展规划纲要（2012—2020年）》
2015年8月21日	教育部《特殊教育教师专业标准（试行）》
2015年10月13日	中国残联、教育部、国家语委、国家新闻出版广电总局《国家手语和盲文规范化行动计划（2015—2020年）》
2016年5月3日	中国残联办公厅、教育部办公厅《〈国家通用手语方案（试行）〉和〈国家通用盲文方案（试行）〉试点工作方案及领导小组成员名单的通知》
2016年8月23日	教育部、国家语委《国家语言文字事业"十三五"发展规划》
2018年3月9日	教育部、国家语委、中国残联《国家通用手语常用词表》（GF0020—2018）
2018年6月18日	中央宣传部、中国残疾人联合会、教育部、国家语言文字工作委员会、国家广播电视总局《关于推广国家通用手语和国家通用盲文的通知》
2019年7月15日	教育部、国家语委、中国残联《汉语手指字母方案》（GF0021—2019）
2019年10月10日	教育部教师工作司《特殊教育专业认证标准》
2020年11月23日	教育部、国家语委、中国残联《〈中华人民共和国国歌〉国家通用手语方案》（GF0024—2020）
2021年4月2日	教育部办公厅《特殊教育专业师范生教师职业能力标准（试行）》
2021年6月11日	中国残联、中央宣传部、教育部、国家语委、科技部、工业和信息化部、文化和旅游部、国家广播电视总局《第二期国家手语和盲文规范化行动计划（2021—2025年）》
2021年12月31日	国务院办公厅转发教育部、国家发展改革委、民政部、财政部、人力资源社会保障部、国家卫生健康委、中国残联制定的《"十四五"特殊教育发展提升行动计划》

上述行政文件、规章、标准主要涉及两个方面：一是手语方案、汉语手指字母方案的研究制定；二是手语方案、汉语手指字母方案的试点和正式实施应用。

在实施应用方面，特殊教育院校是学习和推广国家通用手语的主阵地，也唯有通过一代又一代的教育才能使国家通用手语得到良好的传承和发展。在不同时期的政府部门规章中都专门针对特殊教育院校提出了使用国家规定的通用手语、汉语手指字母方案的要求。例如，1959 年 7 月，教育部、内务部在《关于试行规范化的"聋人手语"的联合通知》中提到，聋哑学校学生课外语言交往，也可试行《聋人手语草图》。1963 年 12 月，《关于公布"汉语手指字母方案"的联合通知》要求各地教育部门"督促聋哑学校、聋哑人业余文化学校，一律按公布的方案进行手指字母教学，并做好宣传和推行工作"。1991 年 10 月，国家教委等部委发出《关于在全国推广应用〈中国手语〉的通知》，要求"聋校教职工在教育教学过程中使用手语时应使用《中国手语》。高等师范院校特教专业、中等特殊师范学校，应将《中国手语》列为教学内容"。1993 年 10 月，国家教委在印发《全日制聋校课程计划（试行）》时提出"聋校在各项活动中使用手语时，应该使用《中国手语》"。1998 年 12 月，教育部颁布的《特殊教育学校暂行规程》中规定"学校应当推广使用全国通用的普通话和规范字以及国家推行的盲文、手语"。

2016 年 11 月 25 日，教育部发布涵盖聋校义务教育阶段 14 门课程的《聋校义务教育课程标准（2016 年版）》，这是我国第一次专门为残疾学生制定的一整套系统的学习标准，它集中总结了我国多年来聋教育发展和教育教学改革的经验，是当前及今后一段时期我国聋教育教学改革的顶层设计，其中也提出了在教学中使用规范手语的要求。

教育部、国家语言文字工作委员会、中国残疾人联合会发布的国家语言文字规范《国家通用手语常用词表》（2018）和《汉语手指字母方案》（2019）中都明确提出适用于全国范围内各级各类教育中的手语和汉语手指字母的使用。2019 年 10 月 10 日，教育部教师工作司印发《特殊教育专业认证标准》，在二级标准中，提出师范生要"掌握"国家通用手语等从教基本功；在三级标准中，提出师范生要"扎实掌握"国家通用手语等从教基本功。为贯彻落实党的十九届五中全会精神和《中共中央 国务院关于全面深化新时代教师队伍建设改革的意见》，推进师范生免试认定中小学教师资格改革，建立师范生教育教学能力考核制度，教育部研究制定了《特殊教育专业师范生教师职业能力标准（试行）》，于 2021 年 4 月 2 日由教育部办公厅印发执行，其中同样要求师范生在教学技能方面"具备钢笔字、毛笔字、粉笔字与普通话、国家通用盲文、国家通用手语等教学基本功"。2021 年 12 月 31 日，国务院办公厅转发教育部等部门制定的《"十四五"特殊教育发展提升行动计划》，其中提出"加大力度推广使用国家通用手语和国家通用盲文"。

上述一系列文件、规章、标准传达了一个明确的信息：通用手语和汉语手指字母可改动、变化，但国家对在开展聋教育的院校推广使用国家通用手语的政策与要求始终一贯；作为培养者的高等院校，其特殊教育专业必须将国家通用手语纳入教学内容；作为被培养者的特殊教育专业师范生和已经走上特殊教育工作岗位的教师，都需掌握国家通用手语这一教学基本功。

四、地方人大、政府部门的法规、规章中有关手语的条款

我国各省、自治区、直辖市人大或政府部门根据国家法律和国务院行政法规制定的涉及手语的地方性法规、规章就更多了。例如，各省（自治区、直辖市）都制定了实施《中华人民共和国残疾人保障法》办法，其中就包括开办电视手语节目、手语翻译按国家规定享受特殊教育津贴的条款。

建国以来，我国通用手语的研究和推广工作始终是在党和政府的领导下、在法治框架内进行的。虽然目前专门的语言法规中暂且没有手语的相关条文，但事实上国家已将手语视为聋人和聋教育中使用的特殊语言，否则不可能在如此多的法规文件中专门对手语作规定、提要求。现在《国家通用语言文字法》修订工作提上日程，期待能补充有关手语的条文。

五、具有中国特色的通用手语工作治理体系初步形成

纵观六十多年我国通用手语研究与推广的工作体制和工作路径，可以看到，通用手语研究与推广工作首先充分发挥了聋人协会、残联群团组织的作用，但每一次手语方案和汉语手指字母方案无论是试点还是正式向社会推广都必须经过国家主管行政部门批准和发文，体现了手语工作是国家的事权。

例如，2003 年《中国手语》（修订版）出版后，中国残疾人联合会教育就业部和中国聋人协会为了解使用情况，与教育部、国家语委合作，继续开展通用手语的研究与推广工作，并于 2004 年 4 月在全国部分地区开展了一次问卷调查，调查对象是聋校师生、社会聋人、聋人工作者和手语翻译、热心手语的健听人。2008 年 1 月 8 日，中国残疾人联合会教育就业部、教育部基础教育司、教育部语言文字应用管理司联合印发《"十一五"期间在全国部分聋校开展推广〈中国手语〉试点工作方案（2008 年—2010 年）》，确定北京市第二聋人学校、河北省秦皇岛市特殊教育学校、吉林省长春市特殊教育学校、上海市第一聋校、江苏省南京市聋人学校、安徽省合肥市特殊教育中心学校、福建省泉州市盲聋哑学校、广东省广州市聋人学校、河南省信阳市特殊教育学校、四川省成都市盲聋哑学校、甘肃省兰州市盲聋哑学校共 11 所学校

为试点校，从一年级开始，每所学校选择试点班。试点工作分三个阶段进行：2008年1月—8月为组织和培训阶段，2008年9月—2010年8月为实施阶段，2010年9月—12月为总结阶段。为了配合试点工作，试点学校根据低年级聋生生活、学习的需要和可接受程度组织编写了聋生手语学习教材。这是进入新世纪后第一次有领导、有组织、有计划进行的通用手语推广试点活动。

2011年启动的国家通用手语研究、试点和正式推广工作同样是在国家主管部门的领导和组织下进行的。2012年12月，教育部、国家语委印发《国家中长期语言文字事业改革和发展规划纲要（2012—2020年）》，提出"结合特殊教育学校课程改革，推广使用国家通用手语、盲文"。2015年8月，教育部印发《特殊教育教师专业标准（试行）》，规定特殊教育教师"正确使用普通话和国家推行的盲文、手语进行教学"。同年10月，中国残疾人联合会、教育部、国家语委、国家新闻出版广电总局印发《国家手语和盲文规范化行动计划（2015—2020年）》，明确要求"以学校和公共服务领域为重点，全面推广使用国家通用手语和国家通用盲文"，"在特殊教育学校（院）和社会公共服务领域推行国家通用手语和国家通用盲文"。

党的十八大以来，国家更加重视对手语工作的顶层设计，将其纳入语言文字工作"党委领导、政府主导、语委统筹、部门支持、社会参与"的管理体制，强调治理体系和治理能力的现代化。例如，2015年底，在通用手语词汇方案基本形成之后，中国残联办公厅、教育部办公厅立即决定开展为期近一年的试点工作，于2016年5月3日印发试点工作方案，成立了以中国残联、教育部语言文字应用管理司、教育部语言文字信息管理司、中国聋协、国家手语和盲文研究中心、相关高校和出版社负责人组成的领导小组。确定北京市东城区特殊教育学校、北京市启喑实验学校、天津市聋人学校、哈尔滨市特殊教育学校、赤峰市民族特殊教育学校、上海市第一聋哑学校、南京市聋人学校、烟台市特殊教育学校、武汉市第二聋人学校、广州市启聪学校、西安市盲哑学校、成都市特殊教育学校、南京特殊教育师范学院、长春大学、天津理工大学、中州大学、浙江特殊教育职业学院、湖南省特教中等职业学校18所院校和北京市、天津市、辽宁省、上海市、江苏省、福建省、江西省、湖北省、湖南省、广东省、广西壮族自治区、重庆市、四川省、贵州省、陕西省15个省级聋人协会为试点单位，直接参与试点工作的人员达上千人。2017年1月11日至14日，中国残联和教育部在北京召开了2016年试点工作总结会，通用手语词汇方案得到试用者特别是听力残疾人的认可。这次大规模的试点工作在国内聋人群众和聋教育领域产生了广泛影响，是宣传国家通用手语的"预热"过程，为后来国家通用手语成果的正式推出奠定了思想基础。同时，试点单位提出的各类修改意见为完善通用手语词汇提供了有利条件。实践证明，试点工作达到了"学习试用、征求意见、修订完善"的预定目标，取得了良好成效，为未来持续开展通用手语研究和推广工作积累了经验，其中很重要的一点：语言工具的推出一定要慎重，试点工作和试用过程非常必要。

根据手语随社会语言生活不断演变和发展，其规范研究需要持续开展这一实际，中国聋人协会内设手语研究与推广委员会，依托北京、辽宁、上海、江苏、浙江、福建、江西、河南、湖北、广东、四川、甘肃 12 个省级聋人协会设立手语信息采集点，覆盖七大方言区，进而形成"地方聋协采集语料—中国聋协与国家手语和盲文研究中心汇总、形成方案—试点修订—上报审批—国家主管部门发布实施"的稳定机制。在手语本体研究与应用研究上，国家语委项目、中国残联手语项目与国家社会科学基金项目相辅相成，通过招标、委托项目方式动员和组织各方力量，重在研究较为紧迫的手语理论、手语政策和手语应用问题，推动我国通用手语与时俱进、服务于国家语言文字工作大局并满足听力残疾人不断增长的手语需求。

第三章
我国通用手语研究中的相关术语

　　手语有很多名称，语言学、特殊教育学、聋人社会工作领域有手势语、手指语、手语、聋人手语、离群聋人手语、自然手语、文法手语、身势语、中国手语、通用手语、国家通用手语等名词，在民间领域有过"哑语"的叫法。为了解通用手语概念，有必要对相关名词的含义及其分类进行简要的梳理和分析。

第一节　我国历史上有关手语的术语

我国古代、近代的文献、工具书中对手语的叫法、概念的解释与当今有所不同。

一、我国古代对手语的各种叫法

古人曾用"指麾""手语""形语"等叫法来称后人所说的聋人手语。

古代对手语的叫法最早可以追溯到西汉著名史学家、文学家司马迁所著《史记·淮阴侯列传》中"虽有舜禹之智，吟而不言，不如瘖聋之指麾也"一句。《辞海》中"扬"一条的解释为："扬，通'挥'、'麾'。本为手的动作，引申为发令调遣。"[①] 该句是说，即使有虞舜、夏禹的智慧，闭上嘴巴不讲话，不如聋哑人用手势示意。高宇翔认为"指麾"即为聋人手势。[②]

根据目前发现的史料，"手语"一词应该出现于唐代。李白《春日行》"佳人当窗弄白日，弦将手语弹鸣筝"一句中的"手语"是指弹奏琴弦发出的乐声，而非聋人手语。五代南唐冯延巳所著《昆仑奴》"之郎君颖悟，必能默识，所以手语耳"中的"手语"则是指聋人手语。

宋代大文学家苏轼在《怪石供》一文中有"海外有形语之国，口不能言，而相喻以形；其以形语也，捷于口；使吾为之，不已难乎？"一句，意思是："海外有用'形语'的国家，他们彼此不说话，而是通过比划进行交流。他们用动作比用言语方便多了。要是让我用比划代替言语的话，不也是很难吗？"这里的"形语"也可视为聋人手语。

二、我国近代对手语的各种叫法

从清末启瘖学馆成立到二十世纪三十年代，我国特殊教育领域乃至社会上对手语、手指语、手势语的概念界定与区分不像现在这么清楚，用词也是多样，有"手势""手切""手指语""手语""比量""手式""哑语"等。

1887年，启瘖学馆使用赖恩手势进行教学，如果不知道赖恩手势是一种手指字母方案，就会误以为是手势语。1918年，我国出现的另一种手指字母叫赖恩氏手切，

---

① 辞海（语词增补本）[M]. 上海：上海辞书出版社，1982：322.
② 高宇翔. 无声世界：中国聋人史略 [M]. 郑州：郑州大学出版社，2018：182.

符合手指字母是拼音字母的性质。"切音""反切"是我国传统的一种注音方法,它是用两个字来拼另一个字的音。赖恩氏手切是用表示注音符号声母的手指字母指式与表示注音符号韵母的手指字母指式相拼。

鸦片战争之后,清末一些官员、名流到国外考察,以到日本的最多。在国外,他们到盲哑学校看到了手语在教学中的使用,这些在观感录中有简单介绍。例如,山东大学第二任校长方燕年曾在《瀛洲观学记》(光绪二十九年,1903年)中描写了在东京盲哑学校所见:"教哑生,先举实物示之,不能举实物者,则图画举示,后作字于黑板上,讲字义,皆以手作势,伸指屈指,单手双手,前后上下,翕张舌动,状式甚多。"其中所言"以手作势"应该就是比拟状物的手势。同年,张謇先生在日记中记载了在日本参观盲哑院见到的情况:"聋哑者,教习画,习裁缝,习绣,习手语,习体操。"[①]

1915年版《辞源》中"手语"一词的解释为"用手之姿势,代表字母形状,以教聋哑之人,使能达意者"。由黎锦熙先生等人校订,商务印书馆1937年出版的《国语辞典》中同样将手语释义为"用手之姿势代表字母形状,藉以教聋哑儿童之方法"[②],这是将手语等同于手指语。1937年,上海福哑学校校长、英国人傅步兰撰写的《盲聋哑儿童教育》一文中的"手语"也是指"以手之动作,来代表字母,与他人说话",但是他特别注明"不过此法只实用于英文方面"。同时,他将"用手或面部及肢体的动作,来代表一种固定的名词或事实"称为"比量",也就是手势语。文献记载,中华人民共和国成立前杭州聋哑学校"人物学"课程指导聋童用"手指语"表述人称[③],其实用的不是手指语而是手势语。1948年出版的《第二次中国教育年鉴》特殊教育编中记载当时国内通行的手势中有"比拟手式"[④]。

可见,近代中国学术界在很长一段时间内所称的"手语""手指语",其内涵与当今所说的概念不一样。

由于过去缺少听觉语言康复的条件,聋人大多不会说话,打手势时或是不出声或是伴随一些无意义的声音,所以民间将聋人手语称为"哑语",直到现在仍有人会这样说,可是这一称谓不是一个科学、规范的学术术语。如果"哑语"是针对手语本身,说其是不发声的语言,尚且可以;但如果针对的是手语者,说其是"哑人"的语言就不科学了。因为现在许多听力残疾人可以重建听力,或者通过看话方式进

[①] 张謇全集(卷二)[M].上海:上海辞书出版社,2012:213.
[②] 高宇翔.无声世界:中国聋人史略[M].郑州:郑州大学出版社,2018:193.
[③] 杭州教育志[M]//顾定倩,朴永馨,刘艳虹.中国特殊教育史资料选.北京:北京师范大学出版社,2010:1407.
[④] "民国"教育部教育年鉴编纂委员会.第二次中国教育年鉴:第九编[M].上海:商务印书馆,1948.

行口语沟通，做到耳不再聋或者聋而不哑。尤其是将聋人叫作"哑巴"很不文明，所以"哑语"一词也应该停止使用。

第二节 我国当代有关手语的术语及其概念界定

中华人民共和国成立后，特别是近二十年，我国特殊教育界和语言学界对手语的认识不断深化，对相关术语概念的内涵与外延的界定日臻严谨，术语使用也越来越规范。尽管不同的学者对手语术语的表达有所差异，但核心要义基本趋同。下文从历史的角度来分析手语术语的提出及其概念界定上的变化。

一、手势、手势语、手语、身势语

（一）手势

在生活当中，人们常常将打手语说成是打手势。《现代汉语词典》将"手势"解释为"表示意思时用手（有时连同身体别的部分）所做的姿势：交通警打手势指挥车辆"。其实，手势是比手势语、手语含义更广的一个概念，它包括四种情况：（1）人自发产生的手势动作，如手足无措时的抓耳挠腮，无可奈何时的双手一摊等；（2）伴随说话时手做出的动作，起着加强语气、强调的作用，带有个人风格；（3）裁判员、交通警察等职业的行业手势；（4）手势语的简称，与手势语、手语同义，表示具体词义的手势。所以，只有第四种情形的手势与聋人手语有关。

（二）手势语、手语

从二十世纪五十年代开始，我国学术界对手势语与手语的术语既存在区别使用，又存在混同使用的情况。从手语研究工作和手语概念界定来说，手语作为上位概念，将手势语与手指语包含其中，如"以手指字母和手势代替语言进行交际的方式（多用于聋哑人）"[1]，这时手势语与手语的概念外延是有区别的。但是如果单独比较手语与手势语的概念内涵，则发现许多人对其定义的核心内容是一样的，如"手语是聋人的语言"[2]，"手势语是聋哑人进行社会交往的一个重要工具"[3]，"手语

---

[1] 中国社会科学院语言研究所词典编辑室.现代汉语词典（第7版）[M].北京：商务印书馆，2016：1203-1204.
[2] 戴目.一件很有意义的事情[M]//傅逸亭，梅次开.聋人手语概论.上海：学林出版社，1986：1.
[3] 中国盲人聋哑人协会.关于修订聋哑人通用手语工作方案[M]//中华人民共和国重要教育文献（1949—1975）.海口：海南出版社1998：1010.

是聋人表达思想，进行交际的工具"[1]。

进入二十一世纪后，从手语的语言要素与交际功能来进行概念界定，手指语不再归为手语的一种，这样手势语与手语的概念内涵与外延才真正实现统一，只是叫法上的差异。而且，定义什么是手语，也不再简单停留在手语的功能层面，会将手语的性质、形成来源、构成要素和表达方式等多方面内容综合在一起进行表述，如"手语是在聋人社区中自然形成的语言，是真正的自然语言，不是主流社会中的听人为弱势的聋人群体（或聋人中的精英为本群体）所设计、创造的语言"[2]；"手语是指主要用双手在身体和空间位置上摆姿势、做动作，与面部表情结合，按照一定的规则组词造句，输出手势信息进行思想感情交流的语言，并且需要靠视觉感知，理解这些手势和表情结合所代表的意义、结合一定的语境，才能获取话语的意义信息"[3]；"手势语是一种模仿性很强的无声语言，它依靠双手的动作，面部表情及身体姿势的变化来传递信息，表达思想感情"[4]；"手语是指一些聋人或重听者群体约定俗成的用手势、动作、表情和空间位置来表达意思、进行交际的语言"[5]；"手语是视觉－手势语言。其使用者通过约定俗成的具有语言意义的手势、身体姿势和面部表情来实现语言的各种功能。手语在聋人社区中产生和发展起来，是聋人在手语交际环境中自然习得的语言，也是聋人的'第一语言'"[6]。

按照手语语言学理论，可将手语简明定义为：手语是聋人在社会生活中约定俗成和使用的一种视觉性语言，它通过手势动作并伴随表情和身体姿势表达意思，进行交际。

（三）身势语

身势语也称为体态语、态势语，是比手势内涵与外延更大的一个概念。身势语指以姿态、手势、面部表情和其他非有声言语手段来交流信息、情感和意向。无论是无具体意义的手势还是有具体意义的手语，因为都属于肢体语言，自然成为身势语的一种。我国古代诗歌理论著作《毛诗序》中就曾写道："情动于中而行于言。言之不足，故嗟叹之；嗟叹之不足，故永（咏）歌之；永歌之不足，不知手之舞之，足之蹈之也。"《共产党宣言》中文全译本首译者，我国著名的教育家、语言学家陈

---

[1] 朴永馨. 中国手语教学辅导[M]. 北京：华夏出版社，1992：1.
[2] 陈小红. 中国手语动词及类标记结构方向性研究[M]. 长沙：湖南人民出版社，2015：1.
[3] 吕会华. 中国手语语言学[M]. 北京：知识产权出版社，2019：17-18.
[4] 傅逸亭，梅亦开. 聋人手语概论[M]. 上海：学林出版社，1986：86.
[5] 张吉生. 上海手语音系[M]. 上海：华东师范大学出版社，2019：1.
[6] 倪兰. 中国手语教程（初级）[M]. 上海：复旦大学出版社，2020：159.

望道于 1932 年在《修辞学发凡》一书中就称聋人手势语是"态势语",并将态势语分为表情的、指点的、描画的三类。①

二、聋人手语、自然手语、文法手语、手语汉语

(一)聋人手语、自然手语

聋人手语也被称为自然手语,是指聋人在社会生活中约定俗成和使用的手语。这个术语是对应现实生活和聋人教育中由听人按照有声语言语序所打的手语而提出的。

(二)文法手语、手语汉语

文法手语主要是指听人按照有声语言语序所表达的手语。由于"中文"也可以叫作"汉语",所以也有人将按照汉语语序表达的手语称为"手语汉语(手势汉语)"。

手语本来指的就是聋人手语,为什么还要加上"聋人"这个定语?原因是聋人约定俗成和使用的手语主要靠形象、空间来状物叙事,所以说它是看的"视觉性语言",而不是"听的语言""写的语言"。因此,聋人手语在构词法和句法方面都有许多不同于有声语言的特点。但是,由于社会使用的主流语言是有声语言,手语在与有声语言接触中不可避免会受到有声语言的影响。听人在不了解不掌握聋人手语时,会按照有声语言的语法规则来表达手语,在我国就是一一对应汉字打手语,这种手语被聋人称为"文法手语"。

三、中国手语、汉语手语、国家通用手语、地方手语

(一)中国手语、汉语手语

中国手语顾名思义就是中国聋人使用的手语。由于英文翻译用的是"Chinese Sign Language",所以也有人使用"汉语手语"的叫法。中国手语有广义和狭义之分。广义的中国手语是指中国各地区、各民族聋人使用的手语。尽管各地区、各民族聋人使用的手语有所不同,但都是中国手语。也有学者这样定义:"中国手语指这个地区聋人所使用的共同语"②,"中国聋人群体在典型交际情况下习惯使用的形义结合的手势-视觉符号体系称为中国手语"③。狭义的中国手语是指由国家主管部门批准的,在全国范围通行的国家通用手语。

---

① 陈望道. 修辞学发凡 [M]. 上海:上海教育出版社,1976:20-25.
② 郑璇. 中国手语如何表达非视觉概念 [M]. 北京:知识产权出版社,2011:2.
③ 倪兰. 中国手语教程(初级)[M]. 上海:复旦大学出版社,2020:159.

（二）国家通用手语

国家通用手语是指在听力残疾人语言生活和有关听力残疾人的公务活动、各级各类教育、电视和网络媒体、图书出版、公共服务、信息处理和手语水平等级考核中通行的手语；对外代表中国手语。

国家通用手语与中国手语的关系，如同龚群虎教授比喻的，是"果"与"树"的关系。国家通用手语是中国手语这棵"树"上的一个"果"，各个地方的手语也是中国手语这棵树上的"果"。"推行通用手语并不排除地方手势语，两者可以并存"[①]的方针，中国盲人聋哑人协会于1960年9月28日在《关于修订聋哑人通用手语工作方案》中就已提出。

国家通用手语与各地的聋人手语既有紧密联系又有一定区别。国家通用手语词汇的手语动作不是完全采用某一个地方的聋人手语。如果表示某个事物的手语各地一致或基本一致，自然就成为国家通用手语；如果表示某个事物的手语各地不一致，则通过比较，选择其中多数聋人研究者认可的手语作为国家通用手语。所以，国家通用手语中表示生活常见事物、概念的手语均来自聋人手语。聋人手语是"源"，国家通用手语是"流"，聋人手语与国家通用手语就是"源"与"流"的关系。但不可否认，并非所有的事物和概念都有现成的约定俗成的聋人手语，特别是教学领域的学科名词、抽象概念等，需要通过研究来创造手语动作。有些创造出来的手语动作可以保持形象性特征，但还有一些只能采用教学上的文法手语表达，以避免产生认知上的歧义。所以，国家通用手语中有一部分并非源自聋人手语，而是源自教学手语。这是国家通用手语与聋人手语有所区别的地方。

（三）地方手语

相对国家通用手语而言，地方手语是指带有一定区域的历史文化特征，为该区域内聋人约定俗成、普遍使用的手语。在词汇方面，不同区域的地方手语可以出现表达方式上的差异。

四、手指字母、手指语、指拼

（一）手指字母

手指字母是指用指式（即手指做出的形状）代表字母。世界上有多种拼音文字系统，手指字母也有所不同。即使采用同一种拼音文字系统的国家和地区，手指字母也存在一定差异。

---

① 何东昌.中华人民共和国重要教育文献（1949—1975）[M].海口：海南出版社，1998：1010.

（二）手指语、指拼

手指语也称指拼，是指用代表拼音字母的指式，按照拼音规则连续拼出完整的语句表达一种语言。

手指字母、手指语与有声语言直接关联，是表示语音的特殊符号系统，这是它与手语的最大区别所在。

第三节　手形、类标记手形、基本手势

手语词汇可以成千上万，并且层出不穷，但是构成手语动作的手形没有那么多。手形如同"零件"，通过不同的"组装"构成各种各样的手势来表达不同的事物、概念，这是语言的任意性在手语中的一种表现。手形是手语的第一要素，没有了手形也谈不上有手语了。因此，有关手语手形的术语和概念也是通用手语研究要涉及和借鉴的内容。

一、手形与手型

《国家通用手语常用词表》中对手形的定义是：手语表达时手指屈、伸、开、合的形状。[①] 手形是单手的、静态的，不管其位置和朝向。

目前，在我国有关手语手形研究的著述、文章中有用"手形"的，也有用"手型"的，二者是通用还是有所不同的确是一个令人困扰的问题。《现代汉语词典》对"形"与"型"两个字分别是这样解释的："形"有形状，形体，显露，表现等义项；"型"的义项有模型、类型。[②] 据此选择其中与手语相关的义项，手形的意思应该是手的形状，在手语、手势语中指手做出的姿势；手型的意思应该是手的类型，在手语、手势语中指手形划分的类型。那么可以这样理解：手形是手做出、展现出的一个个具体的姿势或形状，相对手型来说，是"下位"概念；手型是将一个个具体的手形按照一定的逻辑规则进行分类，相对手形来说，是"上位"概念。我们认为二者的含义是不同的，不应该混用。本书基于通用手语具体词目的手语打法做探讨，因此，采用手形这一名称。

[①] 中华人民共和国教育部，国家语言文字工作委员会，中国残疾人联合会. 国家通用手语常用词表 [M]. 北京：华夏出版社，2018：1.

[②] 中国社会科学院语言研究所词典编辑室. 现代汉语词典（第 7 版）[M]. 北京：商务印书馆，2016：1467-1468.

二、手形研究

一种语言中能够区别意义的最小语音单位是音位。因此，我国手语语言学领域的学者也在从音位的角度分析哪些手形具有区别语义的作用，进而基于不同地域的手语语料样本提出了不同数量的手形。例如，张吉生教授在《上海手语音系》中提出了 61 个手型[①]；倪兰博士在《中国手语教程（初级）》一书中也列举了有 61 个手形的"中国手语常用手形表"[②]。

这次通用手语研究也对手语词汇涉及的手形进行了收集和分析，根据《国家通用手语词典》，将我国聋人手语和外来手语在起始动作和结束动作中唯一出现的手形全部摘录出来制成"国家通用手语手形"表，共有 115 个手形，其中常用手形 89 个，非常用手形 26 个，见表 3-1。非常用手形，既有我国聋人手语中使用频率低、构成新手语词的功能弱的手形，也有外来手语中出现的手形。这些手形从表层看有区别不同词的作用，但它们是从语用角度提出的，而不是从手语音位学手形的底层音系表征角度提出的，所以数量多。例如，聋人表达"钱"时，拇、食指一般是捏合成一个圆形，中间不开口；表达"银行"时，虽然也用了"钱"的手势，拇、食指成一个圆形，但中间留一个小口。这两个手形在实际使用时有所区别，我们将其作为两个手形，而在手语音位学上只作为一个手形，因为拇、食指完全捏合或者中间有缝隙都可以表示钱，语义并未发生变化。

不同的手形是由构成手形的手指个数，手指关节曲、伸、开、合状态的不同决定的。需要注意的是，国内一些手语语言学书籍、论文描述手形中手指关节的名称与解剖生理学关于手指关节的名称有所差异，这可视为两个学科领域话语体系的不同。手语语言学中的"掌关节""指关节"分别对应的是解剖生理学中的"掌指关节""指间关节（包括近端指间关节和远端指间关节）"，手语语言学中的"掌指关节"实际是"掌关节"与"指关节"两种关节的统称，不是解剖生理学中特指的"掌指关节"，见图 3-1。本书在手形的描述方式上借鉴了国内其他手语语言学学者的做法，但作为探讨，也对个别相同的手形表达了与其他学者不同的见解。

---

① 张吉生. 上海手语音系 [M]. 上海：华东师范大学出版社，2019：48.
② 倪兰. 中国手语教程（初级）[M]. 上海：复旦大学出版社，2020：164-175.

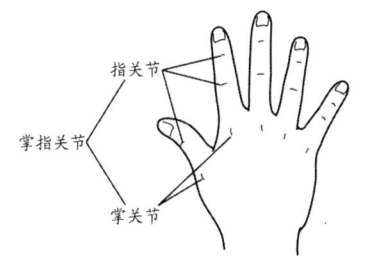

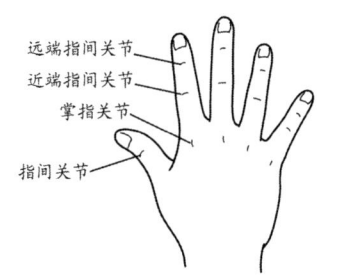

手语语言学中手指关节的名称　　　解剖生理学中手指关节的名称

图 3-1　手指关节名称对照

表 3-1　国家通用手语手形

序号	手指数	手形编号	手形	说明	例词
1	1	1-1		拇指为被选手指，直伸；其余四指弯曲，指尖抵于掌心。	好 主动
2		1-1.1		拇指为被选手指，指关节曲折；其余四指弯曲，指尖抵于掌心。	感谢 爱人 打火机
3		1-2		食指为被选手指，直伸；中指、无名指和小指弯曲，指尖抵于掌心；拇指弯曲，按于中指中节指。	说 必须 什么
4*		1-2.1		食指为被选手指，指关节微曲；中指、无名指和小指弯曲，指尖抵于掌心；拇指弯曲，按于中指中节指。	稻子 谷子
5		1-2.2		食指为被选手指，指关节曲折；中指、无名指和小指弯曲，指尖抵于掌心；拇指弯曲，按于中指中节指。	节日 酒 记忆
6		1-3		中指为被选手指，直伸；食指、无名指和小指弯曲，指尖抵于掌心；拇指弯曲，按于食指中节指。	哥哥 姐姐
7		1-4		中指为被选手指，掌指关节曲折；其余四指直伸，分开。	没必要 秃 蚊子
8		1-5		小指为被选手指，直伸；食指、中指和无名指弯曲，指尖抵于掌心；拇指弯曲，按于食指和中指中节指。	坏 丑 脏

续表

序号	手指数	手形编号	手形	说明	例词
9		1-5.1		小指为被选手指，指关节曲折；食指、中指和无名指弯曲，指尖抵于掌心；拇指弯曲，按于食指和中指中节指。	利息 勾结 上海
10	2	2-1		食指为被选手指，直伸；拇指为被选手指，直伸，与食指非对立；其余三指弯曲，指尖抵于掌心。	八 理想
11		2-1.1		食指为被选手指，指关节曲折；拇指为被选手指，直伸，与食指非对立；其余三指弯曲，指尖抵于掌心。	手枪 爱慕
12		2-1.2		食指为被选手指，掌指关节曲折；拇指为被选手指，直伸，与食指非对立；其余三指弯曲，指尖抵于掌心。	有 旧 容易
13		2-2		食指为被选手指，掌关节曲折；拇指为被选手指，掌关节曲折，与食指对立、分开，成锐角形；其余三指弯曲，指尖抵于掌心。	角 月亮 衬衣
14		2-2.1		食指为被选手指，掌关节曲折；拇指为被选手指，掌关节曲折，与食指对立、分开，成窄框形；其余三指弯曲，指尖抵于掌心。	带子 U盘 牌子
15		2-3		食指为被选手指，指关节曲折；拇指为被选手指，掌关节曲折，与食指对立、分开，成宽框形；其余三指弯曲，指尖抵于掌心。	区 口罩 对联
16		2-4		食指为被选手指，掌指关节曲折；拇指为被选手指，掌关节曲折，与食指对立、分开，成半圆形；其余三指弯曲，指尖抵于掌心。	林 饼 锅
17		2-4.1		食指为被选手指，掌指关节曲折；拇指为被选手指，掌关节曲折，与食指对立、靠近；其余三指弯曲，指尖抵于掌心。	米❶ 种子 霜降 膜
18		2-4.2		食指为被选手指，掌指关节曲折；拇指为被选手指，掌关节曲折，与食指对立、相捏；其余三指弯曲，指尖抵于掌心。	别针 鸡

续表

序号	手指数	手形编号	手形	说明	例词
19		2-5		食指为被选手指,掌指关节曲折;拇指为被选手指,掌指关节曲折,与食指对立、分开;其余三指弯曲,指尖抵于掌心。	元 银行 土耳其
20		2-5.1		食指为被选手指,掌指关节曲折;拇指为被选手指,掌指关节曲折,与食指对立、相捏;其余三指弯曲,指尖抵于掌心。	日记 药 职员 竹
21		2-5.2		食指为被选手指,掌指关节曲折;拇指为被选手指,掌指关节曲折,与食指对立、贴于食指远节指;其余三指弯曲,指尖抵于掌心。	豆① 血管
22		2-6		食指为被选手指,直伸;拇指为被选手指,指关节曲折,与食指非对立,按于食指根部;其余三指弯曲,指尖抵于掌心。	很① 浓 远
23		2-7		食指为被选手指,掌关节曲折;拇指为被选手指,掌指关节曲折,与食指对立,按于食指中节指;其余三指弯曲,指尖抵于掌心。	半 重听 辍学
24		2-8		食指为被选手指,掌指关节曲折;拇指为被选手指,掌关节曲折,与食指对立、交叉;其余三指弯曲,指尖抵于掌心。	加法 星星 医院 模仿
25		2-8.1		食指为被选手指,掌指关节曲折;拇指为被选手指,掌关节曲折,与食指对立,按于食指中节指;其余三指弯曲,指尖抵于掌心。	冰棍儿 法槌
26		2-9		食指为被选手指,掌指关节曲折;拇指为被选手指,掌指关节曲折,与食指对立,远节指指背抵于食指中节指;其余三指弯曲,指尖抵于掌心。	发祥地 原告
27		2-10		中指为被选手指,掌指关节曲折;拇指为被选手指,掌关节曲折,与中指对立、分开;食指弯曲;其余两指弯曲,指尖抵于掌心。	保释 暴利 担保②
28		2-11		中指为被选手指,掌指关节曲折;拇指为被选手指,掌关节曲折,与中指对立、相捏;其余三指分开。	橡胶 湿 黏 纸

续表

序号	手指数	手形编号	手形	说明	例词
29		2-12		中指为被选手指，掌指关节曲折；拇指为被选手指，掌指关节曲折，与中指对立、分开；其余三指分开。	借①
30		2-12.1		中指为被选手指，掌指关节曲折；拇指为被选手指，掌指关节曲折，与中指对立、按于中指远节指；其余三指分开。	意思 淡 聪明②
31		2-13		小指为被选手指，直伸；拇指为被选手指，直伸，与小指非对立；其余三指弯曲，指尖抵于掌心。	六 去 到
32*		2-13.1		小指为被选手指，指关节曲折；拇指为被选手指，直伸，与小指非对立；其余三指弯曲，指尖抵于掌心。	实验① 蝙蝠
33		2-14		小指为被选手指，指关节曲折；拇指为被选手指，指关节曲折，与小指对立；其余三指弯曲，指尖抵于掌心。	胚胎 蜷曲 避难所 六十
34		2-14.1		小指为被选手指，掌指关节曲折；拇指为被选手指，掌指关节曲折，与小指对立、相捏；其余三指弯曲，指尖抵于掌心。	小 细
35		2-15		食指和中指为被选手指，直伸、分开；无名指和小指弯曲；拇指弯曲，按于无名指远节指。	法① 价值 变化 无轨电车
36		2-15.1		食指为被选手指，直伸；中指为被选手指，掌关节曲折；无名指和小指弯曲，指尖抵于掌心；拇指弯曲，按于无名指中节指。	自行车② 走
37		2-15.2		食指和中指为被选手指，指关节曲折、分开；无名指和小指弯曲；拇指弯曲，按于无名指和小指远节指。	桥 认识 见面
38		2-15.3		食指和中指为被选手指，指关节曲折、分开；无名指和小指弯曲，指尖抵于掌心；拇指弯曲，按于无名指和小指远节指。	火车 口语 斗争

续表

序号	手指数	手形编号	手形	说明	例词
39		2-16		食指和中指为被选手指，直伸，并拢；无名指和小指弯曲；拇指弯曲，按于无名指远节指。	马 剑 命令
40		2-16.1		食指和中指为被选手指，掌指关节曲折，并拢，贴于拇指；无名指和小指弯曲，指尖抵于掌心；拇指弯曲，按于无名指中节指。	奶奶
41		2-17		食指和中指为被选手指，直伸，相叠；无名指和小指弯曲，指尖抵于掌心；拇指弯曲，按于无名指远节指。	是 盐
42		2-18		食指为被选手指，掌关节曲折；中指为被选手指，掌指关节曲折，抵于食指中节指；无名指和小指弯曲，指尖抵于掌心；拇指弯曲，按于无名指和小指远节指。	出租车 鹤
43		2-19		食指和小指为被选手指，直伸；中指和无名指弯曲；拇指弯曲，按于中指和无名指远节指。	紫 曾
44	3	3-1		食指和中指为被选手指，直伸，分开；拇指为被选手指，直伸，与食指、中指非对立；其余两指弯曲，指尖抵于掌心。	北② 壁虎 闽 朱
45*		3-1.1		食指和中指为被选手指，指关节曲折，分开；拇指为被选手指，直伸，与食指、中指非对立；其余两指弯曲，指尖抵于掌心。	钙
46		3-2		食指和中指为被选手指，直伸，并拢；拇指为被选手指，直伸，与食指、中指非对立；其余两指弯曲，指尖抵于掌心。	领袖 派遣
47		3-2.1		食指和中指为被选手指，掌指关节曲折，并拢；拇指为被选手指，贴于食指，与食指、中指非对立；其余两指弯曲，指尖抵于掌心。	帅 省
48*		3-3		食指和中指为被选手指，掌关节曲折，分开；拇指为被选手指，掌关节曲折，与食指、中指对立；其余两指弯曲，指尖抵于掌心。	因为② 所以②

续表

序号	手指数	手形编号	手形	说明	例词
49		3-4		食指和中指为被选手指，掌关节曲折，并拢；拇指为被选手指，掌关节曲折，与食指、中指对立，成锐角形；其余两指弯曲，指尖抵于掌心。	鸭 畲族 海南
50*		3-4.1		食指和中指为被选手指，掌关节曲折，并拢；拇指为被选手指，掌关节曲折，与食指、中指对立，成窄框形；其余两指弯曲，指尖抵于掌心。	麻将
51		3-5		食指和中指为被选手指，掌指关节曲折，分开；拇指为被选手指，掌指关节曲折，与食指、中指对立；其余两指弯曲，指尖抵于掌心。	自来水 恐龙① 水龙头
52		3-5.1		食指和中指为被选手指，掌指关节曲折，并拢；拇指为被选手指，掌指关节曲折，与食指、中指对立、相捏；其余两指弯曲，指尖抵于掌心。	七 气象 种植 又
53		3-6		食指为被选手指，直伸；中指为被选手指，掌关节曲折；拇指为被选手指，掌关节曲折，与食指、中指对立，贴于中指中节指；其余两指弯曲，指尖抵于掌心。	课 科 出租
54*		3-7		食指为被选手指，直伸；中指为被选手指，掌指关节曲折；拇指为被选手指，掌指关节曲折，与食指、中指对立、相捏；其余两指弯曲，指尖抵于掌心。	多米尼加（外来手形）
55*		3-8		食指为被选手指，掌关节曲折；中指为被选手指，掌指关节曲折，抵于食指中节指；拇指为被选手指，掌关节曲折，与食指、中指对立，抵于食指中节指；其余两指弯曲，指尖抵于掌心。	除法 平均 蓝牙②
56		3-9		食指和小指为被选手指，直伸；拇指为被选手指，直伸，与食指、小指非对立；其余两指弯曲。	飞机 新② 山 鹿

第三章 我国通用手语研究中的相关术语　55

续表

序号	手指数	手形编号	手形	说明	例词
57		3-10		食指和小指为被选手指，掌关节曲折；拇指为被选手指，掌关节曲折，与食指、小指对立；其余两指弯曲，指尖抵于掌心。	玫瑰花 天鹅 粽子
58		3-11		食指、中指和无名指为被选手指，直伸，分开；拇指和小指弯曲，拇指按于小指远节指。	微信 称霸 思维
59		3-11.1		中指为被选手指，直伸；食指和无名指为被选手指，掌关节曲折；拇指和小指弯曲，拇指按于小指远节指。	三轮车 三脚架
60*		3-11.2		食指、中指和无名指为被选手指，指关节曲折，分开；拇指和小指弯曲，拇指按于小指远节指。	晋
61*		3-12		食指、中指和无名指为被选手指，直伸，并拢；拇指和小指弯曲，拇指按于小指远节指。	承诺
62		3-12.1		食指、中指和无名指为被选手指，掌指关节曲折，并拢，贴于拇指；拇指和小指弯曲，拇指按于小指中节指。	米❷ 传媒
63		3-13		食指、中指和小指为被选手指，直伸，食指和中指并拢；拇指和无名指弯曲，拇指按于无名指远节指。	标志 职务
64		3-14		中指、无名指和小指为被选手指，直伸，分开；拇指和食指弯曲、相捏。	签字 三 姓名
65		3-14.1		中指、无名指和小指为被选手指，指关节曲折，分开；拇指和食指弯曲、相捏。	除夕 三十

续表

序号	手指数	手形编号	手形	说明	例词
66*	4	4-1		食指、中指和无名指为被选手指,掌关节曲折,分开;拇指为被选手指,掌关节曲折,与食指、中指和无名指对立;小指弯曲。	跳马
67*		4-2		食指、中指和无名指为被选手指,掌指关节曲折;拇指为被选手指,掌关节曲折,与食指、中指和无名指对立,按于食指远节指;小指弯曲。	书法 草书 楷书
68*		4-3		食指、中指和小指为被选手指,直伸,分开;拇指为被选手指,直伸,与食指、中指和小指非对立;无名指弯曲。	燕 海燕
69*		4-4		中指、无名指和小指为被选手指,掌关节曲折,并拢;拇指为被选手指,掌指关节曲折,与中指、无名指和小指对立,按于中指近节指;食指弯曲。	命名
70		4-5		食指、中指、无名指和小指为被选手指,直伸,分开;拇指弯曲,贴近掌心。	四 八卦 并排 烤串
71		4-5.1		食指、中指、无名指和小指为被选手指,指关节曲折,分开;拇指弯曲,贴近掌心。	谜语 诗歌 四十
72		4-6		食指、中指、无名指和小指为被选手指,指关节曲折,分开;拇指直伸。	机械 亲属
73		4-7		食指、中指、无名指和小指为被选手指,直伸,并拢;拇指弯曲,贴近掌心。	部 不理睬
74		4-8		食指、中指、无名指和小指为被选手指,掌指关节曲折,并拢;拇指直伸。	可以 会议
75		4-8.1		食指、中指、无名指和小指为被选手指,掌指关节曲折,并拢,贴近掌心;拇指直伸。	凉 南京 流畅

续表

序号	手指数	手形编号	手形	说明	例词
76	5	5-1		五指均为被选手指；食指、中指、无名指和小指直伸，分开；拇指直伸，与其余四指非对立。	五 数 颜色 网
77		5-1.1		五指均为被选手指；食指、中指、无名指和小指掌关节曲折，分开；拇指掌关节曲折，与其余四指非对立。	光 报警
78		5-2		五指均为被选手指；食指、中指、无名指和小指关节曲折，分开；拇指掌指关节曲折，与其余四指对立。	爪子 野兽 五十
79		5-3		五指均为被选手指；食指、中指、无名指和小指掌指关节曲折，分开；拇指掌关节曲折，与其余四指对立。	访问 危险② 麻 管理
80		5-3.1		五指均为被选手指；食指、中指、无名指和小指掌指关节曲折，分开；拇指掌关节曲折，与其余四指对立、靠近。	哈密瓜 芒果
81		5-4		五指均为被选手指；食指、中指、无名指和小指掌指关节曲折，分开；拇指掌指关节曲折，与其余四指对立、靠近。	乱 涂鸦 闹心 滥用
82		5-4.1		五指均为被选手指；食指、中指、无名指和小指掌指关节曲折；拇指掌指关节曲折，与其余四指对立，指尖相抵。	花 蒜 吴
83		5-5		五指均为被选手指；食指、中指、无名指和小指直伸，并拢；拇指直伸，与其余四指非对立。	标准 不 房子
84*		5-6		五指均为被选手指；食指指关节曲折；中指、无名指和小指直伸，并拢；拇指直伸，与其余四指非对立。	潜艇
85		5-7		五指均为被选手指；食指、中指、无名指和小指掌关节曲折，并拢；拇指贴于食指，与其余四指对立。	贝壳 重庆 捧

续表

序号	手指数	手形编号	手形	说明	例词
86*		5-7.1		五指均为被选手指；食指、中指、无名指和小指掌关节指折，并拢，成直角形；拇指贴于食指，与其余四指非对立。	锄 刨
87		5-8		五指均为被选手指；食指、中指、无名指和小指掌指关节曲折，并拢；拇指贴于食指，与其余四指非对立。	司 司长
88*		5-9		五指均为被选手指；食指和中指直伸，并拢；无名指和小指直伸，并拢；中指和无名指分开；拇指贴于食指，与其余四指非对立。	杨桃 吉布提（外来手形）
89*		5-10		五指均为被选手指；食指和小指直伸；中指和无名指掌关节曲折，并拢；拇指贴于食指，与其余四指非对立。	床
90		5-11		五指均为被选手指；食指、中指、无名指和小指直伸，并拢；拇指掌关节曲折，与其余四指对立。	喊 减少 傍晚
91		5-11.1		五指均为被选手指；食指、中指、无名指和小指指关节曲折，并拢；拇指掌关节曲折，与其余四指对立，成宽框形。	车厢① 扫兴
92		5-11.2		五指均为被选手指；食指、中指、无名指和小指掌关节曲折，并拢；拇指掌关节曲折，与其余四指对立，成窄框形。	云① 倒车 任务 承担
93		5-12		五指均为被选手指；食指、中指、无名指和小指掌指关节曲折，并拢；拇指掌关节曲折，与其余四指对立，成半圆形。	垛 粗① 灯罩 核磁共振
94		5-12.1		五指均为被选手指；食指、中指、无名指和小指掌指关节曲折，并拢；拇指掌关节曲折，与其余四指对立、靠近。	薄 初中 处
95		5-12.2		五指均为被选手指；食指、中指、无名指和小指掌指关节曲折，并拢；拇指掌关节曲折，与其余四指对立，按于食指和中指远节指。	绘画 装配 教育 脆

续表

序号	手指数	手形编号	手形	说明	例词
96		5-12.3		五指均为被选手指；食指、中指、无名指和小指掌指关节曲折，并拢；拇指掌关节曲折，与其余四指对立、相捏。	族 种类
97		5-13		五指均为被选手指；食指、中指、无名指和小指掌指关节曲折，并拢；拇指掌指关节曲折，与其余四指对立、分开。	杯子 曹 次
98		5-13.1		五指均为被选手指；食指、中指、无名指和小指掌指关节曲折，并拢；拇指掌指关节曲折，与其余四指对立，与食指相捏。	没有② 零
99		5-13.2		五指均为被选手指；食指、中指、无名指和小指掌指关节曲折，并拢；拇指掌指关节曲折，与其余四指对立，按于食指和中指远节指。	标枪 棍棒 捅
100		5-13.3		五指均为被选手指；食指、中指、无名指和小指掌指关节曲折，并拢，指尖抵于掌心；拇指掌指关节曲折，与其余四指对立，按于食指和中指中节指。	党❶ 打 道德
101		5-14		五指均为被选手指；食指、中指、无名指和小指指关节曲折，并拢；拇指掌指关节曲折，与其余四指对立。	白 手机
102*		5-14.1		五指均为被选手指；食指、中指、无名指和小指指关节曲折，并拢；拇指掌指关节曲折，与其余四指对立，贴近掌心。	欧洲（外来手形） 萨尔瓦多（外来手形）
103*		5-15		五指均为被选手指；食指、中指、无名指和小指掌指关节曲折，并拢，按于拇指；拇指掌指关节曲折，与其余四指对立，贴于掌心。	一些②
104*		5-16		五指均为被选手指；食指、中指、无名指掌指关节曲折；小指指关节曲折；拇指掌指关节曲折，与其余四指对立。	姜
105		5-17		五指均为被选手指；食指、中指、无名指和小指掌指关节曲折，并拢；拇指掌关节曲折，与其余四指对立，与食指和中指交叉。	桃酥 粉红色

续表

序号	手指数	手形编号	手形	说明	例词
106*		5-18		五指均为被选手指；食指直伸；中指、无名指和小指掌关节曲折，并拢；拇指掌关节曲折，与其余四指对立，成窄框形。	无线路由器
107*		5-18.1		五指均为被选手指；食指指关节曲折；中指、无名指和小指掌关节曲折，并拢；拇指掌关节曲折，与其余四指对立，成窄框形。	缆车
108*		5-19		五指均为被选手指；食指直伸；中指、无名指和小指掌指关节曲折；拇指掌关节曲折，与其余四指对立，与中指和无名指相捏。	分贝 分米
109*		5-19.1		五指均为被选手指；食指指关节曲折；中指、无名指和小指掌指关节曲折；拇指指关节曲折，与其余四指对立，与中指和无名指相捏。	恐龙②
110*		5-20		五指均为被选手指；食指、中指和无名指掌指关节曲折，并拢；小指直伸；拇指掌指关节曲折，与其余四指对立。	科特迪瓦（外来手形）
111		5-21		五指均为被选手指；食指和小指直伸；中指和无名指掌指关节曲折；拇指掌指关节曲折，与其余四指对立，与中指和无名指相捏。	兔 长颈鹿
112		5-22		五指均为被选手指；食指掌指关节曲折；中指、无名指和小指直伸，分开；拇指掌关节曲折，与其余四指对立，与食指相捏。	傣族 孔雀
113		5-23		五指均为被选手指；食指掌指关节曲折；中指、无名指和小指直伸，分开；拇指掌指关节曲折，与其余四指对立。	便池 厕所 肥料
114		5-24		五指均为被选手指；食指指关节曲折；中指、无名指和小指直伸，并拢；拇指掌指关节曲折，与其余四指对立，与食指相捏。	潘 庞 课件

续表

序号	手指数	手形编号	手形	说明	例词
115*		5-25		五指均为被选手指；食指、无名指和小指直伸，分开；中指掌关节曲折；拇指掌关节曲折，与其余四指对立，靠近中指。	戏剧②

注：1. 本表手形按被选手指的个数排序。
   2. 手形编号的含义是："-"前的数字表示被选手指的个数；"-"后的数字表示在被选手指个数相同的情况下，拇指、食指、中指、无名指、小指出现的顺序，被选手指关节的参与数量，拇指被选时与其他手指对立、非对立的关系；"."后的数字表示被选手指的曲折及开合程度。
   3. 被选手指是指具有区别意义功能的手指。
   4. 本表用"曲折"一词说明被选手指关节的变化，对非被选手指关节的变化只表述为"弯曲"，不作详细说明。
   5. 非常用手形用＊号表示。

三、类标记手形

类标记手形（也有称手语类标记）是手语语言学中的一个专用术语，指手语中可以代表某一类（或某几类）事物的手形。类标记手形来自手形，但又与手形有区别。手语中的手形不都具有能代表某一类（或某几类）事物的功能，只有具备这种功能的手形才是类标记手形。

类标记手形包括物类类标记、操持类标记、形状类标记和身体类标记四种。物类类标记指代表物体类型的手形，操持类标记指表示手持的工具或物体的手形，形状类标记指代表物体形状和大小的手形，身体类标记指代表身体某一部位的手形，或直接用身体的某一部位表示。在《国家通用手语词典》第4册中例举了26个类标记手形，见表3-2。

表 3-2 类标记手形例举

顺序	手形图	一般代表
1		1. 人、物、组织（机构）。 2. 拇指按压的物体或痕迹。
2		1. 棍状、线状的物体。 2. 人及其他生物。 3. 爬行、蠕动的生物（手指反复弯动）。

续表

顺序	手形图	一般代表
3		弯钩形的物体。
4		1. 手枪状的物体。 2. 带边角的物体。 3. 大小不等、有边框的物体（双手）。
5		1. 人和动物的整个身体。 2. 长尖角的动物。 3. 壶状的物体。
6		1. 有两条平行线的物体。 2. V形的物体。 3. 生物的双腿、双眼。
7		1. 窄长的物体。 2. 人的双腿。
8		1. 绞状的物体。 2. 锥形的物体。
9		1. 带有三个支点的物体。 2. 齿牙状的物体。
10		1. 手握的圆柱形物体。 2. 管状、棍状、柱状的物体（双手）。
11		1. 手握的物体。 2. 石头或星球体。 3. 人的头部。
12		某些口鼻部凸出、有双耳或触角的动物。
13		1. 扁平的工具。 2. 人或动物的手、足。 3. 平面的物体。

续表

顺序	手形图	一般代表
14		窄长、条状的物体。
15		1. 较宽的条状物体。 2. 长方形的物体（双手）。
16		1. 有厚度或厢形的物体。 2. 柔软、有弹性的物体（通常有开合动作）。
17		1. 圆形、球形、环形的物体。 2. 棍状、管状的物体（双手）。
18		1. 尖嘴状的物体。 2. 手指拿捏着的细小物体。
19		1. 带双钩或双齿的物体。 2. 弯曲的双腿。
20		摄像器材。
21		1. 飞行物。 2. 某些长角的动物。
22		1. 有爪的凶猛动物。 2. 多齿的工具。 3. 散乱分布的小斑点。 4. 块状的物体。
23		小的球形、块状物体。
24		凹陷或凸起状的物体。

续表

顺序	手形图	一般代表
25		细微颗粒或粉末状的物体（有手指互捻动作）。
26		1. 平行的条纹。 2. 排列的物体。 3. 较多的人、生物、物体（手指可微曲）。 4. 树冠状的物体（手指可微曲）。 5. 较大的球形物体（双手微曲）。 6. 网格状的物体（双手相搭）。 7. 花、菜类或光线、发光类（五指先撮合，然后张开）。

类标记手形既有约定俗成的特点，又有灵活性的特点，在手语表达中可以临时产生，因此某个手形具体指代的是什么，属于哪种类型的类标记，要根据语境来判断。出现在手语词中的类标记手形已经转化为词汇化的手形了。例如，五指成"匚"形的手形，在"警车"手语中表示车，在"建设"手语中表示砖，在"被子"手语中表示被子等。

四、基本手势

从教学角度来说，教师和手语学习者更关注一个手势动作作为词根还出现在哪些手语词中。具有构词功能的词根手势可以称之为基本手势。2003年《中国手语》（修订版）出版后，中国康复科学所曾牵头组织中国手语基本手势的研究，由于那时缺少手语语言学理论的指导，加之《中国手语》一书中的手语动作现已做了大量修改，因此该研究结果已无实用价值。

基本手势与手形、类标记手形的显著不同之处是：基本手势包括了手形、位置、方向、移动全语音要素；既有静态的，也有动态的；既有单手构成的，也有双手构成的。基于《国家通用手语词典》归纳出的基本手势可以分为下列几种类型。

（一）单手基本手势

单手基本手势是指单手打出的具有构词功能的手势，约有 430 个，见表 3-3。

表 3-3　通用手语单手基本手势例举

类型		基本手势	构成词目
一指	拇指		父亲（爸爸）、伯父、父亲节、姑父、继父（后爸）、叔叔❶（叔父）、养父、姨父、岳父（老丈人）、祖先②
	食指		母亲（妈妈、母、雌）、伯母、姑母（姑妈）、继母（后妈）、舅母（舅妈）、母亲节、养母、姨母（姨妈）、岳母（丈母娘）
	中指		哥哥、姐姐
	小指		丑、丑恶

（二）双手对称基本手势

双手对称基本手势是指双手手形相同，动作对称，且具有构词功能的手势，约有 420 个，见表 3-4。

表 3-4　通用手语双手对称基本手势例举

类型	基本手势	构成词目
一指		比较（比赛、攀比、考试①）、比例❷、比喻（比如）、锦标赛、竞选、决赛、考分①、考分②、考核、考卷（试卷）、考验①、排比、评比、赛跑、预赛（初赛）、准考证、监考
二指		票（单据）、便条、彩票、传票、股票、借条①、借条②、欠条、收条（收据）、条例（条款、条文）、条约、债券、证券、插座、选票、信封、硬盘
三指		检查（调查）、安检、查处、查封、查询、查账、抽查、核查（核实）、检察官（检察长）、检察院、检录处、检索、检讨、检修、校对、普查、清查、筛查、审查①、审查②、审计、搜查（稽查）、突查、验收（查收）

类型	基本手势	构成词目
四指		规则、决策、契约、守则、协议、政策、准则、总则、法律（法规、法则）
五指		贸易（交易、生意、商）、成交、橱窗、电子商务、个体户、柜台、集市（赶集）、经营、全国工商业联合会（全国工商联）、商标、商店、商法、商品、商业、市场、摊贩（摆摊儿）、营业

（三）双手不对称基本手势

双手不对称基本手势是指双手手形不同，动作不对称，且具有构词功能的手势，约有 350 个，见表 3-5。

表 3-5 通用手语双手不对称基本手势例举

主动手	基本手势	构成词目
一指		新①、创新、更新、新潮（时尚）、新词（生词）、新郎、新娘、新四军、新闻、雄安新区
二指		约束（束缚、限制、局限）、管制、权限、无限②、有限②、限额（额度）
三指		种植、播种、补种、轮作、芒种、移植、育种、植树节、种子、庄稼（农作物）
四指		纲领、纲要、规程、规定❷、决议（章程）、目录、条例（条款、条文）

主动手	基本手势	构成词目
五指		爱、爱戴、爱国①、爱国②、爱护、爱情、爱惜、爱耳日、爱眼日、爱憎分明、宠爱（溺爱①）、慈爱、恩爱、娇惯、亲爱、热爱、疼爱

第四章
我国通用手语研究历程中的各种探索

在过去几十年的研究中，几代领导者、研究者对通用手语的性质、构成、研究方向、工作路径、工作原则等做了一些理论上的探索。其中，有正确和成功之处，也有因历史局限性导致在认识和做法上的一些偏误之处。不论怎样，这些探索使我们逐渐懂得手语是一个还未被完全认识和解读的领域。通用手语的规范化不单单是一项行政工作，它还是一项学术研究工作，有赖于语言学、手语语言学、认知心理学、特殊教育学等多学科的支撑。

第一节　关于手语性质的探索

一、关于手语的语言性质

长期以来，我国语言学界、特殊教育学界对手语是不是语言一直存在争议，有着各种观点。手语的语言性质和地位直接制约通用手语的研究方向。要从根本上解决这一问题，需要语言学基本理论上的突破。

（一）非语言观点

首先，在人们的习惯认识中，语言总是与发音说话联系在一起。按照传统语言学理论——"语言是以语音为物质外壳、以词汇为建筑材料、以语法为结构规律而构成的体系"[①]而言，手语自然不被视为语言，因为它没有语音。

建国之初，人们在讨论手语性质时，总是引用斯大林《马克思主义和语言学问题》中的一段话："所谓手势语言的意义——由于它极端贫乏和有限——是小的不足道的。其实这不是语言，甚至不是能这样或那样代替有声语言的语言代用品，而是人们有时用来强调自己讲话中的某些地方的辅助手段，这个辅助手段是在表现方法上极其有限的。不能把手势语和有声语言等量齐观，正如不能把原始的木锄和现代最新式的拖拉机等量齐观一样。"[②]其实，将斯大林所讲的"人们有时用来强调自己讲话中的某些地方的辅助手段"翻译成"手势语"，是不完全准确的。如前面关于手势的概念解释，带有个人特点的、伴随讲话出现的手势动作或加强语气的动作应该翻译成"手势"，其本身表达的不是词，与聋人表达思想、有具体词义的手势语是有区别的。但是在那时，我们还没有将手势与手势语的异同搞清楚，更不能对领袖讲的话提出质疑。

（二）非言语交际工具观点

虽然有些人不承认手语是独立的语言，但无论如何，手语起着语言最基本的沟通作用。随着对人类行为、人体语言的深入观察，非言语交际学形成，手语也被作为非言语交际的一种形式。研究发现，语言是人类最重要的交际工具，但不是唯一的工具。人们在交际时，除了运用说话、写字等语言符号传递信息外，表情、手势、身体姿势、服饰等也在传递信息，都是非言语的交际手段。

---

① 胡裕树.现代汉语（增订本）[M].上海：上海教育出版社，1981：1.
② 斯大林.马克思主义和语言学问题[M].北京：人民出版社，1953：46.

语言与言语是相互联系又有所不同的两个概念。传统语言学认为，语言是声音和意义结合而成的符号体系，是交流的工具；言语是人们运用语言这个工具进行交流的活动，具体形式就是口语交流或书面语交流。运用口语和书面语以外的形式进行交流的活动，就是非言语交际。

"在身势语学说中，手语是人工化与条理化的身体语言。"[①] 聋人因为不能像听人那样通过说话进行交际，为交流需要而创造了手语这种特殊的交际工具。按此分析，非言语交际工具观点一方面承认手势（包括手语）是人类的一种交流手段，另一方面又不承认它们具有与有声语言等同的语言地位。

（三）语言从属说观点

在探讨手语与有声语言的关系上，存在手语是从属于有声语言的观点。有学者认为："自然有声语言先于手语而存在，手语以自然语言的存在为前提和基础，手语的制定和使用，离不开自然语言的参与。手语是对自然有声语言的补充，为不能使用后者的人提供了极大的方便。自然的有声语言是第一位的，是人类社会存在的必要条件。任何文明社会都离不开语言这一重要和独特的交际工具与思维工具，它是其他一切辅助性的符号（例如文字、旗语，当然也包括手语在内）存在的基础和前提。语言是整个人类都需要的，手语是辅助性的工具，是第二性的，其产生和存在要以自然语言的存在为前提，它并不是整个人类的每个成员都需要的。作为一种符号体系，自然语言的物质形式和意义内容分别是语音和语义，这二者的结合就其创制时（语言产生之时）而言，是使用这种语言的人约定俗成的，而这种约定是任意的，也就是说，语音和语义的联系是不可论证和解释的。就手语来说，它以身体姿势，主要是手势作为自己的物质形式，以意义作为其内容，手势与意义的结合是经过自然语言使用者约定的，这种约定具有一定的可解释性。"[②]

即使是使用手语的聋人也有持同样观点的。例如，1985年2月，戴目为《聋人手语概论》作序时写道："手语是聋人的交际工具，它能沟通聋人之间，甚至聋人与正常人之间的思想感情，这应该说手语具备了语言的地位与功能。"[③] 至古稀之年，他将对手语性质等问题的思考汇总在2002年编著的《中国手语浅谈》（内部资料）一书中，从书里可以看到他对手语的认识发生了变化："套用一句老话，手语与汉语的关系就是皮和毛的关系，皮之不存，毛将焉附"；"语言有了新词，手语随之出现表达

---

① 李杰群. 非言语交际概论[M]. 北京：北京大学出版社，2002.3：96.
② 李杰群. 非言语交际概论[M]. 北京：北京大学出版社，2002.3：103-104.
③ 傅逸亭，梅次开. 聋人手语概论[M]. 上海：学林出版社，1986.

新词的手势动作，旧词淘汰，手语表达旧词的手势动作也随之淘汰。……所以很难想象，手语可以脱离语言文字而独立存在、发展"；"中国聋人的第一语言是汉语，手语只是汉语的表达工具，不能作为母语，并且手语也没有发展成为一种'独立于民族语言之外的社会条件'"。

可见，在手语语言学尚未形成理论，或是已形成但没有传入我国的情况下，在人们无法说清手语有没有"语音"，如果有，手语的"语音"是什么之前，任何论证手语是语言的论点都不具有完全说服性。

（四）独立语言观点

二十世纪六十年代，美国学者威廉·斯多基创立了手语语言学。他和同事基于手语表达现象的客观现实，发现手语都含有手形、位置、方向、移动这四个要素，它们就是手语的"语音"，表情、身体姿势、口动等伴随手语表达出现的是手语的非手控要素，从理论与实践的结合上解决了长期困扰人们的"手语有无语音"的难题，促使学术界重新认识手语的性质，重新界定人类语言的类型，形成语言包括口语和手语及其他形式的非语音语言的新定义。

手语语言学研究的深入进一步验证了手语具有任意性和象拟性这两个语言符号系统的基本属性。一个手形动作在不同的语境中可以代表不同的意义，语言形式与所表达的事物或概念没有直接的关系，而且同一个事物也可以用不同的手势来表达，这说明手语具有语言的任意性。所以，尽管手语词可以无限增加，但实际构成手语动作的手形数量是很有限的，手语通过少量能区别意义的手形来表达无限的意义。模拟事物特征是手语的显著特点，是聋人以视觉为主要通路的认知活动的必然反映。因此，我们可以看到大量的象形手势。同时，手语语言学也在不断地揭示手语独特的词汇系统和语法构造。正是因为手语具备了人类语言的所有基本性质，从而确立了手语是一种独立语言的性质和地位。手语与所有的语言一样，具有充当聋人的思维工具和交际工具的语言基本职能。

另外，方俊明[1]、王文静[2]、李俊宏[3]等学者进行的关于手语的认知神经科学实验研究也发现，在语言加工的多个层面上，手语具有和口语相似的生物学基础，大脑左右半球一些经典的语言区参与了手语的产生和理解活动，进而从大脑生理机制方面论证和支持了手语同有声语言一样，是一门独立的自然语言的观点。

---

[1] 方俊明，何大芳.中国聋人手语脑功能成像的研究[J].中国特殊教育，2003（002）：50-57.
[2] 王文静.手语产生的脑机制研究[D].北京：北京师范大学，2004.
[3] 李俊宏，丁国盛.手语和口语理解及产生的脑机制对比[J].心理科学进展，2013，21（09）：1560-1569.

手语语言学和认知神经科学的理论和实证研究推动了手语是独立语言这一观点在国内的传播，复旦大学龚群虎教授在国内率先建立手语语言学学科点，手语语言学博士、硕士高层次专业人才不断涌现，本土化的手语语言学研究成果越来越多。

二、关于手语与手指语的关系

（一）手语包括手指语的观点

手指字母和手指语最早产生于国外，并应用于聋人教育。1887 年，美国传教士米尔斯夫妇在山东登州（今蓬莱）建立我国第一所聋校——启瘖学馆，将手指字母引入我国，之后产生了不同版本的手指字母方案。聋校既有手势语也有手指语的使用，由此，学界、有关标准和出版物一直将手势语和手指语包括在手语的定义中。例如，1963 年 12 月 29 日发布的《汉语手指字母方案》规定，指语是手语的一种。1978 年 4 月出版的《辞海·语言文字分册》中"手语"条目的释文为"聋哑学校进行教学和聋哑人之间传递思想的方法。分'指语'和'手势语'两种。用指语作种种姿势，代表字母形状，进行拼音，称'指语'。指语又分双手语和单手语。中国聋哑学校试行中的汉语拼音指语，系属后者。以手势作比量，模拟形象，构成一定的意思，互相交际和交流思想，称'手势语'"[1]。2016 年 9 月出版的《现代汉语词典》（第 7 版）对"手语"的解释是"以手指字母和手势代替语言进行交际的方式（多用于聋哑人）"[2]。

拼音文字是一种语言，用手去表达拼音文字的手指语毫无疑问也是语言。从理论上讲，手指语可以起到沟通的作用，始终在教聋人学习发音说话中使用。另外，手指语与手势语的外在形式相似，都是用手表达。所以，人们自然认为手语包括手指语，如银春铭所指出的，"手势语与指语是两种不同的东西，只是由于都以手为角色传递信息，才被统一到手语的范畴"[3]。

（二）手语不包括手指语的观点

虽然从理论上讲，手指语可以起到沟通的作用。但是，在日常生活中没有一个聋人是使用手指语与他人交流的。相反，手势语（或简称为手语）才是聋人及聋教育中使用最普遍的交流工具，不管是使用象形文字的中国聋人，还是使用拼音文字的外国聋人，概莫如是。

---

[1] 辞海·语言文字分册 [M]. 上海：上海辞书出版社，1978：5.
[2] 中国社会科学院语言研究所词典编辑室. 现代汉语词典（第 7 版）[M]. 北京：商务印书馆，2016：1204.
[3] 银春铭. 听力残疾儿童的语言教学 [M]. 上海：上海教育出版社，1995：63.

思考和判断手指语算不算手语的一种，首先要从手语的语言要素来分析。在"语音"层面，前文提到，凡是手语，一定含有手形、位置、方向、移动这四个"语音"要素和表情、身体姿势、口动等非手控要素。手指语有手形、位置、方向要素，有的聋人或许还带有口动非手控要素，但打手指语时没有移动（我国用汉语手指字母拼打音节时，只有指式变化，手并不移动。国外在拼打长音节时，有的会向一个方向做水平移动），也不需要伴随表情、身体姿势，口动也非必要，可有可无。在"词汇"层面，手语（这里指手势语）是表形表义的符号系统，比较容易直接表达具体形象的事物、概念，较难直接表达抽象的事物、概念。对于抽象的事物、概念需要采用解释的方式去表达，不能直接用一两个手势去对应一个名词术语。手指语是表音的符号系统，可以拼出所有实词、虚词的音节，与词的形象和语义无关。有人会说，聋人手势语中也有手指字母。的确，我国聋人手势语中有一些含有手指字母，少数是完全用手指字母表示一个词，多数是用手指字母充当一个词的词素，几乎没有拼出完整音节的。而使用拼音文字的外国聋人在遇到没有相应手势语的姓名、专有名词等时会用手指字母拼打出完整的音节。不管是打一个字母还是打出一个音节，国内外聋人使用手指字母都仅限于词的范围，不用于表达句子。这些已经进入聋人手语中充当了词素或词的手指字母、手指音节，应该视为聋人手语的一个组成部分。而手语中表音的部分所占比例很小，改变不了聋人手语的根本性质。在语法层面，手语有与有声语言不同的语法结构，这与手指语完全按照有声语言语序表达有显著不同。

思考和判断手指语算不算手语的一种，还要从其是否真正成为交际手段——语言这一最主要的功能来分析。当年汉语手指字母方案制定的主要领导者周有光先生在文章中指出："汉语手指字母能够表达任何语词，包括抽象概念词和语法意义的虚词，直接联系有汉语拼音字母注音的汉字读物。但是我们不能完全用手指字母谈话，因为那样就未免过于迟缓。实用的手语需要包括两个组成部分，除了要有用手指字母构成的手指语以外，还得要有迅速而敏捷的用姿态和表情表达的手势语。"[①] 洪雪立、沈家英等人在《要有一套手指字母》一文中也指出："指语的意义和表现方法则与手势语完全不同，因为手指字母是以某一个手指形式来代表某一个字母的。指语用手指字母为工具，把几个指式连串起来就代表一个词。它和书面语言、口头语言能够密切联系起来。因为它的指式就是字母的代表，也就能够体现语言中所具有的

---

① 周有光. 聋哑教育上的两大改革 [M]// 顾定倩, 朴永馨, 刘艳虹. 中国特殊教育史资料选. 北京：北京师范大学出版社，2010：2025.

词法和句话（语法）。但是指语也有它的局限性，那就是它的表现方法呆滞和迂缓。从来没有一个人在说话的时候是一个一个音素地说的，也从来没有一个人在听话的时候是一个一个音素地听的。"①

因此，不论是从手语的语言构成要素，还是从聋人的语言生活角度分析，手语与手指语都不属于同类。手语语言学所称的"手语"是聋人语言生活中实际作为交流工具的手语（即手势语），不包括手指语。这是我们重新理解手语概念时，在认识上要发生的一个重大变化。

第二节 关于手语规范化路径的探索

一、通用手语规范化的路径

通用手语规范化以形成通用手语方案，收规范化之效为方向，这是没有错的。但如何规范，怎样形成和形成一个什么样的通用手语方案，也是经历了不同的认识阶段。可以说，有的问题已形成较为清楚的认识，有的还不太清楚，需要在实践中进一步加以认识。

（一）手指字母+手势语的原则与路径

1958年7月聋人手语改革委员会成立之初，就将通用手语的规范化路径设计成"手指字母+手势语"。

"改革手势语，在于改善现行手势语词汇的表达方法和使用规则，即取手势之长，再以手指字母补其所短，使两者互相结合运用，构成一套接近于口头语和书面语的更加完善的聋哑人的手的语言——手语。"②进而提出修订通用手语的四条原则：手语与革命的现实生活相一致的原则，手势与手指字母相结合的原则，手语与口头语、书面语相一致或接近的原则，保持形象化和清晰易辨的原则。其中，手势与手指字母相结合的原则指"不便使用形象化动作来表示的词，如各种抽象意义的词、特定名词（人名、地名、学术名词、虚词等），主要由手指字母来表示。常用的词和短语，采用'简略用法'（相等于书面的字母缩写），或者手指字母与形象比划结合来表达"③。手语与口头语、书面语相一致或接近的原则指"手语的语法结构必须与口

---

① 洪雪立，沈家英，胡裕生等. 要有一套手指字母[J]. 文字改革，1958（7）：22-24+18.
②③ 何东昌主编. 中华人民共和国重要教育文献（1949—1975）[M]. 海口：海南出版社，1998：1010.

头语、书面语的词序和结构一致或相近，这样，手语的比划就能条理化，表达的意义和概念可以明确"①。

这种指导思想和工作原则对我国通用手语研究影响极大。从1959年《聋人手语草图》至2003年《中国手语》(修订版)，大量表音的手指字母成了构词词素，或独立成词，或与表形表义的手势结合成词。例如：《聋人手语草图》修订第一辑中有56个词用了手指字母，占总词目的10%；全国31个省、自治区、直辖市名称中有29个全用手指字母表示，另外2个既有手势语打法，也有手指字母打法。有学者统计《中国手语》(修订版)使用手指字母的词目总数有988个，占词目总数的17.69%。其中，"J""L"的使用次数分别高达124次和110次。② 的确，用同一个手指字母表示多个不同的词义极易混淆，也很难理解，不符合聋人手语交流的习惯。

（二）关于手语规范化的其他原则和路径

1987年5月，中国盲人聋哑人协会在山东泰安召开第三次全国手语工作会议时提出修订《中国手语》的七条原则。除适当掺用手指字母原则外，其他六条原则是：手语动作要保持相对稳定的原则；形象化原则；注解式表达法要与口形相结合的原则；尊重约定俗成手势的原则；综合地方手势，坚持规范化、合理化和科学化的原则；注意吸收国际聋人手语的优点和长处的原则。在1990年出版的《中国手语》中，编者提出统一基本词的手势、保留手势的形象化、同字异义动作有区别、适量使用手指字母的原则。

在1994年出版的《中国手语》续集中，编者将手语的编纂分为选词和动作设计两个方面。在选词上提出了通用手语工具书的四个选词原则：常用性原则，即使用频度，选择日常生活中聋人最经常接触和使用的词目；通用性原则，即使用广度，选择对不同层次、不同水平的聋人都通俗易懂的词目，避免地域或行业色彩太强的用语；规范性原则，指选词和词义的手语表达要以《现代汉语词典》、聋校教材等为依据；易编性原则，指选词要考虑能打易懂。在构思新词手语动作设计方面，提出科学性原则，指手语动作应尽可能比较准确地表示和贴近词目的含义。在形象性方面，尽量选取本质的、典型的、易被理解的特征。当科学性、形象性、统一性原则不能兼顾时，宜以科学性、形象性原则为先。在2003年出版的《中国手语》(修订版)中，编者提出手势动作的设计既要体现科学性、形象性，也应该尽量做到简明统一，以便于学习和使用。

---

① 何东昌主编.中华人民共和国重要教育文献（1949—1975）[M].海口：海南出版社，1998.1010
② 毛赛群，兰继军.《中国手语》中手指字母使用情况分析[J].现代特殊教育（高教版），2014（2）：56-62.

上述对手语规范化工作的认识，有的原则和路径是从"编手语"的角度提出的，带有明显的历史局限性，但其中也有一些合理的观点，对当前和未来手语规范化研究有一定的指导意义。

（三）可否以一地手语作为国家通用手语

我国普通话以北京语音为标准音，以北方话为基础方言，以典范的现代白话文著作为语法规范，这是由历史原因决定的。北京是全国的政治、经济和文化中心，已有八百多年的建都史。由于经济政治的集中，北京话的影响也逐渐增大，地位日益重要。一方面，北京话作为官方的通用语言传播到全国各地，成为"官话"，"官话"也就逐渐成了各方言区之间共同使用的"共同语"；另一方面，以北方话为基础的白话文学作品，特别是元明以来的戏曲，也更多地受到了北京话的影响。这样，北京话就为汉民族共同语的标准音打下了坚实的基础。到了清朝末年，以北方话为基础方言、以北京语音为标准音的汉民族共同语实际上已经形成。中华人民共和国成立后，推广普通话是国家语言文字的基本国策，载入《中华人民共和国宪法》和《国家通用语言文字法》。

有的研究者不同意国家通用手语是"手语的普通话"这一说法，理由是国家通用手语不是由一个地区的手语上升而来。那么，手语能否像汉语普通话那样，以一个地区（或大城市）的聋人手语为基础作为全国的通用手语呢？近些年，北方手语、南方手语的说法屡屡出现，有说"南方手语以上海为主，下分出香港手语；北方手语以北京为主，特点是有字形双关"[1]。也有说以西安、郑州一线为界，以南（不包括西藏）为南方手语区域，以北为北方手语区域，包括新疆和内蒙古。但提出者同时承认"常常听到别人说中国南方和北方手语不同，但未见过系统的描述"[2]。

由于手语是"手手相传"，历史上没有留下系统记载北方手语和南方手语的书面和影像资料，在聋人内部也没有过公认哪个地方的手语为"共同语"的情况。因此，客观上不具备将某个地区的手语作为全国的通用手语进行推广的历史渊源和群众基础。所以，我国通用手语规范化一开始就没有套用确定汉语普通话的做法，而是采用从全国各地手语中进行比较、筛选的方法。这种方法非人为主观臆造，是根据我国手语使用的国情决定的，也得到了聋人的认可。

---

[1] 国内手语和国外手语有什么联系和不同？国内外手语通用吗？[DB/OL]. 2012-04-02 [2021-03-10]. https://www.zhihu.com/question/19711122/answer/14157055.

[2] 中国南方和北方手语的不同 [DB/OL]. 2012-11-13 [2021-03-10]. https://www.doc88.com/p-995529474170.html.

（四）关于手语工具书编纂的规范化问题

古代、近代的手语由于没有留下文字记载而不知其貌，现在即使可以通过视频的方式进行记载，手语在手手相传的过程中也会因人而异，出现各种变体。因此，手语工具书仍是保存手语史料的重要载体。一些国家和地区的手语工具书只有手语图，没有手语动作文字说明。我国通用手语研究从一开始就确立了图文并茂的工具书编纂形式，坚持至今。现在，回顾当年的老手语时就能深切地体会到这种编纂形式的好处和价值所在。从最初的《聋人手语草图》到现在的《国家通用手语词典》，我国对如何编纂手语工具书进行了多方面的探索，逐步走向规范化，主要体现在以下几个方面。

1. 手语工具书由非正式出版物转为正式出版物。虽然《聋人手语草图》《聋哑人通用手语草图》《聋哑人通用手语图》都是经国家主管部门批准试行的手语图册，但它们都没有书号。因此，主要在聋人群体和从事聋人教育、聋人服务的工作者范围内使用，社会影响力不大。直至1990年《中国手语》面世，手语工具书才成为正式出版物。现在，国家通用手语也从过去单一品种发展为系列丛书，可适应不同读者群体的需要。

2. 手语图由手工绘图转为计算机绘图。二十世纪六十至九十年代印行出版的各种手语工具书都是手工绘图制版，绘图风格及动作的精细度、美观性、一致性都不尽人意。自2003年《中国手语》（修订版）开始，手语图使用计算机绘图软件绘制，不仅绘图效率提高，而且绘图风格统一，质量显著提升。

3. 手语动作文字说明和动作线由随意、简单转为规范、精细。从《聋人手语草图》到《中国手语》续集，手语动作文字说明不完全到位的问题一直存在，最初的《聋人手语草图》《聋哑人通用手语草图》对出现的动作线符号也没有界定。1980年印行的《聋哑人通用手语图》第三辑（试行本）首次出现关于动作线的"符号用法说明"；2003年《中国手语》（修订版）首次尝试通过"横立、侧立、直立、横伸、平伸、斜伸、侧伸"等术语帮助区别手的形态，通过"移动、点动、转动、贴、按、碰"等各种动词描述手语动作的细微差异，进而规范手语动作文字说明，使之表达更为明确。2019年出版的《国家通用手语词典》在这些方面又做了进一步完善，达到只看（或听）说明就可在头脑中呈现手语图像，在手上做出相应动作的效果。同时，这些改进也为准确教学国家通用手语和永久保存国家通用手语史料奠定了基础。

4. 手语词由类别编排转为音序编排。《国家通用手语词典》之前的各版本手语图册、工具书均按类别对手语词进行编排，虽然方便教学，但因分类标准不是依学科逻辑，而是由编者主观设定，必然会产生许多无法自圆其说的问题。国际上通行按字母音序或按手形检索手语词。这次编纂《国家通用手语词典》取消了按类别编排手语词的做法，采用了按汉语拼音音序排列的体例，这样既能与国际惯例接轨，也便于未来出版的第五、六……册体例保持一致，避免按类别编排可能出现有的类别有新词，有的类别没有新词的情况，从而导致同一套书前后体例不一致的问题。

可以说，经过六十多年的实践探索，具有中国特色的手语工具书编纂规范基本形成。

二、通用手语语料的采集与选择

（一）手语语料采集方法

手语是通过"手手相传"的方式传授和继承的，在传授过程中必然会出现变体、遗失的现象。在没有图画、视频、文字记录记载的情况下，无法进行历时性、系统性和比较性的研究，也不便进行规范化的推广教学。正确采集手语语料是开展研究的前提条件。

通用手语研究在如何采集语料方面经历了四个转变。第一，在哪里采集。二十世纪五六十年代，手语语料来自北京、沈阳、哈尔滨、南京、上海、青岛、武汉、广州、兰州、成都、昆明11个工作点。"文化大革命"时期，通用手语研究中断，这些工作点自然也就没有了。1979年，中国盲人聋哑人协会恢复工作，手语研究随之恢复。在1985年编纂《中国手语》期间，编辑小组对黑龙江、河南、湖北、江西、广东、江苏、沈阳、武汉、古田等地提出的意见进行认真讨论，在收集地方手语的基础上补充新词。1987年1月，编辑小组将《中国手语》初稿发至各地聋协征求意见。1993—1994年，《中国手语》续集的编辑小组主要是和参会聋人共同讨论。2014年，中国聋人协会配合国家通用手语课题研究人员，在部分地方进行手语语料采集。2016—2017年，中国聋人协会参照汉语方言区分布，依托当地聋协，先后在北京、辽宁、上海、江苏、浙江、福建、江西、河南、湖北、广东、四川、甘肃设立了12个手语信息采集点，形成了稳定的工作网络。第二，向谁采集。最初，只要是聋人，都可作为手语语料的提供者，对其文化程度、耳聋程度、语言水平等背景因素要求不多。手语语言学引入以后，采集对象首选遗传性耳聋家族中的二代甚至三代聋人，这些聋人以手语为交际工具。第三，由谁采集。过去，聋人和听人都可以采集手语语料。现在则知道由聋人采集语料更为合适，因为相互间沟通顺畅，所采集的自然语料更多，听人尽可能不在现场。第四，怎样采集。过去主要以呈现书面语的方式采集语料，让被采集者看了字词之后打出手语，有可能打出的是自然手语，也有可能受书面语影响打出的是文法手语。现在首选是呈现图片、视频，其次是通过手语解释意思，让被采集者在理解意思的基础上打出手语，尽可能避免书面语对其感知和表达起干扰作用。同时，采集手段也发生了巨大的变化。通用手语研究是在我国经济社会文化发展还十分落后的条件下起步的，直到二十世纪七十年代，照相机都是奢侈品，更不可能采用计算机、摄像机等设备，那时手语语料采集完全依靠笔和纸来对话和画图，远距离沟通只能依赖于写信。现在摄像机、智能手机、计算机、互联网、微信等各种设备和联系方式广泛运用到手语研究中来，信息化手段极大地提高了手语采集的效率。

（二）书面材料与手语采集

手语采集实践发现，目前我国没有手语高频词的研究成果，完全依靠聋人自然对话状态下采集手语的方式，虽语料真实、随机性强，但目的性不强；以书面材料采集手语的方式目的性强，但语料可能不真实，这是一对矛盾。另外，与日常生活息息相关的事物、概念容易用形象直观的方式启发、诱导自然手语打法，复杂艰深的学科术语由于缺少相关的高层次聋人学者，很难找到合适的、形象直观的方式去表达。为此，聋人也会去翻词典、到网上查词义。这次通用手语选词没有排除书面材料，其主要依据是《现代汉语词典》、《现代汉语常用词表》（草案），由长期从事聋教育的工作者从中挑选，作为研讨的基础。

由此，也促使我们从认识论的角度去思考：除了直观形象的物质形态是认识的客体之外，书面语这种物质形式是否也是认识的客体？在选择手语采集方式上是否可以区别对待？对文化程度低、生活阅历浅的聋人重在采用直观形象的方式，而对文化程度高、生活阅历比较丰富的聋人，是否可以直接使用书面语作为采集手语的方式？这些疑问有待通过进一步的实践去回答。

（三）手语语料的筛选

手语者如何通过手形的模拟，以视觉形象表达感情、事物以及事物之间的时空关系，与其观察力、想象力、表现力有关。对同一事物，由于手语者的观察角度不同，反映特征不同，模拟能力不同，自然会出现多种打法。这是手语视觉性语言的特点，也是语言任意性的表现。但是，用什么样的手语动作比较准确地表达一个概念，与手语者的文化水平有关。观察与感知觉有关，表达与文化水平有关，这是分析已有手语和指导新创手语的理据所在。例如，2003年"非典"疫情发生时，聋人中出现了"'非'字手势+'肺'手势""'非'字手势+翻字典手势""'非'字手势+手指字母 D 指式"三种手语动作来表达"非典"。不同手势动作的组合或手势动作与手指字母的组合反映出手语语素可以任意组合，表达新的意思。同时，表达者的文化因素是产生这些不同手语动作的理据。其中，相对科学合理的是第一种动作。随着社会生活的变化和学习领域的扩大，创造新手语表示新事物、新说法是必然现象。为此，如何筛选手语语料，如何在存异的基础上求同和形成通用手语，如何构思新词手语等，通用手语的研究还在不断探索、总结。

第五章
我国手指字母的历史演变及使用

　　手指字母作为拼音的手段，充当手语的语素，是聋人学习语言文字的工具。手指字母的使用和传播与聋人教育密不可分。清末聋教育产生后，聋教育界和社会上出现了众多形式的手指字母。中华人民共和国成立后，我国制定了汉语手指字母方案，手指字母实现了规范化、统一化。从历史学和语音学的角度进行比较和分析，可以看出我国手指字母经历了由舶来品向本土化转化的过程，其设计思想出现了由繁杂向简明、由抽象向形象、由音节化向音素化的演变。

第一节　清末民初传入我国的手指字母

1887年，美国传教士米尔斯夫妇在山东登州（今蓬莱）创办我国第一所聋人学校——启瘖学馆后，将手指字母传入我国，那时把手指字母称之为"手势"。过去我国聋教育界一直认为赖恩手势（Lyon's Sign）是启瘖学馆最先使用的手指字母，而通过对史料的考证发现这一观点是不对的，该校最早在教学中使用的是表示英文字母的美国手指字母。

一、启瘖学馆与美国手指字母

1987年，美国拉马大学坎贝尔教授所著《献给中国聋人的一切》（*Yours for the Deaf of China*）一书中记载1884年米尔斯夫人来华后一边学习中文，一边着手准备为中国聋童编写识字用的分级教学卡片。1887年底，她给朋友罗切斯特的信中提到计划开设写字课、发音课等，至于国文，考虑采用罗马字母拼写法以便于使用手指字母。1892年5月，她回美国介绍启瘖学馆时说："严格来讲，学校是一所口语学校，但我们总是对新生使用自然手语（natural signs），并在其他方法无法使学生正确理解时再次使用手语。当返回时，我们打算做出的改变是在教学方法中加入赖恩语音指语（Lyon Phonetic Manual）。"[1] 1899年底，分级教学卡片编制完成，共361张，并制作了相应的水彩挂图。之后，据此编出我国聋校第一本识字课本《启哑初阶》，目前已知最早的《启哑初阶》是1907年版。将分级教学卡片与《启哑初阶》相对照，可发现二者的区别。以"雙"字为例，二者中的"雙"字不仅写法不同，字母和手指指式也不同。分级教学卡片用的是罗马字母（即拉丁字母）和美国手指字母（见图5-1），《启哑初阶》用的是视话符号和赖恩手势（见图5-2）。这说明，拉丁字母和美国手指字母最早用于教中国聋童学汉语，之后才改用视话符号和赖恩手势。

---

[1] 孙桂华，刘秋芳编译. 中国第一所聋校：烟台启喑[M]. 济南：山东音像电子出版社，2007：28.

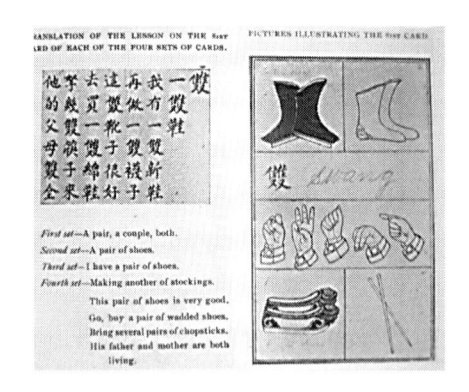

图 5-1　使用英语手指字母的分级教学卡片①

图 5-2　使用赖恩手势的《启哑初阶》②

二、鲁东方言语音的赖恩手势

赖恩手势是赖恩（J. Lyon）根据英国语言学家贝尔（A. M. Bell）的视话符号（又称"贝尔字母""贝利字"）制定的一种手指字母。视话符号是表示发音时发音器官的部位和动作的视觉性指事符号，有 119 个，每个符号与字母形状无关。例如，用半圆形代表辅音，一个半圆形按照上、下、左、右朝向可以定出四个符号，分别表示唇音、舌尖音、舌上音、舌根音。每个半圆内再按照有无附加符号，表示发音时出气与否。又如，用竖线"｜"表示元音，在竖线上附加短弧线，按照短弧线弯曲的方向和短弧线附加的数量，就分化出多种符号，用以表示元音发音时口腔开合的大小。

赖恩手势有 45 个指式，一个指式表示一个视话符号，只涵盖了部分视话符号，属于音素手指字母。为了体现视话符号表示发音情境的特点，赖恩手势用食、中、无名、小指的屈伸表示发音部位，以大拇指表示音和气，如食、中、无名、小指弯曲，掌心朝正前方，表示唇音；大拇指弯曲贴于掌心，表示只出气没有音。通过手的转动

---

① 右图"雙"字右侧是拉丁字母"swang"，下侧是英语手指字母。
② 右图"雙"字右侧是视话符号，下侧是赖恩手势。

表示另一组字音，如表示唇音的指式向左转 45°，掌心朝左前方，表示舌根音。以五个手指的接触变化表示口的开合大小，如大拇指搭在食指上表示口开得大，搭在小指上表示口开得最小。①

《启哑初阶》选用了 31 个赖恩手势指式（见图 5-3）教聋童发音识字。1925 年《启哑初阶》再版说明中写道："本编共计三百五十九课，每课分上下两页，首为画样以明字义下为短语以示字用。中国南北共计四百二十余音，而本编只取三百五十九音亦足为本省哑者语言适用。本编之字分三样，左为罗马右为贝利中为中华统属一字，照中音读之。字下手样即赖恩以手比量贝利字之法。"② 可见，先用视话符号拼切汉字语音，再用赖恩手势表示视话符号，一个指式对应一个符号。

民国之前，我国没有拼音字母体系，所以赖恩手势和视话符号只与烟台地区语音的发音部位和方法有关，加之指式手形数量多、区别度小，不容易学习和记忆，因而难以在我国其他聋校推广。但是，用指式帮助聋生学习语音文字的方法对后来手指字母的研发起到了启蒙作用。

图 5-3　赖恩手势

---

① 沈家英. 我国手指字母的演进 [J]. 文字改革，1964（3）：7-9.
② 查尔斯，罗杰斯，米尔斯. 启哑初阶 [M]. 烟台：烟台仁德印书馆，1925.

三、上海圣母院聋校与法国手指字母

1892年（清光绪十八年），上海徐家汇地区法国天主教会育婴堂的修女（"姆姆"）为所收养的聋孤儿办了教学班，随着入学人数的增加逐步变成一所学校，在教学中引用翻译好的法国聋校课本、"法式"手指字母和"法式"口语教学法。据1940年进入该校学习的聋人陈达[①]回忆，"法式"口语教学法也用手指字母作辅助，"法式"手指字母除了代表字母的手指指式不同之外，拼法也有所不同，拼打"法式"手指字母时可以在上下左右一定范围内摆动手臂。该聋校的"法式"手指语不仅是课堂教学的工具，也是学生课外社交活动的工具，学生在课内外一律使用手指语进行沟通。封闭式的宗教生活方式和修女们对学生的严格要求，使学生的心理压力比较重，手势语没有使用和发展的空间。

第二节　民国时期的手指字母

辛亥革命后，1913年召开的读音统一会制定了注音字母。1918年正式发布时，注音字母有39个符号。1919年印行的《国音字典》（老国音）有40个注音字母符号。1930年，注音字母改称注音符号。注音符号是为汉字注音的一种拼音方案，采用的是汉字笔画式的设计。1932年5月7日，以北京音为汉语标准的"新国音"取代"老国音"，"万（v）、兀（ng）、广（gn）"三个符号不再使用，只用于标注方言。因此，注音符号定为37个。注音符号推行后，我国相继出现了几种与之对应的手指字母方案。

一、赖恩氏手切

赖恩氏手切有37个注音符号，它沿用赖恩手势表示字母发音部位和方法的设计思想，与注音符号的形状无关，也属于音素手指字母。在21个声母注音符号中，"ㄐ（j）、ㄑ（q）、ㄒ（x）、ㄗ（z）、ㄘ（c）"用两个指式表示。"ㄓ（zh）、ㄔ（ch）、ㄕ（sh）、ㄖ（r）、ㄗ（z）、ㄘ（c）、ㄙ（s）"指式的后面附加了一个相同指式，该附加指式只在"zhi、chi、shi、ri、zi、ci、si"这些字母单独成音节时使用。3个介音字母"一（i）、ㄨ（u）、ㄩ（ü）"比较复杂。"一（i）"（图中写成"一"）有四个指

[①] 陈达. 我所知道的上海圣母院聋校 [M]// 戴目，宋鹏程. 梦圆忆当年. 上海：上海教育出版社, 1999: 147-149.

式,分别用在音节开头、中间和末尾。例如,用第一个指式表示"衣"音节开头字母"一";用第二个指式表示"天"音节第二个字母"一",只出气而无音;用第三个指式表示"点"音节第二个字母"一",有音;用第四个指式表示"腿"音节末尾字母"一"。"ㄨ(u)"有三个指式(其中一个读"ㄒㄨ"音)。4个单韵母"ㄚ(a)、ㄛ(o)、ㄜ(e)、ㄝ(ê)",除"ㄛ(o)"有两个指式(其中一个还表示复韵母"ㄡ〔ou〕")外,其他三个都是一个指式。8个复韵母"ㄞ(ai)、ㄟ(ei)、ㄠ(ao)、ㄢ(an)、ㄣ(en)、ㄤ(ang)、ㄥ(eng)、ㄦ(er)"都用两个指式表示。其中,"ㄞ(ai)、ㄟ(ei)、ㄠ(ao)、ㄢ(an)、ㄣ(en)"是将已有的单韵母指式和介母指式组合而成。经比对,赖恩氏手切实际使用了34个不同的指式,其中32个指式来自赖恩手势,"ㄓ(zh)、ㄔ(ch)、ㄕ(sh)、ㄖ(r)、ㄗ(z)、ㄘ(c)、ㄙ(s)"指式后面附加的指式和"ㄩ(ü)"指式是新创的两个指式(见图5-4)。对于缺少语音经验的聋生来说,赖恩氏手切比赖恩手势更复杂,也更加难学难记。

图 5-4 赖恩氏手切

二、国语注音符号发音指式

二十世纪三十年代，上海聋教育工作者提出了国语注音符号发音指式。该方案虽仍用赖恩手势表示新国音37个注音符号，但出现两个明显变化：一是指式总体数量减少，一个注音符号一个指式。有15个指式完全与赖恩手势和赖恩氏手切一样，即声母"ㄅ（b）、ㄆ（p）、ㄇ（m）、ㄈ（f）、ㄉ（d）、ㄊ（t）、ㄋ（n）、ㄌ（l）、ㄍ（g）、ㄎ（k）、ㄏ（h）"，单韵母"ㄚ（a）、ㄜ（e）、ㄝ（ê）"，复韵母"ㄡ（ou）"。将赖恩氏手切中"ㄐ（j）、ㄑ（q）、ㄒ（x）、ㄓ（zh）、ㄔ（ch）、ㄕ（sh）、ㄖ（r）、ㄗ（z）、ㄘ（c）、ㄙ（s）、ㄧ（i）、ㄨ（u）、ㄛ（o）、ㄞ（ai）、ㄟ（ei）、ㄠ（ao）、ㄢ（an）、ㄣ（en）、ㄤ（ang）、ㄥ（eng）"20个原使用两个或多个指式的，现只保留一个。其中，表示复韵母的单个指式实际已非音素指式，而是音节指式了。删掉了表示"ㄦ（er）"的指式。二是出现模仿"ㄧ、ㄨ、ㄩ"注音符号形状的指式。尽管只有三个，但它转变了赖恩手势一直秉承的手指字母指式与字母形状无关的传统理念（见图5-5）。从整体上看，国语注音符号发音指式呈现出音素指式与音节指式同在，表音指式与表形指式均有的混合形态，反映出设计者当时主要关注的是如何简化赖恩手势的问题，尚未形成完整成熟的手指字母设计思想。因此，国语注音符号发音指式只能算是一种改良版的方案。

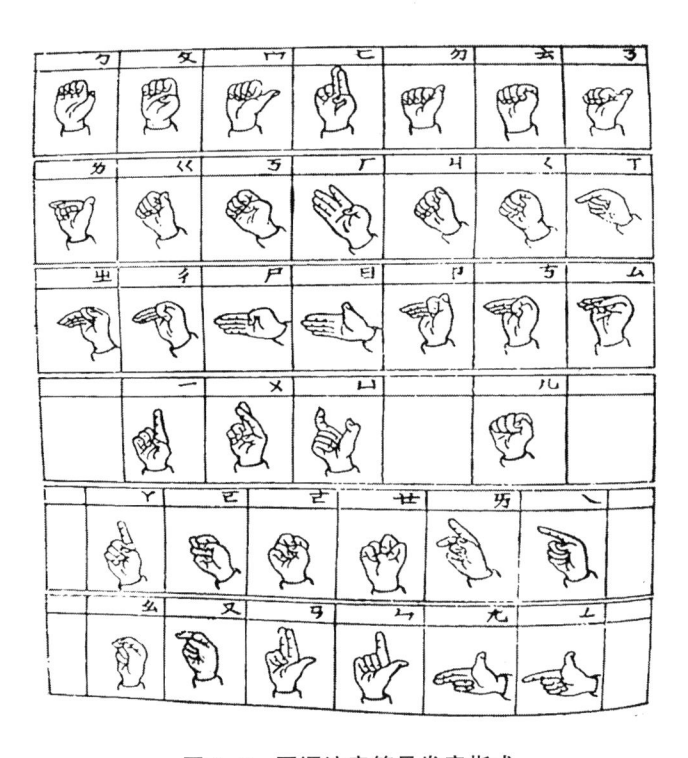

图5-5　国语注音符号发音指式

冒怀苏在文章中提到，1936年他到江苏如皋盲哑学校读书，"其中以发音课为主，专用国语发音符号：ㄅ、ㄆ、ㄇ、ㄈ、ㄋ"①，直至晚年，他仍熟记着这套国语发音符号和手切。1935年毕业于上海私立聋哑学校的宋鹏程也提到，早年在聋校读书时，老师曾教过国语注音符号发音手切。②可见这套手指字母当时在上海、江苏一带的聋校使用。同时，这两位聋人都说到"手切"这个词，可能国语注音符号发音指式又称国语注音符号发音手切。

三、注音字母手切

二十世纪三十年代，杭州吴山聋哑学校创办者——聋人龚宝荣设计出注音字母手切，表示老国音40个注音符号。该方案中，"ㄅ（b）、ㄆ（p）、ㄇ（m）、ㄈ（f）、ㄉ（d）、ㄊ（t）、ㄋ（n）、ㄌ（l）、ㄍ（g）、ㄎ（k）、ㄏ（h）、ㄑ（q）、ㄓ（zh）、ㄕ（sh）、ㄙ（s）、ㄚ（a）、ㄞ（ai）、ㄠ（ao）、ㄤ（ang）、ㄥ（eng）、ㄦ（er）、兀（ng）"22个注音字母照搬赖恩手势的指式；"ㄘ（c）、ㄖ（r）、ㄛ（o）、ㄜ（e）、ㄨ（u）、ㄝ（ê）、ㄢ（an）"7个注音字母借用赖恩氏手切的指式，但做了简化或改造；新创了"ㄐ（j）、ㄒ（x）、ㄗ（z）、ㄔ（ch）、ㄧ（i）、ㄟ（ei）、ㄡ（ou）、ㄣ（en）、万（v）、广（gn）"10个注音字母的指式；发明了1个仿注音字母"ㄩ（ü）"形状的指式（见图5-6）。注音字母手切多数是音素指式，而用单个指式表示的复韵母"ㄟ（ei）、ㄡ（ou）、ㄣ（en）"则为音节指式。所以，它也是音素指式与音节指式、表音指式与表形指式均有的混合形态的手指字母方案。

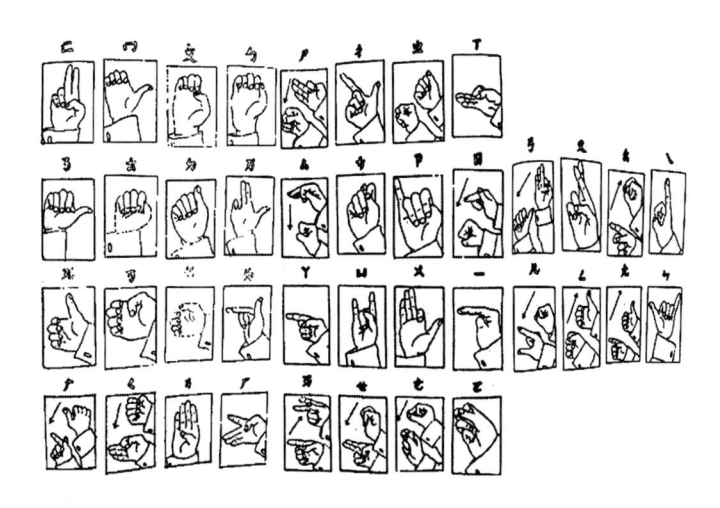

图 5-6 注音字母手切

---

① 冒怀苏.忆上海福哑学校[M]//戴目，宋鹏程.梦圆忆当年.上海：上海教育出版社，1999：8.
② 宋鹏程.艰辛的办学路程[M]//戴目，宋鹏程.梦圆忆当年.上海：上海教育出版社，1999：54.

需要指出的是，戴目、宋鹏程编著的《梦圆忆当年》一书中所引用的注音字母手切图有两处错误：一是注音字母的顺序从右向左反向排列，这与注音字母应有的顺序、赖恩氏手切和国语注音符号发音指式的顺序不同。二是"ㄜ（e）""ㄛ（o）"两个字母指式图颠倒了。注音字母手切中"ㄜ（e）"有两个指式，"ㄛ（o）"有一个指式；但"ㄜ（e）"的两个指式与赖恩氏手切中"ㄛ（o）"的两个指式极其相近，"ㄛ（o）"的指式与赖恩氏手切中"ㄜ（e）"的指式完全相同（见图5-7）。龚宝荣设计注音字母手切时，大部分指式采用赖恩氏手切的指式，唯独将这两个指式对调，在逻辑上讲不通，也不太可能。注音字母"ㄛ""ㄜ"，一个不出头一个出头，容易混淆。上述两处错误应是排版印刷时的疏忽所致。另外，两位作者关于龚宝荣按照英语26个字母的手切，在全国首创了40个注音字母手切的评价也是不确切的。

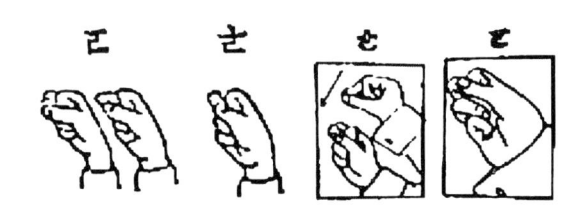

图5-7 《赖恩氏手切》（左）与《注音字母手切》（右）
中ㄛ（o）、ㄜ（e）字母指式的比较

据载，龚宝荣还制定了表示数字和数学符号的手势，连同表示注音字母的指式统称为"手切"，并将这些和英文字母指式汇编成《手切教本》，作为教学用书。之后，他上报浙江省教育厅并转报给国民政府教育部。经官方审查，认为"大致上佳"，核准公开发行。漫画家丰子恺题写书名，教育家俞子夷称"注音符号手切的创造，是中国聋哑界的心声"，时任浙江省教育厅厅长的许绍棣也题词："以手补口耳之缺陷，以师教天赋之偏枯，是编出而喑者不聋矣……欢呼此，益知文盲之宜扫除矣！"《手切教本》当时影印了1000册，在一些聋校和师范学校作为教材和教学参考用书使用，抗战胜利后又有了油印本，一直使用到杭州解放后。[①]

四、其他手指字母方案

据高宇翔考证，民国时期还有一些表示注音符号的手指字母方案。[②] 例如，1921年7月商务印书馆出版的《国语游戏手语法》，编写者是泰县（现江苏泰州）徐克明、

---

① 戴目，宋鹏程. 梦圆忆当年 [M]. 上海：上海教育出版社，1999：184.
② 高宇翔. 对1920—1940年三套手指字母的历史考证 [J]. 绥化学院学报，2014，34（10）：37-40.

胡协寅、韩受禄。其设计思想是"右手五指，反正屈伸，代表字母。依法拼音，每拼一字，按位点声。左上右去，下入上平，阳平伸前"[①]。再如，1922年发表于《国语月刊》的国音字母单手语，发明者是陆衣言。该方案规定，手的不同部位表示不同的声母和韵母，通过连续点击手掌、手背的不同位置将其代表的字母连起来表达语句，设计思想完全异于其他手指字母方案。虽然陆衣言认为该方案可帮助"聋哑者与一般人交换意见"，但实际上聋人很难接受，它更适用于盲聋人。还有 1935 年江苏如皋私立聋哑学校教员李玉芹改编的注音符号聋哑手切；1937 年江苏省刘达君发明的国音象形手语，共 46 个指式（声母 24 个、韵母 13 个、介母 3 个、标点符号 6 个）（见图 5-8），字母指式完全模仿注音符号和标点符号形状，是一种全新设计；1939 年上海聋教育者发布的新文字字母手势，但目前未见到详细资料。

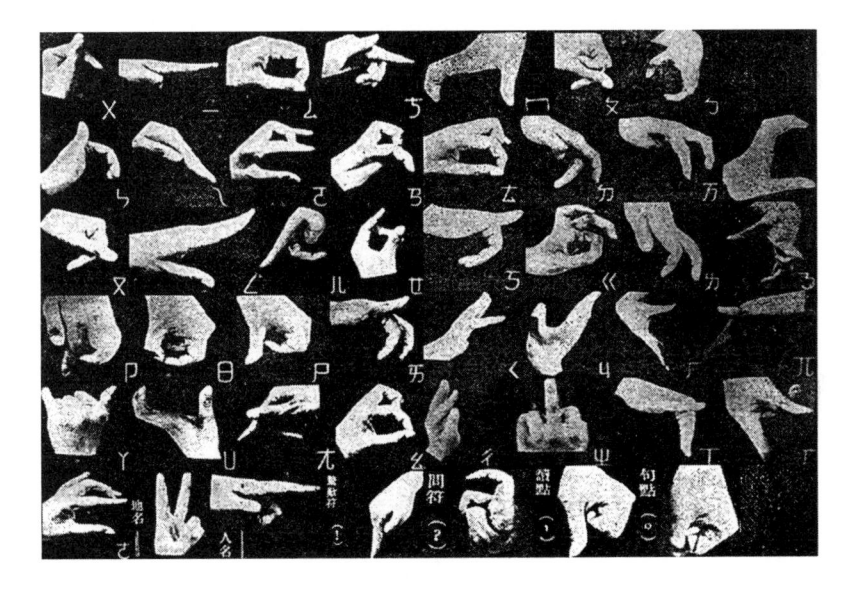

图 5-8　国音象形手语

五、注音符号手指字母的困境

随注音符号推广而产生的各种手指字母方案，虽然或多或少还沿用赖恩手势的指式，但无一不在减少表示一个字母的指式数量。做得最好的是国语注音符号发音指式，一个注音符号只有一个指式。这说明，我国聋教育工作者已逐步意识到手指字母没有必要与字母的发音部位和方法相联系，颠覆了赖恩手势设计原理的根基。同时，出现了仿字母形状的象形指式，反映出设计理念上的变化。但是，由于注音

---

① 徐克明，胡协寅，韩受禄. 国语游戏手语法[M]. 上海：商务印书馆，1921：1-6.

符号分声母符号和韵母符号，不完全是按音素设计的，其中的复韵母符号实际上是音节，这必然导致国语注音符号发音指式和注音字母手切成为音素指式与音节指式并存的杂糅体。

清末至民国之所以出现多种手指字母方案，说明没能解决手指字母到底应该根据什么来设计的根本问题。手指字母是反映发音时发音部位、方法，还是反映拼音的过程？是表示音素，还是表示音节？是用一个指式，还是用一个与多个指式结合？是抽象设计，还是象形设计？是舶来照搬，还是完全自创？可以说，所有这些方案都未能给出既合乎语音学理据又简便适用的答案。这也必然造成旧中国为数不多的聋校各行其是，不仅使用的手势语不一样，使用的手指字母也不一样。为此，1947年，时任国民政府教育部教育研究委员会委员的程时煃提出订定注音符号手式，并在 1948 年 7 月召开盲哑教育座谈会，邀请南京、上海的特教专家进行讨论。①

注音字母发布之后，1928 年，国民政府大学院（即教育部）公布了钱玄同、黎锦熙、赵元任等制定的"国语罗马字拼音法式"，作为国音字母第二式。1931 年又产生了由瞿秋白、吴玉章等人创制的罗马拼音书写体系——拉丁化新文字，最初作为给当时在苏联的中国人扫盲的工具，后来成为二十世纪三四十年代我国"大众语"运动的重要组成部分。这两种拼音方案都采用了拉丁字母。比起国语罗马字（新国音注音符号的罗马字拼音方案），新文字系统被认为更容易学也更容易写，这就为后来新中国汉语拼音方案和汉语拼音手指字母方案的提出做了历史性铺垫。

第三节　新中国汉语手指字母方案

1954 年 12 月 23 日，中国文字改革委员会正式成立。1955 年 2 月，该委员会下设的拼音方案委员会开始创制汉语拼音方案，并确定了方案制定的三个原则：口语化原则、音素化原则和拉丁化原则。口语化指拼写规范化的普通话，音素化指采用音素制的音节结构，拉丁化指采用国际通用的拉丁字母。②随着汉语拼音方案的出台，自 1887 年到中华人民共和国成立初期，我国聋教育手指字母使用不统一的问题才彻底解决。

---

① 顾定倩，朴永馨，刘艳虹. 中国特殊教育史资料选 [M]. 北京：北京师范大学出版社，2010：793.
② 苏培成. 汉语拼音在新时代的新使命——庆贺《汉语拼音方案》推行一甲子 [J]. 语文建设，2018（19）：4-6+59.

一、汉语手指字母试行方案

1957年11月1日，国务院全体会议通过了《汉语拼音方案》。1958年2月11日，第一届全国人民代表大会第五次会议批准颁布该方案，使之成为帮助学习汉字和推广普通话的工具。《汉语拼音方案》的颁布实施，为我国统一手指字母提供了科学依据，也提出了加快制定汉语拼音手指字母的任务。

1958年7月，中国聋哑人福利会聋人手语改革委员会一成立便立即开始研究汉语手指字母方案，在汉语手指字母的设计上提出了四项原则：

"（一）字母的经济原则。经济，就是指式不太多，便于使用和传播。新的手指字母是按汉语拼音字母表的顺序来制定的，基本指式26个，是音素化的。我们不按声母表、韵母表（两者合计共56个）来制定，是为了符合经济原则。

"（二）字母的形象原则。形象，就是要求指式尽可能模拟字母的外部形象，便于记忆和巩固。例如C、E、F、H、K、L、M、N、O、P、S、V、X、Y等指式都是和各该字母的形象极为接近的。

"（三）字母的清晰原则。清晰，就是要求指式稳定不含混，便于视觉感受。每个指式代表一个字母，指式和指式之间差别性要大，角度要明显。

"（四）字母的通俗原则。通俗，就是要求指式和较普遍性的手势相接近，便于学习和使用。拉丁字母A排第一位，我们用拇指来代表；Z排最后，我们用小指来代表。I、J、Q、U这四个字母用我们一般人表示数字1、9、7、5的手势来作指式。这样不另起炉灶，便于学习和使用。"[①]

同年9月，聋人手语改革委员会提出了汉语手指字母试行方案（见图5-9）。1959年2月24日，内务部、教育部印发《关于试行聋人汉语手指字母方案的联合通知》，提出可以先在聋校试行，作为识字拐棍和发音教学的辅助手段。在试行过程中，聋人手语改革委员会对方案进行认知清晰度试验。试验中发现，伸小指的"Z"指式既与字母的形状无关，也不符合中国人的文化传统。在中国文化中，伸小指表示贬义"不好""坏"，不宜作为字母指式，需要更换。基于"Z"指式设计的小指上下划动一下的"ZH"指式也必须随之更换；"CH"与"C"、"SH"与"S"、"NG"与"N"的指式区别度小，容易混淆。因此，最后对"Z、ZH、CH、SH、NG"五个指式做了修改，形成新的方案。

---

① 洪雪立，沈家英，胡裕生等. 要有一套手指字母[J]. 文字改革，1958（7）：22-24+18.

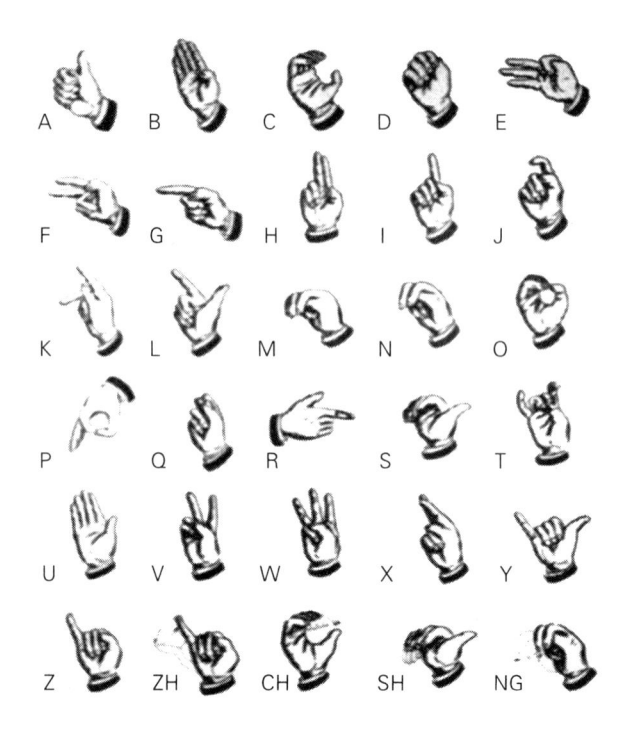

图 5-9　汉语手指字母试行方案

二、《汉语手指字母方案》及其基本特点

1963 年 12 月 29 日，内务部、教育部、中国文字改革委员会正式公布施行《汉语手指字母方案》。自此，我国聋教育有了统一、规范的手指字母（见图 5-10）。

汉语手指字母有三个突出的特点：一是音素化。周有光先生说："汉语手指字母是音位制的，每一个手指格式代表一个音位，它不是声韵双拼制的，也不是音节制的。"[1] 汉语手指字母基于音素化进行设计，彻底解决了之前各种手指字母方案存在的弊端，实现了简明、形象、清晰、通俗的目标。二是国际化。汉语手指字母采用了国际通用的拉丁字母，洋为中用，是国际化与民族化的有机结合。汉语手指字母中"B、C、K、L、M、N、O、V、W、Y"这 10 个字母的指式与国际手指字母及美国等国的指式相同，便于我国聋人与使用拉丁字母的国家的聋人进行交流。三是民族化。汉语手指字母借鉴国外的象形指式，同时稍加改进，凡能模拟字母形状的就采用象形指式，象形指式数量多，"E、F、H、P、S、X"的指式与字母形状的相似度比国外的指式高，字母"P、Q、S、T"的指式比国外同一手指字母的区分度大，便于认知。汉语手指字母体例一致，全是仿大写拉丁字母的形状，都用稳定的指式（两

---

[1]　周有光. 汉语手指字母的功用和特点 [N]. 光明日报，1964-03-04.

个加符字母"ê""ü"除外）表示；而国外的象形手指字母体例不一，既有仿大写拉丁字母形状的，也有仿小写拉丁字母形状的，既有稳定的指式，也有动态的书空指式。汉语手指字母融进了许多中国文化元素：一是借用我国民间模仿兔子头部和耳朵外形的手势作为字母"T"的指式，巧妙地将兔子的形象、发音"tù"与"T"建立起联系；二是采用谐音方式，字母"I、J、Q、U"的指式与我国民间表示数字"1、9、7、5"的手形相同，其中"I、Q、U"又与数字"1、7、5"的发音相同，"9"的声母是"J"，也容易联想；三是运用假定方式，如将字母"I""L"的指式改为横指，分别代表"G""R"；四是运用会意方式，在汉语手指字母表中，"A"排第一个，"NG"排末尾，因此分别用拇指、小指表示；五是追求对称与对立相统一，如"Z、C、S"与"ZH、CH、SH"的指式的位置、指尖朝向一样，从整体手形看，可以说是对称的；而从局部看，手指伸出的个数和闭合程度又有区别，是非对称的，对称与非对称被巧妙地统一为一体。

图 5-10　汉语手指字母方案

三、汉语手指音节方案

1974年7月，周有光先生和沈家英老师提出《汉语手指音节设计初稿》，至今仍有少数聋校使用。《汉语手指音节设计初稿》在《汉语手指字母方案》的基础上增补了20个表示复韵母的指式（见图5-11），从观看者的角度考虑，采用右手打声母、左手打韵母的方式，双手配合同时打出一个音节。

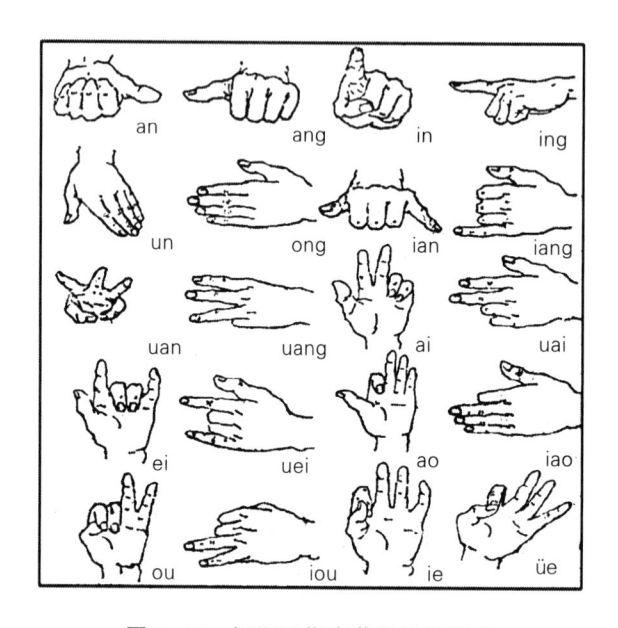

图 5-11 汉语手指音节复韵母指式

20个复韵母的设计方法如下：（一）兼代指式，指式相同，但右手打与左手打表示的语音不同，有"r、n、ng、y、w、o、ong、uan、un"9个。如右手打的"r、n、ng、y、w"指式换成左手打时就表示"er、en、eng、ia、ua"；"o"与声母"b、p、m、f"相拼时是"o"，与其他声母相拼时表示"uo"；"ong"与声母"j、q、x"相拼时是"iong"，与其他声母相拼时表示"ong"；"uan"与"j、q、x"相拼时是"üan"，与其他声母相拼时表示"uan"；"un"与"j、q、x"相拼时是"ün"，与其他声母相拼时表示"un"。（二）"y""w"开头的音节将"y""w"变为声母，用右手打；"y""w"作韵母时用左手打。（三）变更元音韵母指式的方向，用于表示10个鼻韵母。如"a"的指式改为指尖朝左，手背向下，就表示韵母"an"。（四）新创指式，有"ai、ei、ao、ou"4个。总体而言，这20个补充指式，16个是由变更方向实现的，只有4个是新创的。

为什么要设计"汉语手指音节"？两位先生提出了三点理由：一是提出"解放后

我国聋哑教育最大的改革是实行以口语为主的原则。课堂上教师以完整、通顺、简洁的语言代替无声的手势比量。学生接受知识主要依靠'看话'";"单纯依靠'看话'来理解语言困难很大,所以'看话'也要用手指字母辅助";"在指语的辅助下,聋哑学校的课堂教学可以完全运用语言来进行"。二是指出"汉语手指字母是音素字母",聋生"用手指字母辅助'看话'有不够灵便的缺点。因为用手指字母打出一个音节要用一个到四个指式(平均三个指式),动作比较多,而且连续闪动,要记住瞬息即逝的几个动作才能拼读出一个音节,看单词还可以,看长句子就费力了"。三是认为"手势以模拟事物的外部形态为主,同一个手势既可以表示物体,又可以表示一件事情";"手势的打法很不统一";"手势缺乏抽象性,许多词不能恰当地表达,如'奖状'一般只好打成'光荣'和'纸'。手势也不能表现语法和词法。课堂上过多使用手势,对发展聋哑学生语言,培养逻辑思维能力是不利的";"要做到课堂上少用或不用手势,必须改进手指字母的打法"。

当年设计汉语手指音节的良好初衷不容置疑,但用今天的眼光去审视,可以发现其设计思想方面存在的历史局限性。首先,聋人不论是与健听人还是与聋人交流,都没有独立或伴随使用连续完整的手指语的,手指语不是聋人用于交流的语言工具。两位先生在二十世纪六十年代的文章中也持此观点。因此,在指导思想上将汉语手指音节作为表达汉语的手段,是不符合聋人实际的。其次,随着手语语言学的形成,对手语的性质、词法和句法的规律与特点的认识已经发生了重大改变。过去健听人对手语存在"缺陷"的评价是站在汉语体系角度而非手语体系角度做出的,今天看来这些评价已经不能完全成立了。最后,为了表示复韵母,尽管汉语手指音节遵循一个指式对应一个复韵母的设计原则,但它与汉语手指字母按音素化设计的首要原则相悖,又回到国语注音符号发音指式和注音字母手切的老路,不可避免地增加了指式数量,聋生要在掌握汉语手指字母的基础上再学习一套手指音节指式,与原来提出的手指字母的经济原则也不相符。

2015年8月21日,教育部颁发了《特殊教育教师专业标准(试行)》,要求特殊教育教师正确使用普通话和国家推行的盲文、手语进行教学。《汉语手指字母方案》属于国家推行的语言文字规范,教师必须讲授和使用。汉语手指音节一直未经过国家主管部门审议,不是法定语言工具。

第四节 《汉语手指字母方案》的修订

2018年,"《汉语手指字母方案》修订研究"被列为国家语委委托课题,这是《汉语手指字母方案》施行半个多世纪以来的首次修订,修订过程中征求了全国部分特殊教育学校教师和中国聋人协会的意见。2019年7月15日,教育部、国家语言文字工作委员会、中国残疾人联合会发布新修订的语言文字规范《汉语手指字母方案》,同年11月1日起实施。

一、《汉语手指字母方案》的修订背景和原则

1963年12月公布实施的《汉语手指字母方案》对帮助聋人认读汉语拼音字母、学习汉字、提高文化水平起到重要作用,而且也成为构词语素在国家通用手语中使用。但是,原方案在使用过程中也发现存在一些瑕疵,主要有:

1. "B、C、H、I、L、Q、U"7个字母指式的手位、方向与实际使用不相符合。

2. 文字说明存在不准确、不完整、风格不一、用词不统一之处。例如,字母"A"的指式说明为"拇指伸出,指尖向上,其余四指握拳",由于没有交待手背朝向,如果只看(听)说明不看图,既可能打成手背向外,也可能打成手背向右;有些指式的说明要求食、中、无名、小指"四指并齐",而这四指本身是长短不一的,无法并齐;有的说明用了"打出""手指靠近手掌一节""手心"这样的口语化用语;还有手指"成C形""如O形""手背朝外""手背向外",用词表述不一致,等等。

3. 当"Ü"与"J、Q、X、Y"相拼省略两点写成"U"时手指指式是晃动还是不晃动,方案没有明确说明,造成聋校教师和聋人使用上的偏差。

根据手语语言学理论和我国通用手语的研究,原方案对手指字母概念的表述也需要调整。因此,需要对它进行一次全面的修订。

由于《汉语手指字母方案》实施逾半个世纪,已被广大聋人和聋校教师所熟识,所以任何一个打法上的改动都可能引起大的震动,修订工作必须以最小的修改代价达到完善内容、提升质量的最大目的。为此,这次修订工作遵循了四个原则:1. 稳定性原则。新方案要保持原方案"简单、清楚、象形、通俗"的设计原则,内容框架和图示风格等不变。2. 实践性原则。所有修订之处均来自使用中发现的问题,以问题为导向。3. 时代性原则。吸收现代语言学和手语语言学的最新理论成果。4. 规

范性原则。全面、准确地说明每个手指字母的手形、位置、朝向及移动，实现图文体例一致、风格一致，符合国家语言文字规范的体例。

二、《汉语手指字母方案》主要修订之处

新的《汉语手指字母方案》主要有以下修订：

第一，调整和补充手指字母的概念。在保留"汉语手指字母用指式代表字母，按照汉语拼音方案拼成普通话"的表音功能的基础上，补充手指字母在手语中"也可构成手语词或充当手语词的语素"的功能，将手指字母的性质由"作为手语的一种"修改为"是手语的组成部分"。

第二，调整9个手指字母指式的图示。原方案有28个指式图示是从观看者角度绘制的，只有"A""D"的指式图示是从表达者角度画的，图例不统一。这次将字母"A""D"的指式图示改为以观看者角度绘制。另外，调整"B、C、H、I、L、Q、U"7个指式图示的角度，使之与实际使用情形相符，避免原图示引发的误解、误用问题（见图5-12）。

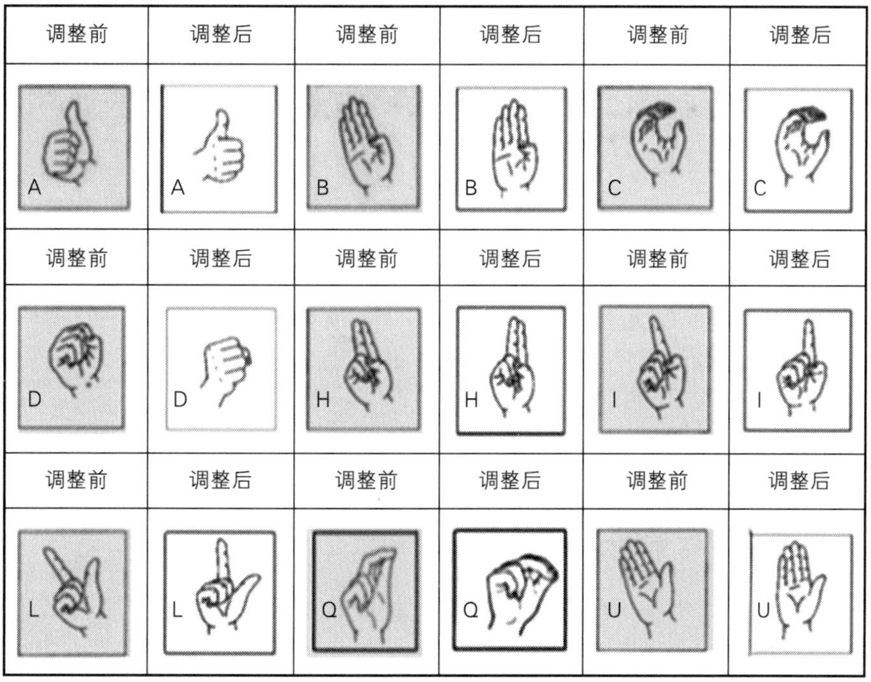

图5-12 9个手指字母图示调整前后示意

第三，修改字母"CH"的指式。原方案中，字母"CH"的指式是按人为假定的方式设计的，将字母"C"的指式改为手指闭合，即五指指尖上下相捏来表示"CH"。但在实际使用中，出现了"五指指尖上下之间略分开"的变体现象。据对近百所特教学校的调查，约 2/5 学校师生所使用的指式不同于原方案。显然，从学校走入社会的聋人也已形成了两种不同的指式。这次，聋人研究者提出"五指指尖上下之间略分开"与发"CH"音时口形张开相吻合，也与表达"车"的类标记手形相同，同时"车"的声母也是"CH"，比原来闭合手形的理据充分。方案采纳了这一意见，微调后字母"CH"的指式变化不大，并且许多人早已如此使用，所以，修改带来的影响有限（见图 5-13）。

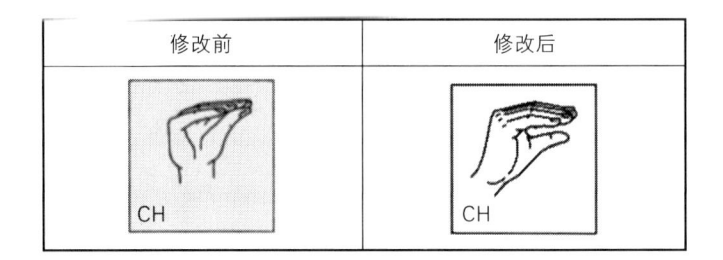

图 5-13 "CH"手指字母指式修改前后示意

第四，使用风格统一、用词一致的语句全面、准确地说明每个手指字母的指式。新方案对每个手指字母的文字说明做了推敲，用词统一，表述顺序前后一致，力求让使用者在看（听）说明后能正确打出字母指式。修订后的文字说明在体例和风格上与《国家通用手语常用词表》保持一致。

第五，补充手指字母手位说明、字母"Ü"指式的用法说明和两个加符字母"Ê""Ü"的图示，以利于完整、正确地理解和掌握《汉语拼音方案》的相关规定。

修订后的《汉语手指字母方案》更为科学、规范，将继续稳定持久地为我国聋教育服务。

三、手指字母在通用手语词中的使用

现在通用手语词中使用的汉语手指字母总量减小了，许多仍在使用的已经成为手语的构词语素。但是在化学、物理、生物等学科手语中，难以用手势表达的术语和抽象概念还会采用手指字母来表示。不论是生活类通用手语还是学科类专业手语，汉语手指字母的使用概括起来有以下三种形式。

（一）以正常形式呈现的手指字母充当词的全部语素

按《汉语手指字母方案》规定的朝向、位置呈现的手指字母充当单音节词或双音节词的全部语素，属于纯手指字母词。在通用手语中，这种纯手指字母词的数量已经很少，多用于表示机构名称，或表示在教学中使用而聋人日常交流中几乎不用的助词、连词。

（一）　（二）　　　　　（一）　（二）　　　　　（一）　（二）

阿姨　　　　　　　　支部　　　　　　　所以①（因此①、因而①、从而①）

表 5-1　以正常形式呈现的手指字母充当全部语素的手语词例举

类型	手语词
单音节字母词	部、次、股、局、科、司、处、署、字、子、党❶（的、地、得）
双音节字母词	阿姨、支部、所以①（因此①、因而①、从而①）

（二）以正常形式呈现的手指字母充当词的部分语素

在"手势+手指字母"的构词方式中，手指字母按《汉语手指字母方案》规定的朝向、位置呈现，充当词中的一个语素，如韭菜、鲫鱼、芒果、茉莉花、微信、艺术、志愿、初中、面积、品德等。

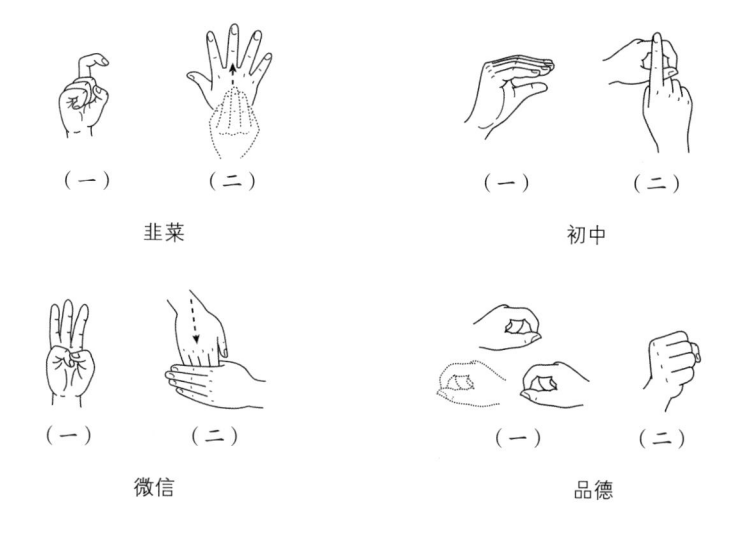

（一）　（二）　　　　　　　（一）　（二）

韭菜　　　　　　　　　　　初中

（一）　（二）　　　　　　　（一）　（二）

微信　　　　　　　　　　　品德

表 5-2　以正常形式呈现的手指字母充当部分语素的手语词例举

手指字母	手语词
B	部队、干部、酒吧
C	第一次
D	道德、德育、品德、民主党派、致公党、农工民主党、无党派、档案②、山东②
E	蛾
H	蚶
J	鲫鱼、韭菜、公安局、税务局、面积、体积、容积
K	本科、科目、妇科、产科、儿科、骨科、外科、内科、神经科、泌尿科、眼科、中医科、皮肤科、口腔科、耳鼻喉科、放射科（X 光科）、塔吉克族
L	蜡笔（油画棒）、鲈鱼、比例❷、大理石
M	芒果、茉莉花
N	尼龙（绵纶）
P	停车场②
S	公司、司马、司徒、元素、尿素、素质
T	太平洋
W	唯物论、唯心论、微信、谓语
Y	艺术
Z	子宫、孔子、孟子、老子、荀子、墨子、庄子、王子（太子）、知识分子、分子、原子、电子、恐怖分子、字典、赤字、错字（错别字）、打字
ZH	志愿、志愿军、志气、壮志、同志、【致公党】
CH	初中

注：【 】表示手语词含有两个手指字母语素，故在不同字母的位置重复出现。

（三）以变体形式呈现的手指字母充当词的部分语素

在"手势＋手指字母"的构词方式中还有一种情况，手指字母不按《汉语手指字母方案》规定的朝向、位置呈现，而是附加了其他动作，或者放于身体的某个部位，充当词中的一个语素，这就是手指字母使用上的变体形式。这类手语词比较多，如部长、红、爷爷、董、范围等。

	(一)	(二)			
	部长		红	董	范围

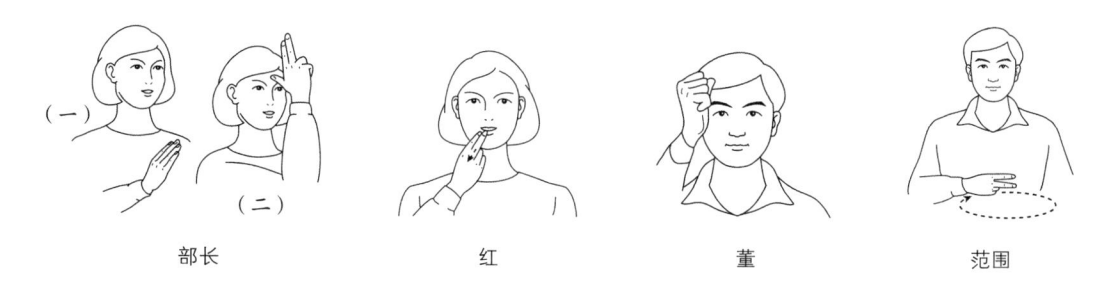

表 5-3　以变体形式呈现的手指字母充当部分语素的手语词例举

字母	手语词
B	柏树、磅、碑、伯父、伯母、不理睬（冷落）、部长
C	曹、磁、磁铁
D	胆、董、董事、董事长、动车①、邓、邓小平、碘、碘盐、杜、杜鹃❶（布谷）、杜鹃❷（杜鹃花）、吨
F	法①、乘法、除法、方法、法治、法制、法院、法人、法律（法规、法则）、国家宪法日、合法、守法、司法、违法①、违法②、宪法、语法、执法、范围、考分②、标点符号
G	爱国②、成员国、春秋战国、国宴、国务院、国泰民安、国书、国庆节②、国旗、国名、国民、【国家宪法日】、国家公祭日、国家、国歌、国防、联合国、祖国、股长、姑父、姑母、高铁②
H	红、红枣、红蜘蛛、西红柿（番茄）、圣女果、苋菜、赤道、赤字、丹顶鹤、粉红色、酱豆腐（腐乳）、黑、黑暗、煤（煤块）、乌鸦、户口（户籍）、户口簿、订户、化肥、化石、化纤、化学、动脉硬化、同化、优化、黄①、黄豆（大豆）、黄瓜、碘酊（碘酒）、淫秽（色情）
J	备忘录、笔记、笔记本、记忆、纪念、书记、日记、抗战胜利纪念日、烈士纪念日、永垂不朽、耿耿于怀、念念不忘、感恩、节日、国庆节①、【国庆节②】、中秋节①、中秋节②、聋人节、就、就业、不是……就是……、钾、钾肥、碱、酒、白酒、【红酒】、【黄酒】、酒吧、医用酒精、醉、舅舅（舅父）、舅妈（舅母）、局长、菊花
K	酷、扮酷、丁克、克、克隆、碰巧①、考虑、咖啡、科学、科研、科长、课（上课、课程）、课本、下课、出租、贷款、借②（租）、借条②、旅馆（宾馆、招待所、酒店）、利用②（借用）、起诉（投诉）、搪塞（托辞、借口）、医嘱、意见（主张）
L	道理❶、理论、理性、理想、心理、唯物论、唯心论、言论、论述、论文、序论、赖、理事、理事长、锂、骡、陆、陆地、卢、了解①、蓝②、兰州、西蓝花②
M	传媒、媒介、媒体、多媒体、莫、孟、亩、慕、慕容
N	钠、奶奶（祖母）、倪
P	潘、庞、脾
Q	岔气、对流②、换气扇（排风扇）、节气、阔气、【煤气】、脾气、气氛（气场）、客气、瓦斯、真空②、樟树、齐、祁、旗袍、铅、顷、邱、裘、启示（启发）

续表

字母	手语词
S	嫂嫂（嫂子）、涩、司令、司长、宋、宋代、隋、隋代、孙、孙子、孙女、孙中山、外孙子、外孙女、公孙、长孙❶、长孙❷
T	菜薹、塔吉克族、塔塔尔族、邰、唐代、铜、铜牌
W	思维、魏、魏碑体、乌
X	咸、盐、【碘盐】、体系、系统、系列、县、肖、腥、幸福、荀子、希望（向往）、盼望（期望）、锡
Y	打印机、硒鼓①、姥爷、姚、爷爷（祖父）、姨父、姨母（姨妈）、胰腺、银❶、银牌、铀、寓言
Z	部首、曾、着重号、字帖、字幕、紫、紫菜
ZH	标志、航标、财政、廉政、政治①、政治②、政治协商会议、执政、哲学、镇、珠穆朗玛峰、支付宝、侄女、侄子、周期、仲、职称、职权、职位、职员
CH	处长
SH	大使❷、邵、婶婶（婶母）、省、省会（首府）、叔叔❶（叔父）、叔叔❷、帅、帅哥、纳税（交税、上税）、起征点、税款、税收、税务局

注：【 】表示手语词含有两个变体形式手指字母语素，故在不同字母的位置重复出现。

第六章
通用手语词中的"词同形异"现象及其使用

在手语的各种词类中,都存在用不同方式表达同一概念或事物的现象,即词目相同而手语不同,本章将这种现象简单概括为"词同形异",这是手语具有语言任意性特征的体现。对此,《国家通用手语词典》在呈现形式上做了新的尝试,或标①②,或标❶❷。①②为词目和词义相同,但手语动作有差异的词;❶❷为词目相同,但词义不同的词,即《中国手语》所说的"同字异义动作有区别"。结合手语词类,本章着重从形成原因和使用两个方面对通用手语词中"词同形异"现象做初步分析。

第一节　词目、词义相同而手语不同，可以相互通用的词

《国家通用手语词典》有300多个词目和词义相同但手语动作有差异、标①②的词，其产生的原因大致有以下几种。

一、表达事物的角度不同

表达同一个事物的视角不同，手语也会有差异。特别是某种新事物出现时，聋人会基于自己的认识，产生许多手语打法并很快流传，之后经过筛选，大家认同的手语被保留下来。《国家通用手语词典》中一些词目和词义相同但手语动作不同的词明显反映出观察、体现事物角度上的差异。

（一）手语名词

有两种打法的手语名词，例如："蓝牙①"与汉语词的汉字相对应，手语动作是直译产品的名称；"蓝牙②"模拟蓝牙符号，手语动作突出产品的直观性。两种打法都不会产生歧义，但如何选择使用要看对象和语境，假如大家都知晓蓝牙这种产品，就可采用"蓝牙②"的打法。再如：手语"汽车①"模仿操纵方向盘的动作，手语"汽车②"则是模仿车的外形。

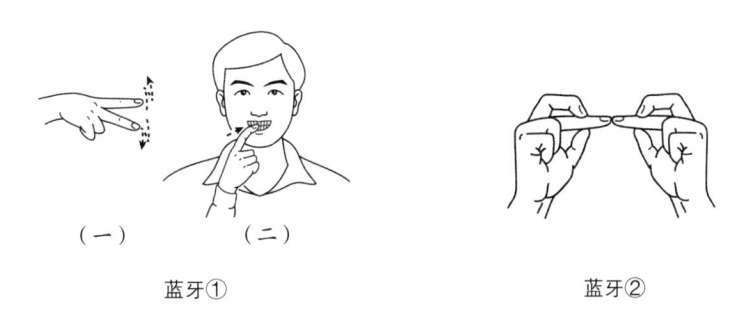

（一）　（二）

蓝牙①　　　　　　　　　　蓝牙②

（二）手语动词

有两种打法的手语动词，例如：手语"发言①"表示话从嘴出，手语"发言②"表示演讲发言时手不停挥动的动作，反映出听人讲话与聋人讲话在形式上的不同。这两个打法既可以无区别地使用，也可以分别表示听人的发言或聋人的发言。

发言①　　　　　　　发言②

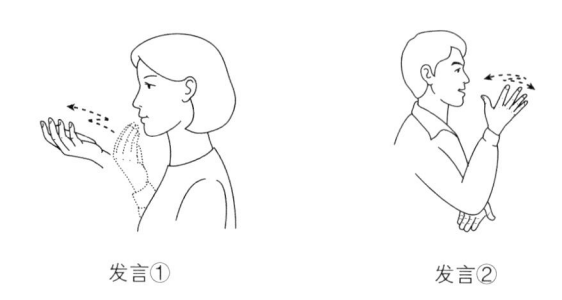

（三）手语形容词

有两种打法的手语形容词，例如：手语"可靠①"与"可靠②"的第二个动作有差异，前者以手语者的手移向肩膀，同时身体后仰来表示可依靠，直接模拟身体向后靠的动作；后者以一手拇指靠向另一手拇指寓意可依靠，实际也是模拟生活中一个人靠向另一个人的情景。

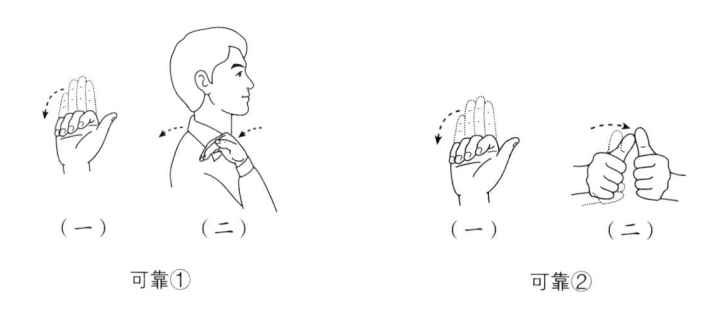

（一）　（二）　　　　　（一）　（二）

可靠①　　　　　　　　可靠②

（四）手语副词

偶尔（偶然）、万一、一定、不一定、最（太、更、极、很）等手语副词同样有两种打法。手语"偶尔①（偶然①）"和"偶尔②（偶然②）"都表示多次当中发生了一次的意思。手语"最①"，拇指尖按于食指根部的动作本身就表示程度深的意思，再向下一顿，就更为强调；手语"最②"，右手拇指顶向左手掌心，表示已经到了最大限度。所以，这些手语动作在语义上没有区别，只是表达语义的方式不同。

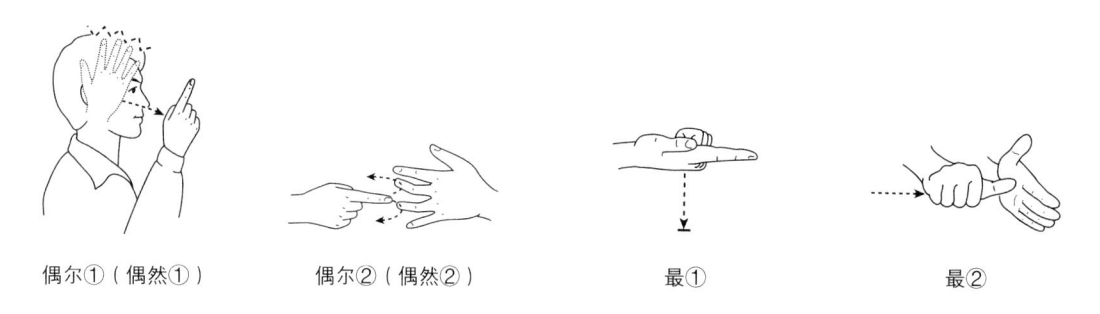

偶尔①（偶然①）　　偶尔②（偶然②）　　　　最①　　　　　最②

（五）手语数词和量词

手语表达数和量有特殊的方式，尤其在表达量的方面有更为明显的特点。

1. 手语基数词和序数词

数词分为基数词和序数词。相对应，表达基数词的通用手语比较完善，能表达1～100、千、万、亿等数目；而表达序数词的通用手语相对有限，只有"第一、第二……，甲、乙、丙、丁"等少数手语。

基数词"1～10"的通用手语，除去"9"，均在《国家通用手语词典》中展示了两种打法，分别表示阿拉伯数字和中文数字。例如，手语"1（一、壹）"，可以一手食指直立，掌心向外（或向内），也可以一手食指横伸，手背向外。手语"一些"采用了一手食指直立，掌心（或手背）向外的动作，而在手语"一带一路"中采用了一手食指横伸，手背向外的动作。使用哪一个打法主要取决于个人习惯，也可以考虑手语第一个动作与第二个动作连接顺畅性的问题，哪一个手语打起来舒服就使用哪一个。序数词"第一""第二"也有两种打法，并可类推打出"第三、第四……"的手势。

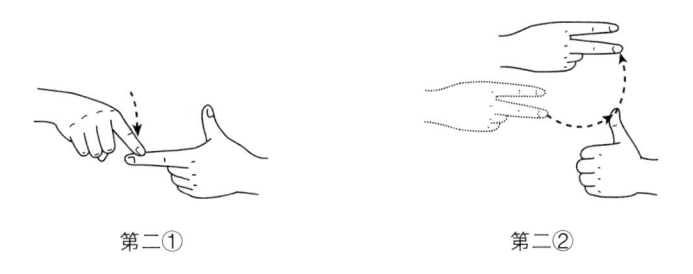

第二①   第二②

2. 手语量词

汉语的量词非常丰富，分为名量词和动量词。相对而言，手语中名量词和动量词都不多。目前收入《国家通用手语词典》中的名量词有"克、公斤（千克）、吨、千米（公里）、米、分米、厘米、毫米、尺、个、条、筐、篇、班（组）"等，动量词有"次、小时、分钟、秒钟、年、天"等。更多的量词见于数学、物理、化学等专业手语书。

一些量词，在聋校教学中使用与在聋人日常手语交流中使用会有所差异。例如，聋校教材中的"千克""千米"，师生既会用表达"kg""km"计量单位符号的手指字母指式表示，也会用"公斤""公里"的手语表示。但在日常生活中，聋人还是习惯使用具体的手语动作表达这些法定计量单位，以及"斤""尺""亩"等常用的非法定计量单位。再如，时间单位"分""秒"，《国家通用手语词典》中的手语与《体育和律动常用词通用手语》中模拟"′""″"符号（在《数学常用词通用手语》中也用于表示角度单位）的手语不一样。此外，数量词"一些"也有两种不同的打法。

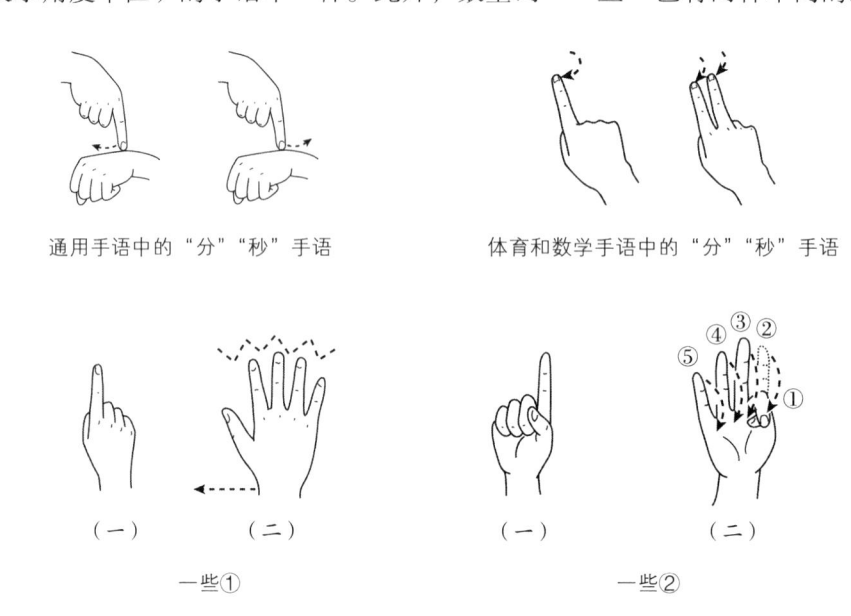

通用手语中的"分""秒"手语　　　体育和数学手语中的"分""秒"手语

（一）　　（二）　　　　　　（一）　　（二）

一些①　　　　　　　　　　　一些②

还有一些量词，不论是在教学中还是在生活中都很常用，如件、支、辆、架、袋等，但尚无聋人认同的通用手语，所以没有出现在《国家通用手语词典》中。《中国手语》曾收入用"仿字＋书空"的方式表达"件"的手语，因未得到聋人普遍认可，未收入《国家通用手语词典》，但鉴于教学需要和一部分聋人已经使用，将其保留在数学手语书中。

3. 通用手语中的数量一体现象

通用手语中量词不多，聋人在日常手语表达中也很少打出量词，那手语是如何表达量的呢？根据对聋人手语的观察和分析，聋人手语主要采用数量一体的方式表达量，这是手语独有的方式和特点。例如，通用手语中"尺（一尺）""天（一天）"的手语，既是单独的量词"尺""天"，同时又表示"一尺""一天"的意思，数量一体，彼此难分。

再如，"一个月"的手语也是一个特殊的数量一体手语。起初的打法是数字"一"手势＋仿字手势"个"＋手势"月"（左手食指直立，右手食指在左手食指上向下划动一下）。后来手语动作从简，三个手势结合成一个手势就变成了现在的打法：左手伸拇、食指，虎口朝上，手背向外，仿"个"字的上半部，右手食指先打数字"一"的手势，随即指尖在左手虎口内划一下（右手划动的过程表示"月"，划至左手虎口时又是仿"个"字的字形），然后直立，手背向外（再次表示数字"一"）。表示两个月时，左手手形不变，右手打数字"二"的手势，指尖在左手虎口内划一下，然后直立，手背向外，以此类推。属于这种简便表达数量一体的手语还有"第一届""一星期"等。在汉语中，像"星期""小时"这样前面既能加数词，又能加数量短语的时量词兼属量词和名词。

另一个数量词"俩"的手语，一手食、中指直立分开，在表达"咱俩""你俩""他俩"的不同语境中，食、中指在前、后、左、右的位置是不同的。

因表达事物的角度差异导致手语动作不同的手语词还有"班、包涵、包括、保单、饱、表达、表现、冰、菜花（花菜、花椰菜）、超负荷、撤换、称赞、成功、城区、迟到、出尔反尔、处罚、辞职、聪明（巧妙）、葱、担保、恶劣、吩咐、官、国籍、合适、后、欢迎、槐树、脚、卡、考验、轮班、馒头、慢、没有、免职、面条、魔术、某、能量、溺爱、年级、喷壶、碰巧、祈祷（祷告、许愿）、任性、山、商量、社会、生物、胜利（赢）、失败（输）、失踪、市、是非、树、酸奶、随便、所以（因此、因而、从而）、停车场、通知、同意、兔、腿（大腿）、危险（危机）、温度计、文件、文件夹、无所谓、无限、西蓝花、下流、潇洒、选举、要么……要么……、因为（由于）、有限、证据、政变、支援、直升飞机、只要、致谢、窒息、主流、住院、轴承、诅咒"等。

二、南北方聋人手语的不同

我国幅员辽阔，南北方聋人表达一些相同事物的手语带有地域文化特征，从而产生不同的打法，并在各自地域的聋人中流传。

（一）手语名词

年糕是我国人民过年时常吃的一道食品，南北方聋人表达年糕的手语有所不同。手语"年糕①"，北方聋人多用，第二个动作表现的是年糕（一般用黏米制作）"黏"的特征；手语"年糕②"，南方聋人多用，第二个动作表现的是将年糕切片准备煎炒的做法，与饮食习惯有关。这两个手语都源于生活。

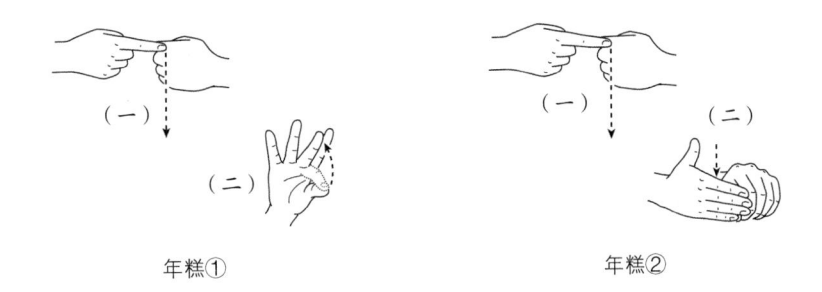

年糕①　　　　　　　　年糕②

存在南北差异的手语名词还有"春、夏、秋、冬、豆、豆腐、法、金、考分、邻居、民政、儿子、女儿、芹菜、事情（事件）、文化、物质（东西、材料、物资）、西瓜、星期一、月饼、政权、政治、早上、上午、下午"等。

（二）手语方位词

有些手语方位词也存在南北差异，如手语"东、西、南、北"的第一种打法常见于北方聋人，其保留了《中国手语》按地图"上北、下南、左西、右东"为理据的手语动作；第二种打法则南方聋人多用，其中，"东""西""北"与仿字有关，既可单独表示汉字，也可用于表示方位，"南"同"南京"的地名手语。相对而言，第二种打法的适用范围更大一些。

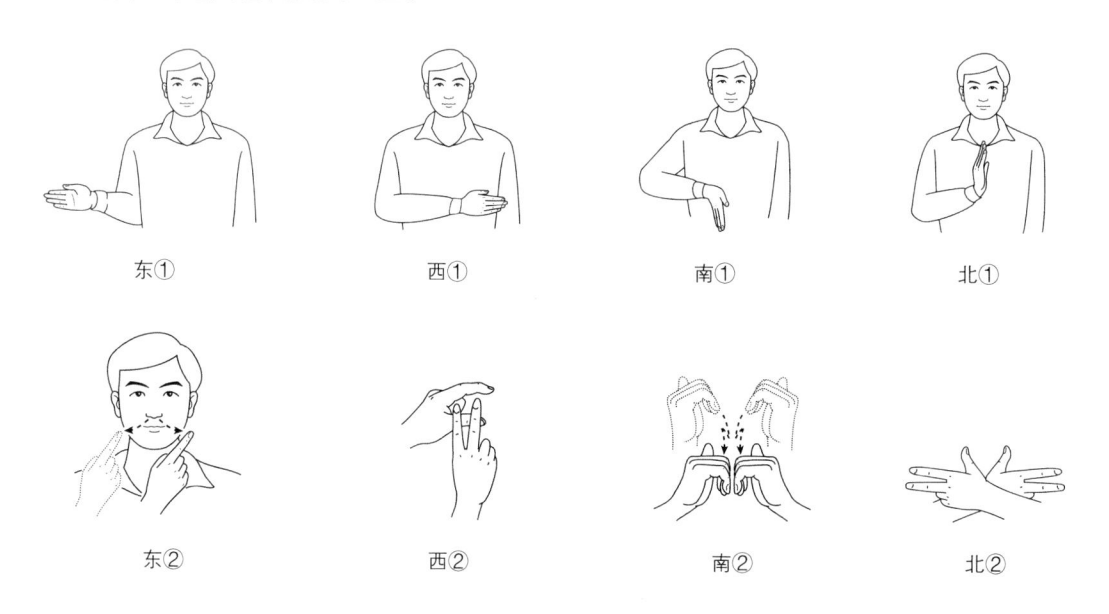

东①　　　　　西①　　　　　南①　　　　　北①

东②　　　　　西②　　　　　南②　　　　　北②

存在两种打法的手语方位词还有"前""后"，是否属于南北差异的范畴，说法不一。

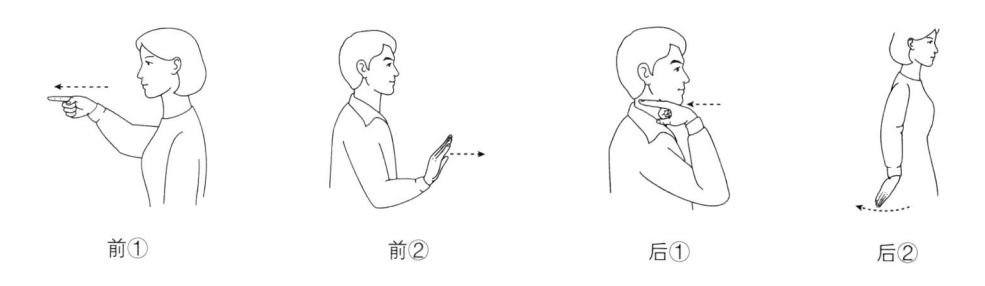

前①　　　　　前②　　　　　后①　　　　　后②

（三）手语动词

手语"奖励①"常见于北方聋人，与奖章、奖牌有关；手语"奖励②"常见于南方聋人，选取的是奖状上印的旗子的外形，二者选取的代表物不同。表达"奖章、奖牌、奖旗"的手语附加向外移动的动作都体现出奖励的动词意义。

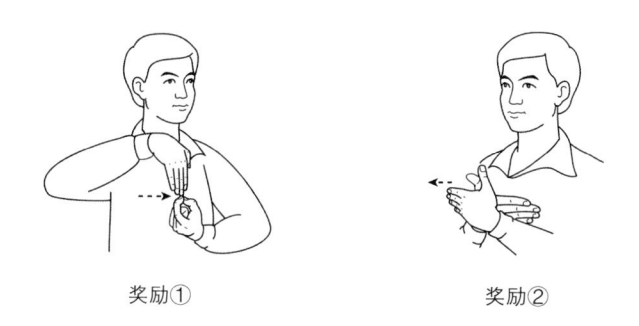

奖励①　　　　　　　　奖励②

存在南北差异的手语动词或助动词还有"保护（保障、维护）、剥削、不孝、不知道、反对、讽刺、节约、借、考试、实验、违法、违反、注意"等。

（四）手语形容词

存在南北差异的手语形容词有"粗、黄、苦、困难（艰难、伤脑筋）、蓝、没用、奇怪、实、死板（呆板）、疼痛、顽固、新、有用、真（真实、实际）"等。

困难①　　　　困难②　　　　疼痛①　　　　疼痛②

（五）手语连词

手语中的连词，特别是表示复句关系的连词很少，并且多有南北差异。例如：手语"但是①（然而①）"含有表音语素，北方聋人多用；手语"但是②（然而②）"不含表音语素，南方聋人多用。

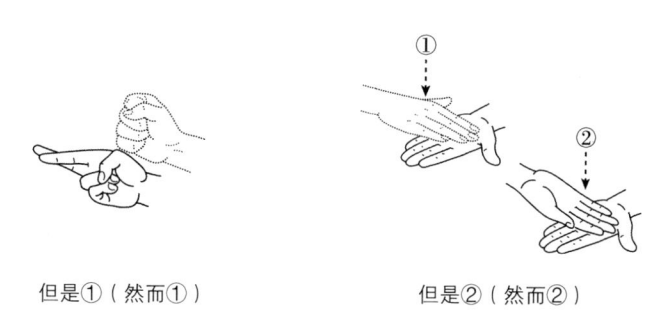

但是①（然而①）　　　　但是②（然而②）

此外,《国家通用手语词典》中还有一些有两种打法的手语词没有标明属于南北差异,但从手语流行的渊源和目前使用较多的聋人所处的区域来看,也可将其视为明显有南北差异的手语,如"茶叶、叶、鲳鱼(平鱼)、空心菜、同胞、同学、中午、中秋节"等。当然,随着各地聋人交流越来越紧密,相互交融的现象也会增多,南北手语你中有我、我中有你,界限会变得不那么分明。

三、聋人手语的代际差异

《国家通用手语词典》中有的词目和词义相同而手语动作不同的原因可以归结为聋人手语的代际差异。例如,二十世纪六十年代编制的《聋哑人通用手语草图》可以说是集中体现了老一代聋人普遍使用的手语。在那时,狗不是千家万户都可逗养着玩的宠物,轮椅也是买不到的商品,我国聋人与国外聋人的交往极其有限,对国际手语、外国手语几乎没有了解。所以,《聋哑人通用手语草图》中"狗"的手语(见"狗①")是个模拟狗头的静态手语,没有选取现在人们逗狗时让狗站立的憨态;"残疾"(当时还称为"残废")的手语是用右手在左上臂划动的动作表示截肢(后来演变成双手交替在对侧上臂划动),没有想到用"轮椅"来表达残疾;也不可能将国外的"国际""日本"等手语引入到我国手语中。而在改革开放后成长起来的年轻一代聋人的情况不同了,过去没有的东西现在有了,过去做不到的事情现在可以做到了,这些为手语的丰富提供了条件。即使是表达同一事物,年轻一代的聋人有了与以往不同的新手语,如"狗②";国外的一些手语也出现在他们的手语使用中,如"残疾②""国际②""日本②"等,这些变化反映出聋人手语的代际差异。

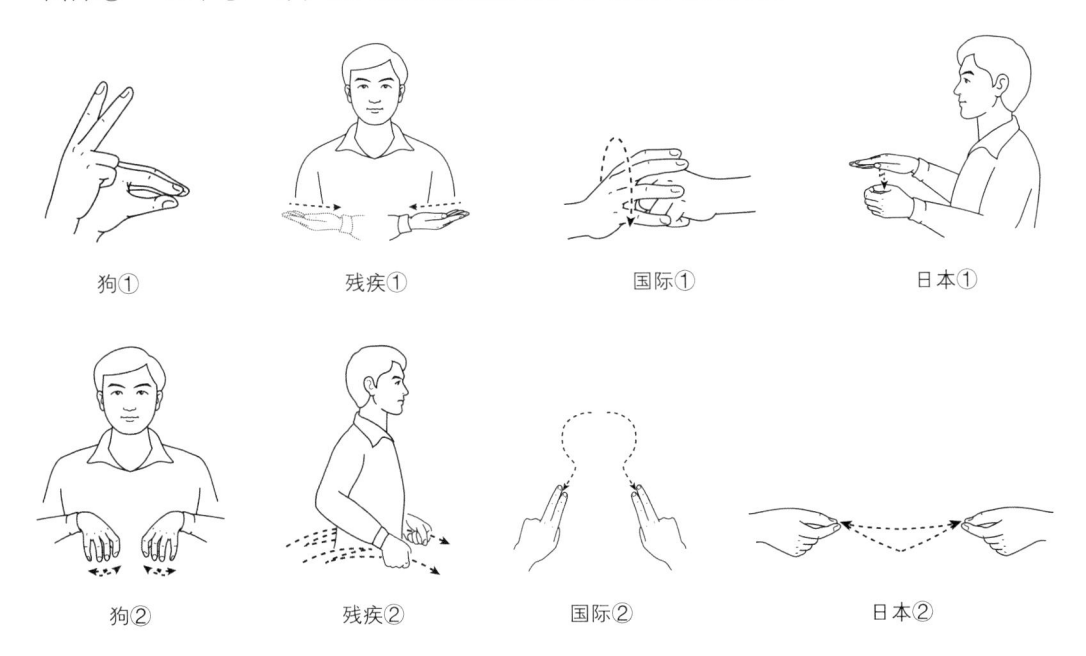

狗①	残疾①	国际①	日本①
狗②	残疾②	国际②	日本②

"残疾①""国际①""日本①"是我国手语。手语"残疾②"的本义是轮椅，中外手语相同，在国际上此手语还可表达"残疾"和"残疾人"。手语"国际②""日本②"引自国外。虽然从理论上讲，不论是我国手语还是引自国外的手语在国内外场合都可以使用，但为了方便交流，在国际场合尽量还是使用国际通行的手语。属于这种情况的手语词还有"听力残疾人"等。

以上所分析的手语词，尽管手语动作有差异，但使用时一般可以通用，只要交流双方没有理解上的障碍，选择其中哪一个打法都可以，因为词义并没有改变。

第二节 词目、词义相同而手语不同，需要区分使用的词

语境对词义的表达具有一定的影响，是语言理解和语言应用中必须注意的问题，手语亦然。词目、词义相同而手语动作不同还有一种情况，虽然手语词标的是①②，但有的可以通用也可以不通用，有的则绝对不通用，需根据具体语境选择其中最恰当的打法，手语动作不同对准确表达语义所起的作用，类似于标❶❷的手语词。

一、表达泛指意义与特指意义的手语

有的词目在词典上只有一个释义，而手语发挥视觉语言的特点，会用不同的动作引申词目概念的一般意义和特定意义，形成既有泛指的手语，也有特指的手语，如"爱国""标题（题目）"等。

《现代汉语词典》对"爱国"一词的解释是热爱自己的国家[1]，这个含义可用于表达任何一个国家的人爱国，是泛指。而我国进行爱国主义教育所讲的"爱国"指的是热爱自己的祖国——中国，是特指。为了表达这两种不同的指称对象，手语"爱国"有两种打法，在进行教育教学活动时需要根据内容来恰当选择。表达社会主义核心价值观中的"爱国"，虽然也可以用手语"爱国②"，但无疑采用手语"爱国①"更确切，因为"爱国①"的第二个动作表示的是我国民族服装旗袍的前襟线，国内外手语都用这一动作表示中国。而表达其他国家的人爱国时，要用手语"爱国②"，不能用手语"爱国①"。

---

[1] 中国社会科学院语言研究所词典编辑室.《现代汉语词典》(第7版)[M].北京：商务印书馆，2016：5.

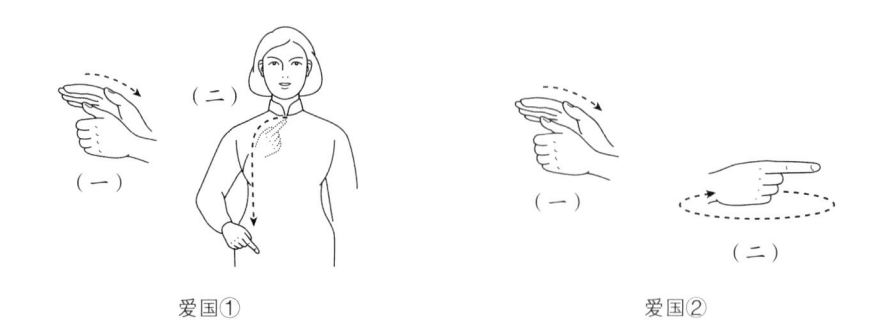

爱国①　　　　　　　　　爱国②

"标题（题目）"是《国家通用手语词典》中少有的同一词义列出三种打法的手语词。这三个打法都能表达标题、题目的基本概念，可以通用，但它们还是有细微的区别，可以根据具体语境选择其中一个最合适的打法。手语"标题①（题目①）"采用书空书名号的方式，显然比较适用于表示演讲、报告的题目或书名；手语"标题②（题目②）"比较适用于表示一篇文章的题目，左手横立张开的食、中、无名、小指象征一篇文章的内容，右手拇、食指在左手拇指旁横划一下，表示的是文章的题目；手语"标题③（题目③）"适用范围最大，既能表示各种形式的标题（题目），也适用于表示一行文字或数学的横式、式题。所以，诸如这种既可泛指又可特指的手语，是不加选择彼此通用，还是选择使用，不能一概而论，既要考虑要表达的内容，也要考虑手语观看者的理解水平。

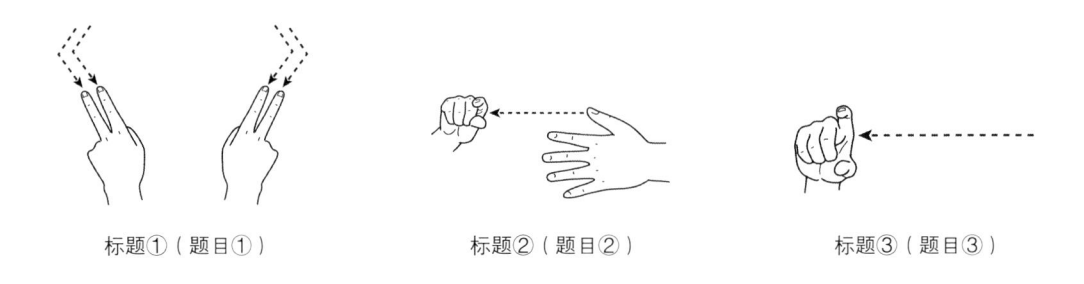

标题①（题目①）　　　　标题②（题目②）　　　　标题③（题目③）

二、表达多个特指意义的手语

还有一种情况，没有表达词目概念一般意义的泛指手语，只有表达概念所包含不同对象、情形的特指手语，如"安全带""对流""踊跃"等。

安全带的基本含义是对身体起固定和保护作用的带子，用在飞机、机动车座位或高空作业、技艺表演等不同场合。由于安全带的样式和固定身体的位置不同，所以《国家通用手语词典》没有采用"安全＋带"的手语表达方式，而是收入以象形方式模拟系机动车安全带和飞机安全带动作的两个手语，分别特指机动车座位上的安全带和飞机座位上的安全带。因此，手语"安全带"的选用需符合相应的交通工具才算正确。现在《国家通用手语词典》中尚无表达高空作业、技艺表演时系在身上的安全带的手语，如要表达也必须从象形的角度考虑。

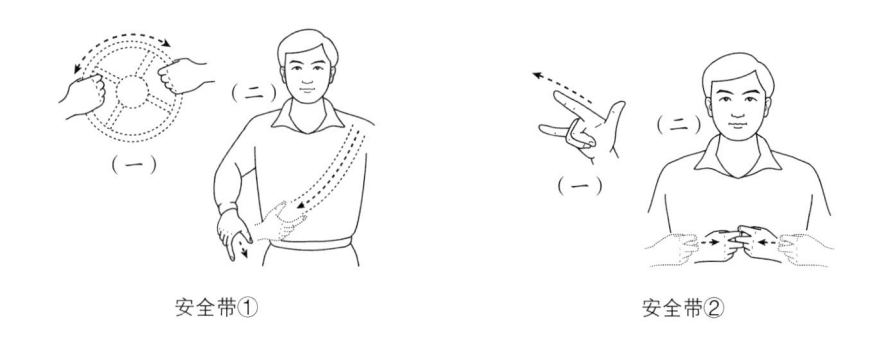

安全带①　　　　　　　　　　　　安全带②

同样，"对流""踊跃"的释义都只有一个，但通用手语用两个不同的手语分别表示液体或气体的循环流动过程，踊跃参与某种活动或踊跃发言的不同情形。

手语疑问代词"哪些"也有两种打法，在使用上同样需要根据语境进行选择。一般来说，针对面前存在的事物提问其中有"哪些"时，宜用手语"哪些①"；针对不在面前的事物提问其中有"哪些"时，宜用手语"哪些②"。

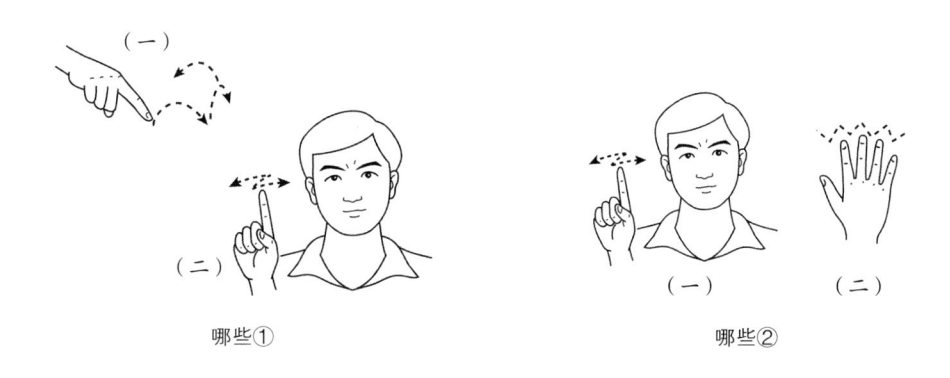

哪些①　　　　　　　　　　　　哪些②

词目、词义相同而手语动作有区别，需要根据语境选择使用的手语词还有"罢官、舱位、测量、参差不齐、车厢、传递、伺候、存档、单纯、耽误、蛋糕、档案、导航、到处、地图、调动、短发、尔虞我诈、国庆节、行列、回家、回落、及时、阶段、空间、恐龙、了解、流浪、旅客、马虎、敏锐、明显、匿名、软、刹车、审查、生日、生育、失联、属于、水、耸立、提前、团结、喂养、误工、硒鼓、戏剧（戏）、消防、协商、遗嘱、油、阅兵、越……越……、云、匀称、帐篷、祖先"等。

三、手语动词的类型和使用

手语动词有与汉语相同的普通动词，使用时不发生词形变化；也有与汉语不同的一致动词、空间动词，使用时会发生词形变化。手语表达动作时手都在"动"，那么，什么时候打出的手语属于普通动词，什么时候打出的手语属于一致动词或空间动词呢？这需要根据具体语境以及手语词的词形是否发生变化来判断。

（一）普通动词

普通动词指手语表达的是动词本义，不附着其他语义成分。《国家通用手语词典》上的手语动词都是普通动词，所呈现的动作表达的是其动词本义。例如，按《国家通用手语词典》教别人"走""跑""跳"的手语时，并未附着"谁在走（跑、跳）""在哪儿走（跑、跳）"和"怎么走（跑、跳）"等语义信息。在句子中，普通动词本身也不会因主语和宾语的人称变化而发生形态上的变化（即词形变化）。例如，表达"我跑步"时，手语要先打"我"再打"跑"；表达"你跑步""他跑步"时，"跑"的手语动作也不会发生变化。也就是说，普通动词本身不反映施事者（主语）与受事者（宾语）之间的关系，如要交待施事者（主语），需要另外打出表示施事者的手语。

目前手语语言学研究认为，不能离开身体进行表达的手语动词，一般属于普通动词，如"想、笑、哭、喜欢（愿意）、担心"等。

（二）一致动词

一致动词又称方向动词、呼应动词，这是一种有别于汉语的特殊的手语动词。在具体语境中，一致动词本身含有主语、宾语、人称和数等信息，通过移动方向反映出施事者（主语、人称）与受事者（宾语、人称）的不同关系（即词形可以变化，不需要另外打出表示施事者与受事者的手语）。例如，"给（递、送）"就是典型的一致动词，在表达"我给你""你给我""你给他""他给我"等不同的语义时，要根据"我、你、他"所处的位置改变手语"给"的移动方向和路径，而不能一成不变地按照《国家通用手语词典》上的图示来打"给"的手语。

属于一致动词的还有"爱、催、打、逗、借、看、骂、拍、推、问、帮助、剥削、打量、督促、反对、讽刺、告诉、监督、教育、介绍、命令、批评、聘用（邀请）、欺负、讨厌、威胁、谢谢、照顾、支持、嘱咐、尊重"等。

观看或表达手语动词时，要注意一致动词与普通动词的区别。例如，手语"被迫①"，左手拇、小指在内侧，拇指被在外侧的右手拇、食指卡住，并按向自己。显然，右手代表"强迫者 A（主语）"，左手代表"被强迫者 B（宾语）"，表示自己被别人强迫。如果要表达自己去强迫别人的意思，主语与宾语变了，自己成了 A，别人成了 B，则要调转双手的朝向，左手拇、小指在外侧，右手拇、食指在内侧，卡住左手拇指，并向前下方一按。另外，还可以调整方向表示 C 强迫 D 或 D 强迫 C。表达一致动词时，手移动的起点是施事者（主语），移动的朝向和终点是受事者（宾语），移动方向要与主宾关系一致。可见在实际语境中，一致动词已经不是一个单纯的动词，而是主谓宾关系明晰的语法结构，要理解和转译成主谓宾齐全的句子。而手语"被迫②"，"右手猛然向上翻动""面露愤怒的表情"表示被强迫者憋在胸中的怒火爆发出来，表达国歌"每个人被迫着发出最后的吼声"就采用了这个手语。这个手语动作并未明示强迫者，也不能转换方向，所以它不是一致动词，是普通动词。由此可见，"被迫"的手语有一致动词和普通动词之分，"被迫①"是一致动词，"被迫②"是普通动词。

被迫①　　　　　　被迫②

（三）空间动词

空间动词是指通过移动方向和空间轨迹的改变，表示某个所指物体的位置及移动轨迹发生了变化的动词，这又是一种有别于汉语的特殊的手语动词。能成为手语空间动词的，也是词形可以发生变化的动词。

例如，《国家通用手语词典》中"放"的手语，不涉及放的是什么东西和从哪儿放到哪儿的真实移动方向与空间轨迹。但是在实际的语境中，手语者表示的是将某一具体的物体放到某个具体的位置，此时的手语"放"含有所指物，并且通过手的移动表示该物体从原有位置向指定位置移动的轨迹，从视觉上可以清楚地看出物体的位置发生了转移。与一致动词一样，空间动词在实际语境中所表达的并非是单纯的动词意义，也要理解和转译成短句。

比较典型的空间动词有"走、去、到、搬、找、挂"等。

第三节　词目相同，手语不同的其他情况

汉语中有不少词具有多种义项或者多种词性，表达不同种类或性质的概念，属

于一词多义现象。但目前表达一词多义的通用手语词多数只表达了所对应汉语词的部分词义，而非所有词义。因此，使用时首先要弄清楚手语词究竟表达的是哪种词义，否则就会张冠李戴，影响表达效果，甚至产生歧义，造成误解。

一、词目和词性相同，义项不同的名词

名词"菜单"有两种含义：一是表示菜肴名称的单子；二是表示选单，如计算机屏幕或图形输入板呈现出来的可供选择的操作项目表。手语"菜单❶（下拉菜单）"表示计算机中的下拉文件菜单，从手语角度来说，它不仅表达名词意义，还包括"点菜单"的动词意义，可视为名动同形的手语词，这与汉语"菜单"仅是名词有所不同。手语"菜谱（菜单❷）"则指的是菜谱或饭店里菜肴名称的单子，只有名词意义。又如，考试、比赛得分的分数与数学中包含分母和分子的分数也是不同的义项，手语动作也就不同。

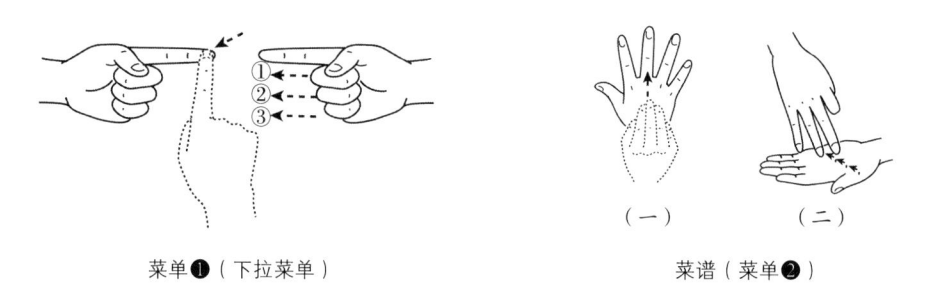

菜单❶（下拉菜单）　　　　菜谱（菜单❷）

二、词目和词性相同，义项不同的动词

"处理"是动词，在汉语中有4个义项：❶ 安排（事务）；解决（问题）。❷ 处治；惩办。❸ 指减价或变价出售。❹ 用特定的方法对工件或产品进行加工，使之获得所需要的性能。《国家通用手语词典》中仅涉及前两个义项。手语"处理❶"模仿旧时用戒尺打手掌进行惩罚的动作，引申为对事、对人进行处治、惩办。手语"处理❷"，双手手背拱起，指背相对，分别向两侧扒动一下，在手语中是"解决"的意思，因此，它适用于解决问题的义项（此外，该手语也用于表示代数方程式"解""根"的概念和姓氏"解"）。

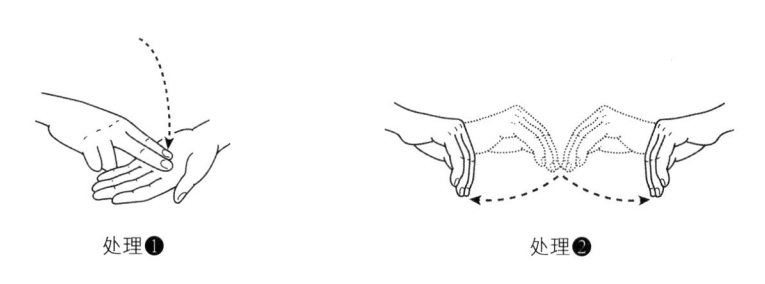

处理❶　　　　处理❷

词目和词性相同、词义不同，需要根据词义选择使用的手语词还有"暗示、摆、板块、比例、不行（不能）、拆、出轨、出现、传染、大使、大杂烩、带、道理、锻炼、对象、发动、反映、飞碟、分开、感染、根、浩浩荡荡、缓和、继承、健全、江、交代、开放、开阔、裤衩儿、流程、流量、没关系、美术、命运、模特儿、木偶、腻、跑道、破产、破获、浅、热闹、丝、通过、投入、位置、牺牲、狭隘、先生、延期、银、引导、征服、证明、指挥、制度、钟、重"等。

三、词目相同、词性不同，手语不同的词

"差点儿"在汉语中有副词和形容词两种词性，副词表示某种事情接近实现或勉强实现，形容词表示某个方面稍欠缺。手语"差点儿"也有两种打法，手语"差点儿❶"表示的是副词意义，带有侥幸的意味，如表达"差点儿没赶上火车"（庆幸终于侥幸赶上了火车），要用这个手语；手语"差点儿❷"表示的是形容词意义，若表达"这个东西的质量差点儿"，则要用这个手语。

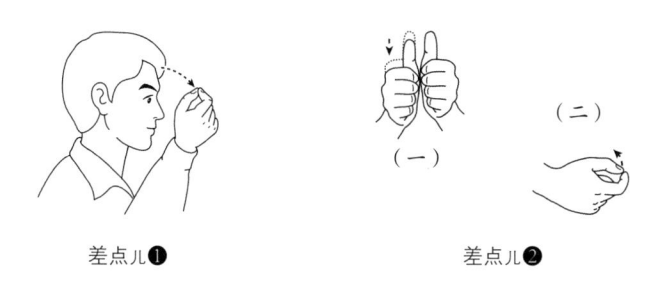

差点儿❶　　　　　　　　　差点儿❷

又如，汉语的"光"有名词、形容词、动词、副词四种词性，十多个义项。手语"光"只表达了名词和形容词两种词性，几个义项。"光❶"是手语名词，用于表达照在物体上使人能看见物体的光线，如太阳光、灯光、月光等；也用于表达景物风光、光大、光临等其他几个名词义项。同时，它也是名动同形的手语词，可以表达"照射"的动词意义。"光❷"是手语形容词，表示一点儿不剩，全没有了的意思，表达节约粮食的"光盘行动"中的"光"，要用这个手语，如果选择了手语"光❶"，意思满拧，会误解为存储影视作品或计算机文件用的光碟（光盘）。

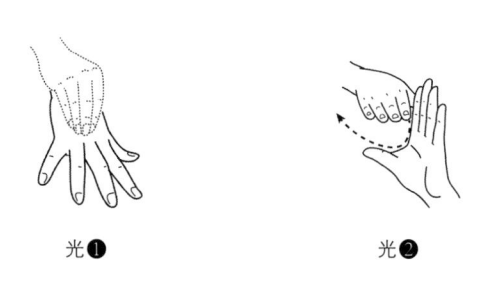

光❶　　　　　　　　　光❷

词目相同、词性不同，需用不同手语表达的手语词还有"包、包裹、导游、叠、端正、反面、孤立、规范、规定、耕地、建筑、教训、经历、警卫、距离、领导、矛盾、米、命题、排场、清醒、曲、绅士、拾、填鸭、完全、意识、于、照样、正面、组织"等。

第七章
通用手语词序的一些特点

在通用手语的研究过程中人们发现，手语在词法层面既存在与汉语词序相同的现象，也存在与汉语词序不同的现象。后者，听人习惯将其称为"语序颠倒"。说"颠倒"是与汉语相比较而言的，在手语中这不是颠倒，而是手语自身的语言特点之一。对于听人，不同于汉语词序的手语词序是学习和使用手语的难点。为此，本章通过汉语与手语、手语与手语的比较，对一些通用手语词的词序做一些辨析。为了便于说明手语词序与汉语词序不同，本章也采用"颠倒"一词。

第一节　构词语素不颠倒的手语动词

手语词序颠倒的现象常与手语动词相关，从构词角度看，构词语素的手语动作本身是否含有宾语成分，就决定了词序可否颠倒。

一、不含宾语的手语动词

在普通动词中，一些手语动词本身不含宾语，因此，不存在动宾词序颠倒的问题。倪兰博士在《中国手语动词研究》中对该类手语动词进行细分，分为动作行为动词，如"哭、蹲"等；表示事物相对静止状态或性质的性状动词，如"病、躺"等；表示心理情绪活动的心理动词，如"喜欢、怀疑、知道"等；表示判断、存现意义的关系动词，如"是、有、像"等[1]，这些动词本身不含表示宾语的其他语素。

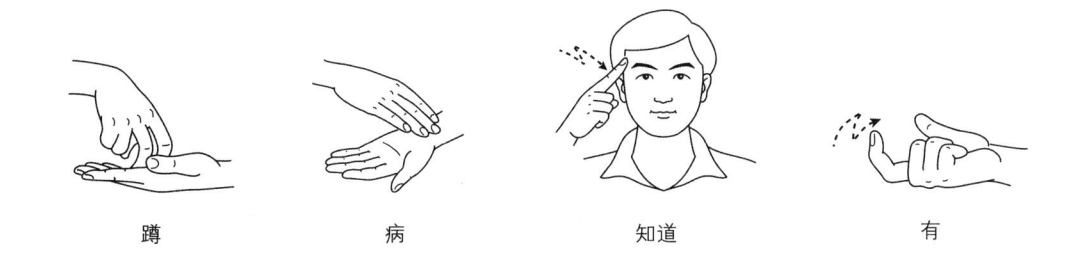

蹲　　　病　　　知道　　　有

二、隐含宾语的手语动词

有些手语动词具有特殊性，其手势动作不只表达动词意义，还可隐含宾语的信息。例如，手语词"嗑、穿、表示（表态、表达②）"等，若脱离语境，不具体交代手里捏着什么在牙齿上嗑，穿的是什么，某某人在表达什么时，可以只认为手语表达是动词本义。而若是在"他嗑瓜子""我穿夹克""他表达了态度"的语境中，手语者会先交待"瓜子""夹克""讨论的话题"，然后再打"嗑""穿""表示（表态、表达②）"的手语。这时，手语"嗑"中拇、食指相捏，置于嘴部的动作应被解释为瓜子；手语"穿"中，夹克这个宾语隐含在双手食指弯曲，拇指按于食指中部，从肩上向下做弧形移动的动作之中；手语"表示"中，态度隐含在向前移动的双手之中。这三个例子从视觉上只是看到了手语动词，没看到被动词支配的东西（宾语），

---

[1] 倪兰.中国手语动词研究[M].上海：上海大学出版社，2015：28-39.

其实这个东西（宾语）在表达句子前先交待了，在表达句子时就隐含在动作之中，看似无形却有形。倪兰博士指出："因为这类动词已将宾语结合进动词中，这是由于视觉语言的特征所决定的，即它的动作总是与具体的客体结合在一起的，或者说动词的抽象化程度没有有声语言那么高。因此这些动词本身的手形就表明了所谓宾语的信息，也可以说这是类标记的词汇化。这时动作与动作所涉及的参与者不可以拆分，或者说拆分后就不表示这个动词本来的意义了。"[①]因此，这类手语动词本身也不存在动宾词序颠倒的问题。

嗑　　　　　　　　　　穿　　　　　　　　表示（表态、表达②）

三、"名动同形"的手语词

我国古代汉语存在词类活用的现象，名词作动词是其中之一。例如，《曹刿论战》中"公将鼓之……齐人三鼓"的"鼓"就是名词作动词，表示敲鼓。《黔之驴》中"驴不胜怒，蹄之"的"蹄"表示"踢"的意思，也是名词作动词。

在通用手语中，也有不少既作名词又作动词（实际上不是动词，是动宾结构的词组）的手语词，在《国家通用手语词典》第四册"手语语法特点例举"中解释为"手语名动同形的现象"，如"书（本、册）、风、卡、雪、雨、戒指、会计、牙刷、饺子、足球、篮球、高尔夫球"等。从汉语构词角度来看，它们或为单语素词，或为双语素、多语素词，但手语都是单语素的，只用一个动作表达，同样不存在词序颠倒的问题。

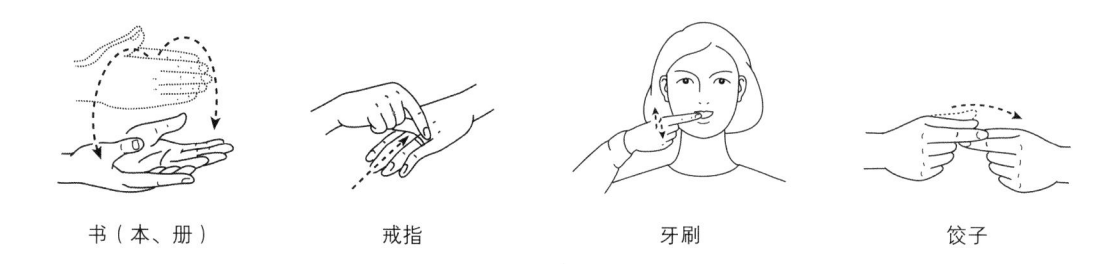

书（本、册）　　　戒指　　　　　牙刷　　　　　饺子

---

① 倪兰. 中国手语动词研究 [M]. 上海：上海大学出版社，2015：29.

足球　　　　　　　　篮球　　　　　　　高尔夫球

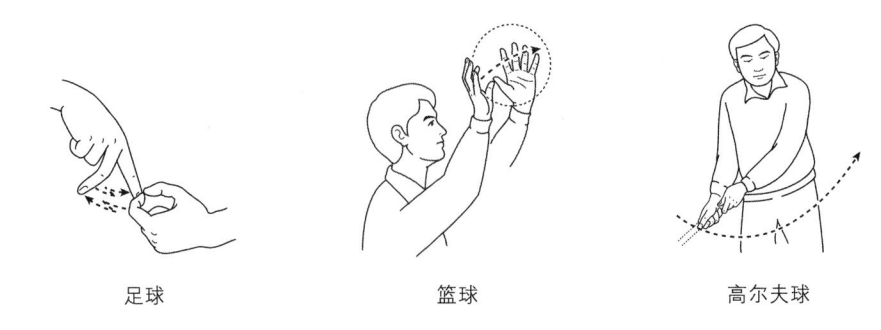

"名动同形"的手语词与上文隐含宾语的手语动词的不同之处是前者在表达动宾结构如"打开书（翻开本）、刮风、刷卡、下雪、下雨、戴戒指、算账、刷牙、包饺子、踢足球、打篮球（投篮）、打高尔夫球"的语义时，视觉上同时可见动作和动作的可及物（宾语）；相同之处是动作总是与具体的客体结合在一起，不能拆分。所以，也有人将这种手语形态称为"动宾一体"。

"名动同形"与"动宾一体"这两种说法虽然指向的是同一种手语现象，但命名的角度有区别。"名动同形"是从词性角度说的，一个手语词兼有名词和动词的性质；"动宾一体"是从语法角度说的，在表达意思的语用过程中，手语动作包含了宾语在内，要理解和转译为动宾词组。例如，"风""雪""雨"是名词，当表达"刮风""下雪""下雨"的意思时，虽然手语动作未变，但此时手语的词性变为动词。手语动作本身无法将"刮""下"与"风""雪""雨"剥离，"下"中有"雪"，"雪"中有"下"，这可以理解为"名动同形"。而"动宾一体"是汉语转译手语动作的含义时呈现出的语法结构。也就是说，看到同一个手语动作，是转译为名词"风""雪""雨"，还是转译为动宾结构的"刮风""下雪""下雨"，要根据表达的语境决定。这是判断手语名词与手语"动宾一体"二者差异的一个关键点。转译为汉语的动宾结构时，说出来、写出来的汉语词有两个语素，而手语还是一个语素，说不清手语动作表达的是动词还是名词，二者一体。

另外，国内外的聋人为了区别是名词还是动词（动宾一体），在手语动作上会稍加区分，表达动词（动宾一体）的意思时，常会重复手语动作，或者加大动作力度、改变移动方向等。例如，美国手语"汽车"与"驾驶（开车）"、"自行车"与"骑自行车"的手形和移动方向一样，但是为了区别意义，动作移动的幅度不同，表达"汽车""自行车"的名词意义时双手移动的幅度小，表达"驾驶（开车）""骑自行车"的动词意义时双手移动的幅度大。我国通用手语也有类似现象。例如，表达名词"病"的手语，双手是静态的；而表达"治疗"，实际也就是动宾一体的"治病"的手语，双手由静到动发生了变化。因此，根据手语语音要素的变化判断是手语名词还是手语"动宾一体"，是另一种可参考的方法。

| 汽车 | 驾驶（开车） | 自行车 | 骑自行车 |

（美国手语）

| 病 | 治疗 |

（中国手语）

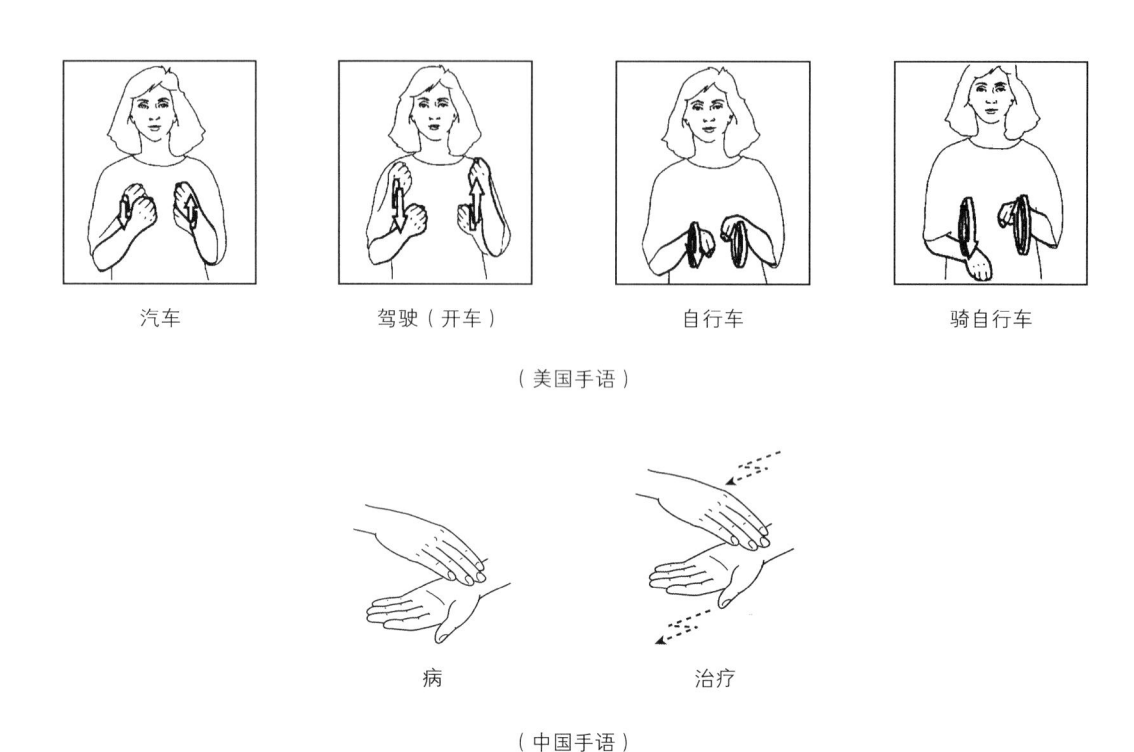

第二节 构词语素可能有颠倒的手语词

由双语素或多语素（两个或多个动作）构成的手语词才可能发生手语词序与汉语词序不同的现象，并较多地出现在宾动结构、偏正结构、中补结构的手语词和含有否定语素的手语词中。

一、动宾结构与宾动结构的手语词

汉语中有很多动词的语素是按动宾形式构成的，如办公、报警、参军、打工等，前一个语素表示动作行为，后一个语素表示动作行为所支配的对象。通用手语在表达这些词时，也是表示动作行为的手语在前，表示被支配对象的手语在后，手语词序与汉语词序一致。而且，按照动宾形式构词可以正确表达词义。试想，如果将"办公"打成"公办"、"报警"打成"警报"，就变成了另外的词；"参军"打成"军参"，理解不顺；"打工"打成"工打"，更难明其意。属于动宾结构、不存在颠倒现象的手语词还有"登山、关心、美容、守法、有限"等。

办公　　　　　　　报警

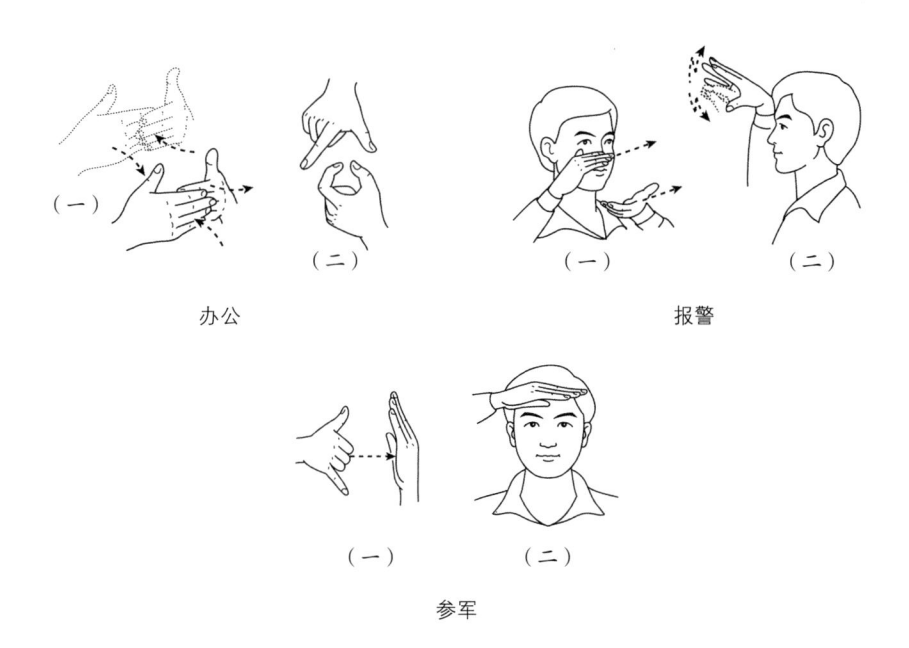

参军

通用手语还存在按宾动形式构成的手语词，表示动作行为所支配对象的手语在前，表示动作行为的手语在后，手语词序与汉语词序不一致，最典型的例子是"防洪（防汛）""消防①""泄密"等手语词。从构词语素的词性角度分析，手语名词在前，手语动词在后。

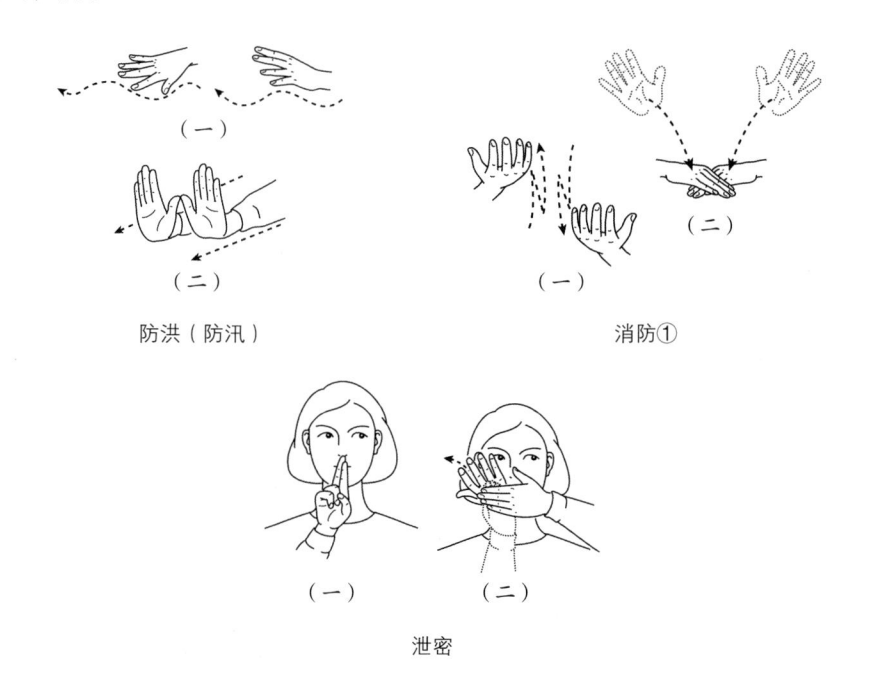

防洪（防汛）　　　　　消防①

泄密

辟邪、避险、抗旱、脱贫、消毒等词在汉语中是"动词＋形容词"的动宾结构，通用手语也是以宾动形式来表达，手语形容词在前，手语动词在后。

避险　　　　　　　　　抗旱

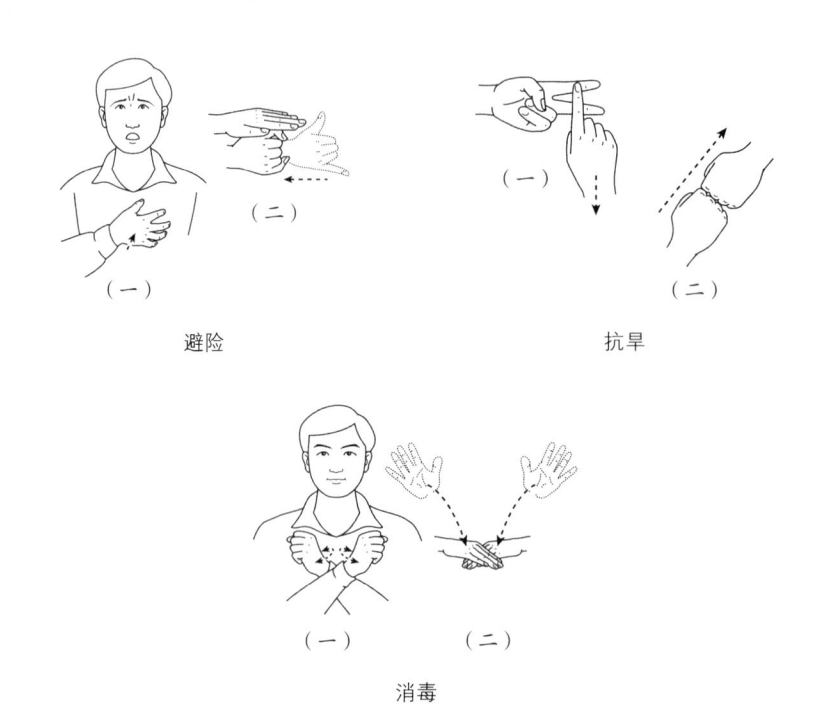

消毒

先提出动作行为所支配的对象，然后再表达动作行为产生的结果，这是话题优先的手语表达特点在手语构词上的体现。"消防①"，先打"火"再打"灭"，说明火被灭了，即消防中救火的意思；"防洪"，先打"波浪"再打"防"，知道滔滔洪水被拒之于外；"泄密"，先打"秘密"再打"泄露"，看得出秘密从嘴里流露出去了；"避险"，先打"危险"再打"躲藏"，说明躲开了危险。从视觉语言角度看，手语词序这样表达更符合认知心理，也契合词义。属于宾动结构的手语词还有"报仇、贬值、升值、撤资、登报、过期（逾期）、还债、还账（还钱）、和面、加油、竣工、失业、输血、填表"等。在汉语中，"竣工""失业"的构词语素"工"（即工程）、"业"（即职业或工作）是名词；而在手语中，分别采用垒砖的动作、上拳砸下拳的动作来表达，更偏向名词作动词，这也是手语这一视觉语言不同于有声语言的地方。

换一个角度分析，这些宾动结构的手语词，也可认为是主谓结构的手语词，前一个语素表示被陈述的对象，后一个语素用来陈述前一个语素的状态、性质。

二、偏正结构的手语词

偏正结构中，前一个语素修饰、限制后一个语素，包括名词、形容词修饰中心词的定中关系和动词、形容词修饰中心词的状中关系。相对于汉语词序，偏正结构的手语词有与汉语词序相同的，也有与汉语词序不同的。

（一）定中关系的手语词

通用手语中，名词语素修饰、限制名词语素的定中关系的手语词，词序一般不发生变化，如"草帽、地球、电冰箱（冰箱）、冬瓜、风景、汉族、金牌、气表、牙膏、烟灰缸、药方、月饼"等。

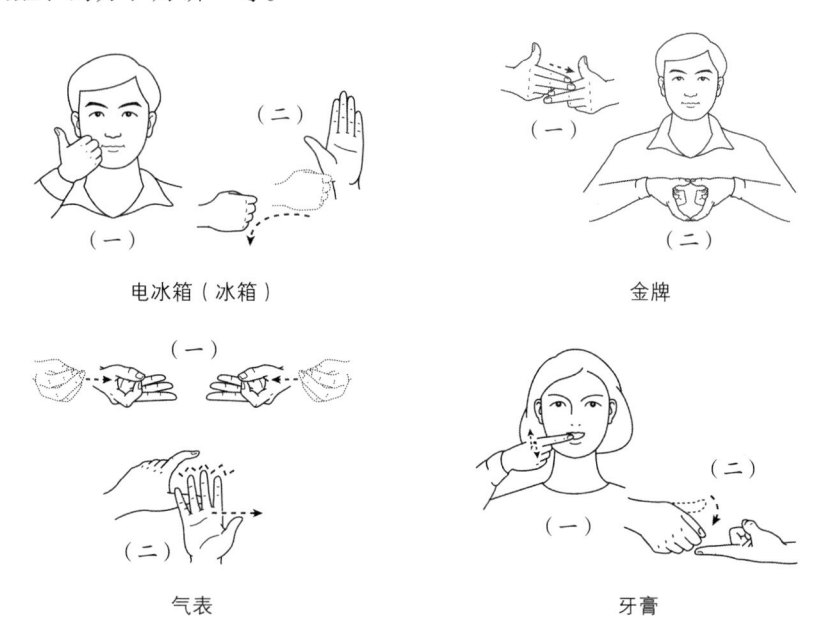

电冰箱（冰箱）

金牌

气表

牙膏

形容词语素修饰、限制名词语素的定中关系的手语词，词序有不变的，如"长征、关键词、黄豆（大豆）、胖头鱼（鳙鱼）、热心、酸奶、香油"等；词序也有发生变化的，如"荒地、近视（近视眼）、远视（远视眼）、同义词、近义词、反义词"等。

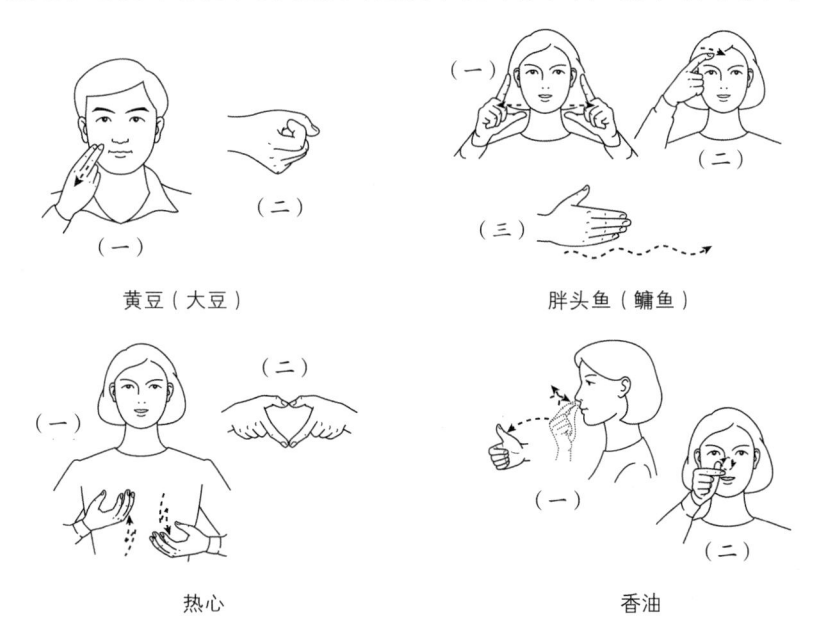

黄豆（大豆）

胖头鱼（鳙鱼）

热心

香油

荒地　　　　　　近视（近视眼）　　　　　同义词

（二）状中关系的手语词

补选、补种、抽查、嫁接、录用、倾销、筛选、顺叙、倒叙、推介、托养等动词，在汉语中，前一个动词语素表示如何做，起状语作用；后一个动词语素表示做什么，在整个词义的构成上起主要作用。《国家通用手语词典》中表达这些状中关系的词的手语，词序一般也没有颠倒，与汉语词序相同。

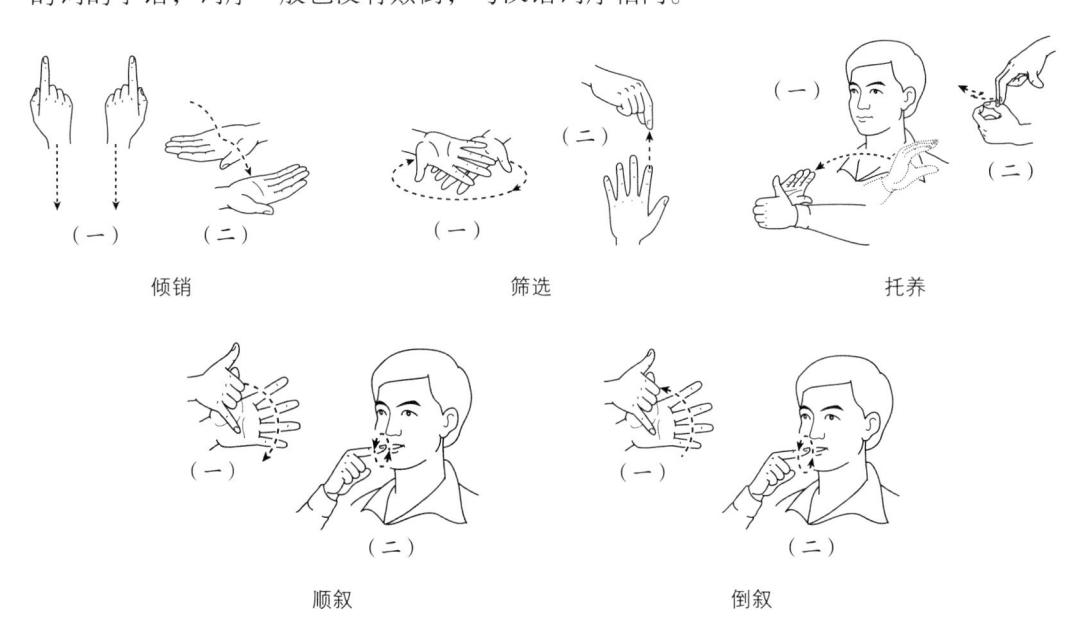

倾销　　　　　　筛选　　　　　　　托养

顺叙　　　　　　倒叙

三、中补结构的手语词

汉语中有些动词的前一个语素表示动作，后一个语素补充说明动作的结果，过去称之为"动补结构"，现在的语言学书中有的称之为"补充式"，有的称之为"中补型"合成词。通用手语中也有中补结构的手语词，其语素构成和词序特点如下。

（一）"动词+形容词"的中补结构手语词

由"动词+形容词"构成的中补结构手语词，一般不存在词序颠倒的现象，如"充满、改正、说明、提高"等。

（一）　　（二）　　　　　　　　　　（二）　　　　　　　　（一）　　（二）

改正　　　　　　　　　　说明　　　　　　　　　　　提高

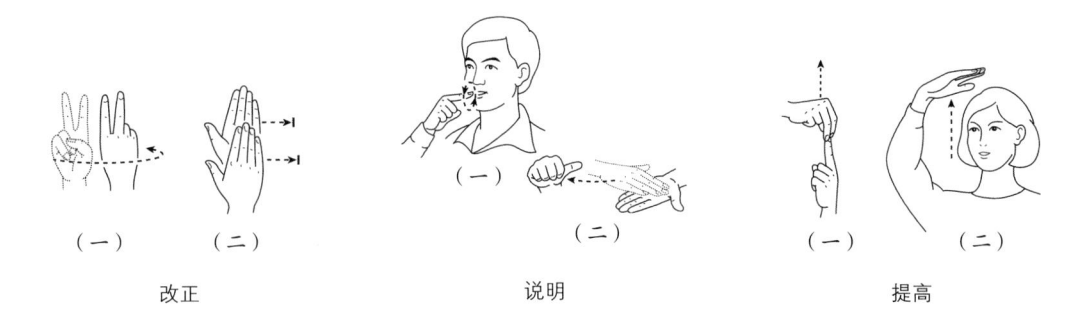

（二）"动词+动词"的中补结构手语词

由"动词+动词"构成的中补结构手语词，既存在词序不颠倒的现象，如"导演、导游❷、倒闭"等；也存在词序颠倒的现象，如"避孕、辍学、退学"等。

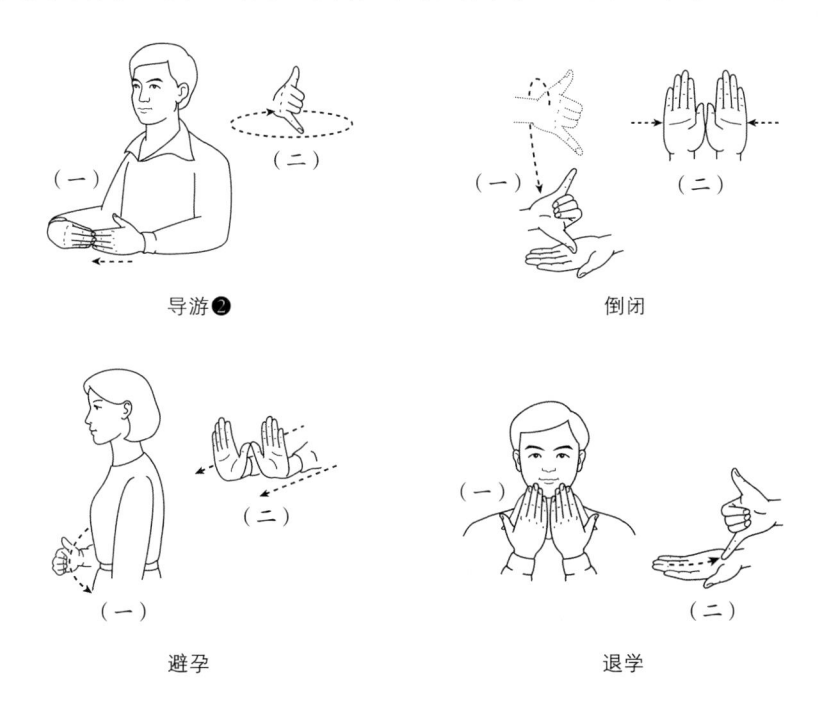

（一）　（二）　　　　　　　　　（一）　　（二）

导游❷　　　　　　　　　　　　倒闭

（二）
（一）　　　　　　　　　　　（一）　　（二）

避孕　　　　　　　　　　　　退学

在"动词+动词"构成的中补结构手语词中还有一种有趣的现象。例如，手语"胜诉、败诉、撤诉"都先打"诉"的手语，再分别打"胜""败""撤"的手语，手语词序与汉语词序相反。其实，"胜诉""败诉"虽然不说成"诉胜""诉败"，但是人们平常是按"诉讼（官司）胜了""诉讼（官司）败了"来表达的；"撤诉"既可按撤销诉讼表达，也可按诉讼撤销表达。所以，这三个手语词的词序恰到好处。

（三）"中补一体"结构的手语词

"动词+形容词"的中补结构手语词和"动词+动词"的中补结构手语词都是

由两个手语语素（即两个手语动作）构成的，在通用手语中还存在用一个手语动作同时表达动词与形容词或动词与动词两个语素的中补结构手语词，在此暂称为"中补一体"结构的手语词。例如：属于"动词+形容词"范畴的中补结构手语词"扩大""延长"中的"扩"与"大"、"延"与"长"都通过一个手语动作体现，无法拆分；同样，属于"动词+动词"范畴的中补结构手语词"撤退""起来（起立）""堆积"中的"撤"与"退"、"起"与"来"、"堆"与"积"两个语素融为一体，不能拆分。《国家通用手语词典》中有些单语素的动词如"升、降、提、跳、蹲、坐"等虽然后面没有括号词"升起、降下、提起、跳起来、蹲下、坐下"，但本身就是"中补一体"结构的手语词，在表达的时候不能打成"升+起""降+下"，更不能打成"升+起+来""降+下+去"，将本来一个动作就可完整表达意思的手语按照汉字打成两个或三个手势。

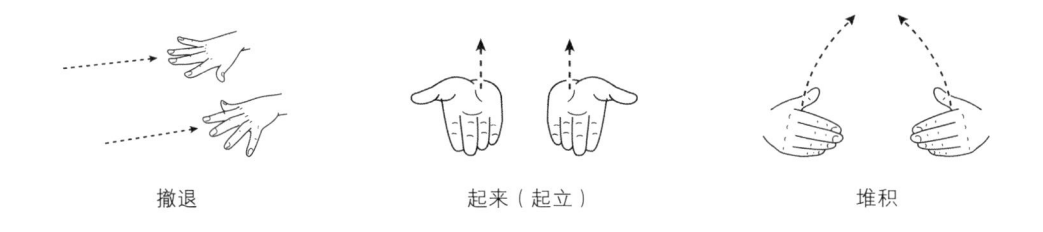

撤退　　　　起来（起立）　　　　堆积

四、尚待进一步认识的问题

现在，对手语词的结构及其语法意义的了解还很初步。手语词序何时发生不同于汉语词序的变化，一方面受到手语语言自身规律的约束，另一方面与人的视觉认知和思维方式紧密相关，同时也受到聋人受教育水平和社会语言大环境的影响。在《国家通用手语词典》中，一些同类型词在表达上存在前后不一致的现象。例如：手语词"消防①"与"消防车"中的"消防"，手语词序不一致。前者作动词时按宾动结构表达，后者"消防"是构成名词"消防车"的一个语素，则按动宾结构表达，以便教学。但是，同样是作为名词的构词语素，手语词"同义词""反义词""贬义词"中的"同义""反义""贬义"，聋人强调要颠倒词序。此外，手语词"高血糖""高血压""高血脂"在《国家通用手语词典》中按主谓结构"血糖高""血压高""血脂高"表达，在日常生活中也有聋人按汉语词序打成偏正结构。手语词"晚婚"在《国家通用手语词典》中按偏正结构表达，在日常生活中也有不少聋人打成主谓结构"婚晚"。诸如这种同一个手语词有不同的结构，词序既有颠倒的又有不颠倒的情况比较普遍。因此，《国家通用手语词典》和其他学科类的通用手语书列出几种不同的表达方式，也是告诉使用者不要拘泥于汉语词的结构来认识手语的表达特点。

再如，"加刑""减刑""缓刑"三个手语词的构词语素性质和构词结构是一样的。从视觉语言来看，先打"监狱"的手势，再打"加"或"减"的手势，可以直观地看出关入监狱的时间是增加还是减少，比较贴合加刑或减刑的本意；但照此方式表达"缓刑"，则会看成是"关入监狱拖下去"，理解为一直关在监狱，与暂不关进监狱的缓刑意思完全相反。若按照汉语词序表达，先打"拖延"再打"监狱"的手势，从视觉认知上相对比较符合词义。在《国家通用手语词典》中为了使三个词词序相同，没有在手语表达上做区别。

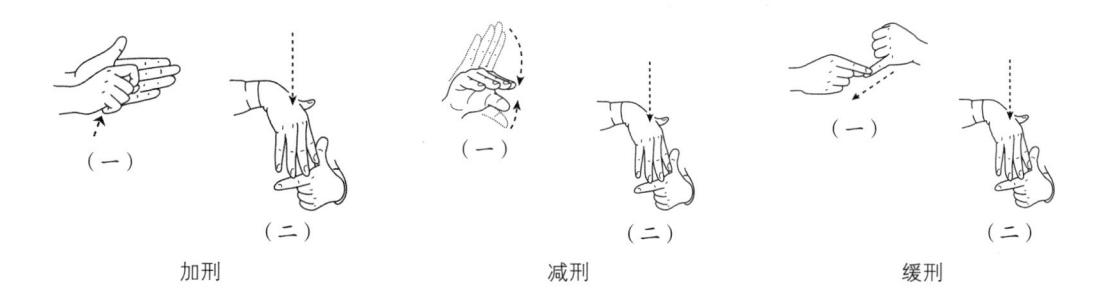

加刑　　　　　　减刑　　　　　　缓刑

所以，如何构成和表达手语词序不是一个简单的问题。从认知角度，聋人倾向按照视觉认知的特点来决定词序，规则可以灵活；而从教学角度，听人教师希望规则严谨，前后统一。目前，手语词序还达不到提出完整规则的程度，要根据具体情况具体分析，从而决定采用何种词序。如何平衡多方面的关系，还需要通过分析大量的手语语料，加深对手语词序表达规律和特点的认识，从而进行确认和总结。

第三节　表达反义关系或否定意义的通用手语词

表达反义关系和否定意义的手语词，也能鲜明地反映出在手语构词和词序方面的一些特点。

一、表达反义关系的手语词

现代汉语语言学提出，意义相反或相对的两个词的相关语义构成反义义场，这两个词互为反义词。构成反义的两个词必须是属于同一意义范畴的。反义词表现出来的意义上的矛盾，往往就是客观事物本身矛盾对立的反映。① 通用手语词表达反义关系主要有三种形态。

（一）手形相同的反义词

手形相同的反义词，从手语语音要素角度分析，存在两种情况。

1. 手形相同，移动方向不同

"宽"与"窄"这对反义词，手形都是双手侧立，掌心相对，处于身前。表达"宽"时，双手同时向两侧移动；表达"窄"时，双手则同时从两侧向中间移动。双手移动方向的不同，表达出相反的词义。属于这类的手语反义词还有"长/短、高/低、前/后、曲/直、上/下、升/降、凹/凸、进步②/退步②、进攻/退却、肯定/否定、整体/局部、正面❶/反面❶"等。

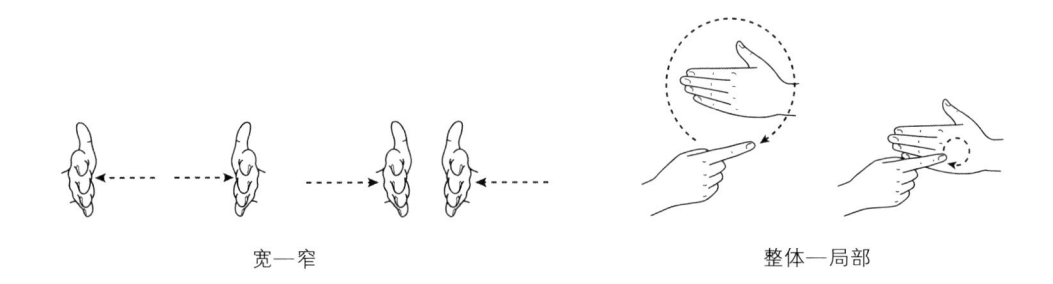

宽—窄　　　　　　　　　　　整体—局部

2. 位置相同，手形异同并存

"紧"与"松"这对反义词，手的位置一样，位于身前，虎口朝上，而手形和移动方向有所区别。手语"紧"，五指先虚握再握拳，"先松后紧"；而手语"松"则相反，五指先握拳再张开，"先紧后松"。这种形态的手语反义词，其手形变化是你中有我，我中有你，彼此关联，手形和移动方向构成了对比关系，从视觉上同样可以看出表达的是相反的词义。属于这种形态的反义词还有"疏/密、胀/缩、好转/恶化、优点/缺点"等。

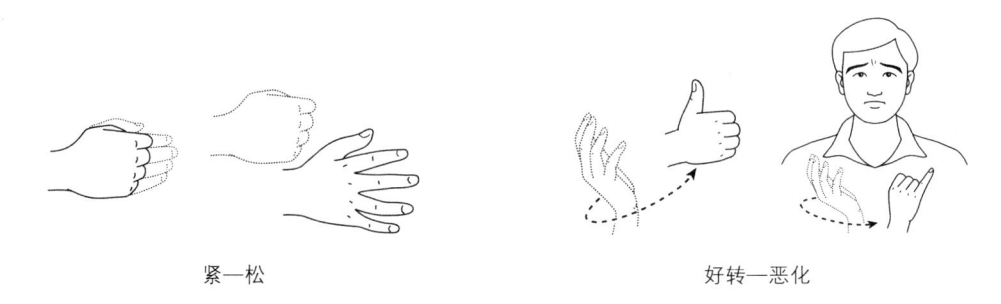

紧—松　　　　　　　　　　　好转—恶化

---

① 黄伯荣，廖序东. 现代汉语（增订五版）上册[M]. 北京：高等教育出版社，2011：237-240.

（二）手形不同的反义词

手形不同的手语反义词情况多样。有些反义词，如"美/丑、香/臭、记忆/忘记、舒服/难受"等，虽然手形不同，但位置基本相同。而有些反义词，从直观角度看不出彼此在手形、位置、朝向和移动之间有什么规律可循，如"新"与"旧"这对反义词。手语"新"，左手横伸，右手伸拇指，在左手背上从左向右划出（或者是一手伸拇、食、小指，指尖朝斜前方，左右晃动几下）；手语"旧"，一手伸拇、食指，手背向上，食指尖朝前，向下点动几下。对于这种形态的手语反义词，虽然从彼此的手形中找不到对应的关系，但许多还是可以通过手语的形象动作找到与生活经验、生活场景之间的联系。例如，"饱/饿、粗/细、大/小、好/坏、哭/笑、胖/瘦、热/冷"等手语反义词是状物拟情或直接来自生活中的习惯动作，一看便能理解。当然，更多手形不同的反义词是以会意及其他方式表达的，需要对其进行一定的解释方可真正懂得，如"快/慢、热情/冷淡、认真/马虎"等。属于这种形态的反义词还有"爱/恨、单/双、多/少、富/穷、干/湿、黑/白、活（生）/死、苦/甜、强/弱、赢/输、硬/软、有/无、远/近、真/假、成功/失败、复杂/简单、积极/消极、节约/浪费、善良/恶毒、特殊/一般、先进/落后、虚心/骄傲"等。

新—旧

胖—瘦

热情—冷淡

认真—马虎

（三）特殊形式的手语反义词

在现代汉语中，"反义词是就词与词的关系说的，不是就词与短语的关系说的。所以'好'和'不好'、'干净'和'不干净'等虽有反义关系，但都不构成反义义场，因为'不好'、'不干净'都是短语"①。但是在手语中，这类通过"不（或没）"表达反义关系的手语在形态上明显具有不同于汉语的特征，它们常常不是以短语形式，而是以词汇形式出现。因此，在手语中它们相当于反义词。

《国家通用手语词典》收录了许多聋人约定俗成表达"不（无、没）"反义关系的手语，这类手语在表达时并不打出"不""没有"的手势，而是用一个专有手势表达否定意义。所以，它们不是短语结构而是词的结构。初学手语的听人非常容易按照汉语词序打手语，结果屡屡出错，需要特别注意。例如，在"是"与"不是"这对反义关系中，手语"不是"并非"不＋是"两个动作，而是用"是"的手形加上左右晃动和否定的表情来表达。类似这种方式表达反义关系的手语词还有"不安、不般配、不符合（不称心）、不公平、不够、不及格、不理睬、不利于、不能（不行）、不听话、不同（不一样）、不喜欢（不愿意）、不孝②、不信（不相信）、不一定②、不知道、不尊重、看不起、没必要、没关系❶、没兴趣、没用"等。

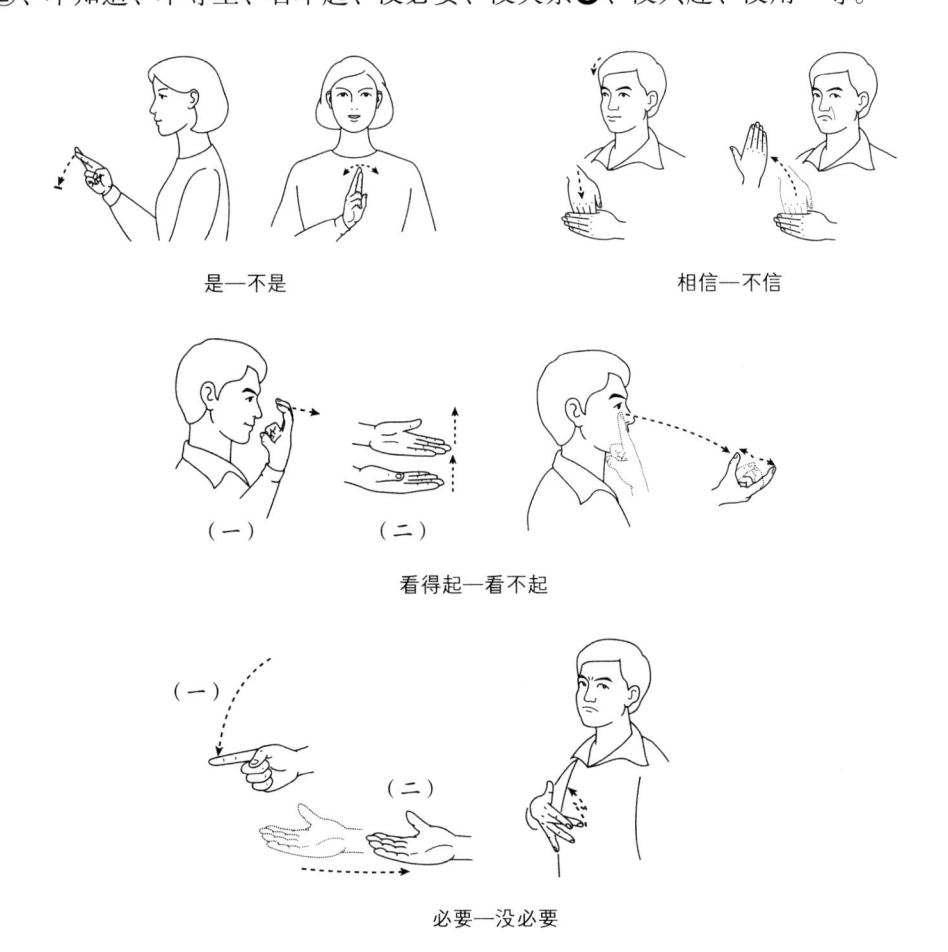

是—不是　　　　　　　　相信—不信

（一）　（二）

看得起—看不起

（一）

（二）

必要—没必要

---

① 黄伯荣，廖序东. 现代汉语（增订五版）上册 [M]. 北京：高等教育出版社，2011：238.

二、表达否定意义的手语词

表达否定意义的手语将否定词"不（无、没）"置于被否定的中心词之后打出，是手语表达的一个特点，如"无限①、无限②、不一定①、够不着、来不及、受不了"等。所以，从词序上看，这类手语词的词序不同于汉语词序。

无限①　　　　　　　不一定①　　　　　　　够不着

当然，受汉语影响，也有许多聋人在表达"不+""无+"这样的否定意义的手语词时按汉语词序打手语，如"不满""不值""不像话"就没有颠倒词序。

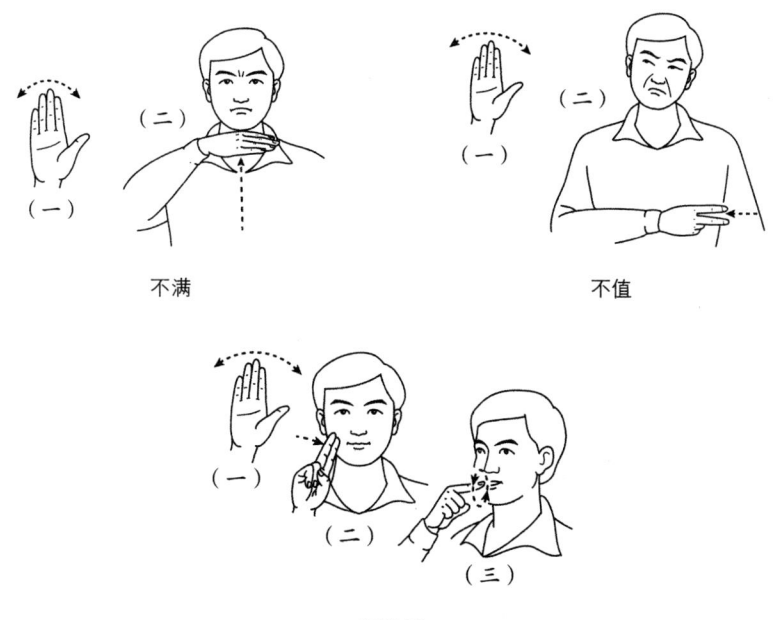

不满　　　　　　　　　不值

不像话

第八章
通用手语词中的非手控要素

　　手语表达不仅是手在做动作，还需伴随表情和身体姿势，而表情的流露又缺不了眼动、眉动、口动等成分，这是视觉语言的特点。手语语言学将伴随手势动作一起出现的表情、身体姿势称为"非手控要素"，它们也属于手语语音要素的范畴。非手控要素对准确表达语义，展现手语者的思想情绪，丰富手语的感染力，提升手语的传播力起着重要作用。因此，把握与运用非手控要素的能力的高低是衡量手语者水平不可或缺的指标。一个优秀的手语者不仅手语动作要准确、熟练，表情和身体姿势也要丰富、恰当和到位。

第一节　通用手语词中的表情要素

《国家通用手语词典》中有470多个手语词特别写明了手语动作需要伴随的表情，涉及人的感知觉活动、情绪情感状态、行为表现等。

一、表示感知觉活动的手语词及表情

（一）表示外部感觉的手语词及表情

人产生味觉、嗅觉、肤觉、视觉、听觉等外部感觉与作用于人感觉器官的客观事物的性质有关。人在感知酸、苦、辣、咸、涩、香、臭、冷、热、亮、暗、响等不同属性的物质时会产生不同的生理反应，并从面部反映出来，手语表达这类词时要带有表情，手语说明也提示了相应的表情。例如，打"酸"的手语要"同时耸鼻"，打"苦""辣"的手语要"面露难受的表情"，打"香"的手语要"面露欣赏的表情"，打"臭"的手语要"面露厌恶的表情"等。个别手语词没有表情要求，如"甜（糖）"，形容词与名词是同一个手语，手语中已有用舌顶起腮部的动作，表示嘴里含着糖，面部就不便再做出表情。当然有些人在打这个手语时会眯起笑眼。

酸　　甜　　苦　　辣

咸　　涩　　香　　臭

大、小、多、少、高、矮、远、近、快、慢等也属于事物的性质和特点，如果仅是用手语表示这些性质，可以不对表情作特别要求。但若是强调这些性质和特点，不仅手的动作幅度、力度、频度与一般讲解这些词的词义时有所不同，而且会伴随明显的表情，此时的表情相当于副词，起着修饰的语法作用。

（二）表示内部感觉的手语词及表情

还有一些生理反应与人的内部感觉有关，如疼痛、累（疲倦）、操心（费心、累心）、晕等，手语表达这些词时同样要有表情。

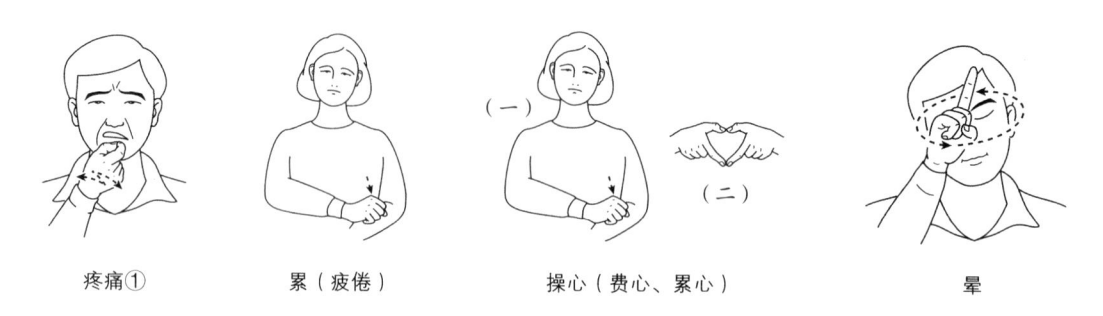

疼痛①　　　累（疲倦）　　　操心（费心、累心）　　　晕

（三）与感知觉活动相关的手语词及表情

《国家通用手语词典》中除了手语词"甜菜、甜瓜"外，其他大多数含有与人的感知觉相关的手语词在表达时要带有表情，如"苦瓜、辣椒、酸奶、香菜、香水、香皂、丁香、五香粉、臭豆腐、臭虫、饿、渴、辛苦、痛苦、绞痛、剧痛、阵痛"等。

还有一些手语词从字面上没有直接反映人的感知觉活动，但在构词语素中使用了与人的感知觉相关的手语，如手语词"山楂（红果儿、山里红）""柿子""榴莲"，其中分别含有"酸""涩""臭"的手语语素，所以，表达这些手语词时也要带有表情。

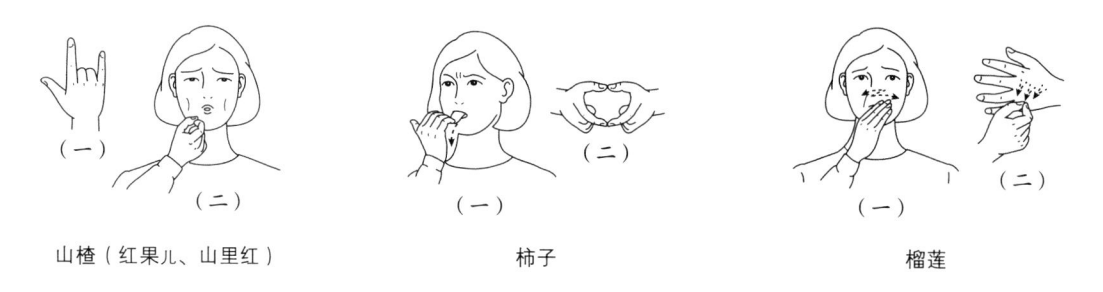

山楂（红果儿、山里红）　　　柿子　　　榴莲

需要注意的是，《国家通用手语词典》中有些手语词的说明没有提表情方面的要求，如"饱""恶心"等，但表达时也应该带有表情，因为人在产生这些本能的生理反应时自然也会产生相应的表情。

二、表示情绪和情感状态的手语词及表情

心理学告诉我们，人们在认识客观事物的过程中，对不同的事物总是采取不同的态度和评价，有的事物或使人满意，或使人气愤，或使人高兴，或使人痛苦；对同样的事物，有人喜欢，有人厌恶，这些都是情绪和情感的不同表现。情绪和情感

都是人对客观世界的一种特殊的反映形式，是人对客观事物是否符合自己需要的态度和体验。情绪和情感虽有区别，但在现实生活中很难对二者进行严格的区分。

心理学在对情绪的分类研究中，将快乐、愤怒、悲哀、恐惧列为最基本的情绪形式。手语语言学有对表情的专门研究，并据此研究分析与之相关的手语。下面是一些常见情绪状态的表情图。

高兴	欣赏	严肃	冷淡
惊异	恐惧	无奈	郁闷
不服	不满	不屑	怀疑
怜悯	生气	愤怒	阴险

（一）喜悦类手语词及表情

喜悦是人所期望的目标得以实现、紧张的状态得以解除时的情绪体验。喜悦的程度取决于愿望满足和舒适感的程度，不同程度的喜悦可细分为满意、愉快、欢乐、狂喜等。可见，由喜而乐，喜和乐是分不开的。喜悦、欢乐的表情往往是眉头舒展，眼睛含笑，嘴角上翘。手语说明会提示"面带笑容"。

高兴（快乐、愉快） 　　　　　　甜蜜

（二）愤怒类手语词及表情

愤怒是由于感受到伤害或侮辱而产生的一种强烈的不愉快的情绪反应。不同程度的愤怒可细分为不满、生气、愠怒、愤怒乃至大怒。愤怒时，眼睛圆睁，嘴巴紧闭或张大。手语说明会提示"面露愤怒（生气）的表情"。带有愤怒表情的手语词还有"被迫②"等。

愤怒（生气、气愤） 　　　　　　被迫②

（三）哀伤类手语词及表情

哀伤是人失去喜爱的人或物，或经历身体伤病而引起的痛苦的情绪体验，可细分为遗憾、失望、难过、伤心、悲痛、哀痛、痛苦等。哭泣是哀伤情绪最典型的一种宣泄表现。哀伤时，眉头紧锁、眼角下耷、嘴巴咧开，或同时抽泣。受到不应有的指责或不公平的待遇时心里感到难过、委屈的情绪也可归入。带有哀伤表情的手语词还有"饱经沧桑（饱经风霜）、不堪回首、憋屈"等。

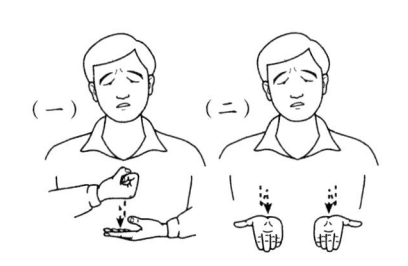

（一）遗憾　　（二）失望（消极、失落、垂头丧气） 　　难过（伤心、委屈、悲痛、悲惨）

痛苦　　　　　　　　　　　　　　哭

（四）恐惧类手语词及表情

恐惧是人们面临某种危险情境，企图摆脱而又无能为力时所产生的一种担惊受怕的，强烈、压抑的情绪体验。恐惧心理就是平常所说的胆怯、害怕，程度有不同，轻者害羞、畏缩，重者紧张、恐惧。恐惧时，或脸红耳赤、低头不语，或脸色煞白、嘴巴张开、眉头紧锁、表情慌张。手语说明会提示"面露害怕的表情""面露惊恐的表情"等。属于此类的手语词还有"危险①（危机①）、避险、触目惊心、噩梦、恐怖、隐患、陡峭"等。手语"惊动"的说明虽未提示带有表情，但也属于此类。

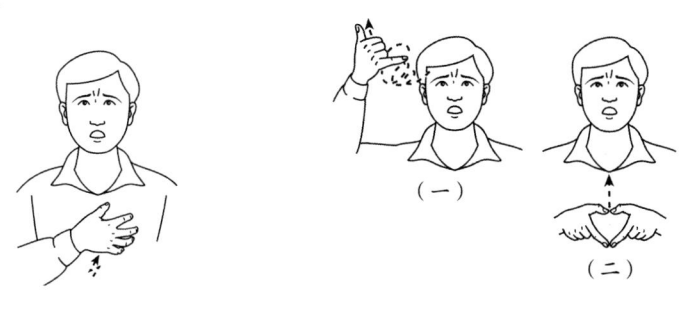

危险②（危机②、害怕）　　　　　　噩梦

（五）派生的其他情绪类手语词及表情

从人的最基本的情绪中可以派生出更多形式的情绪，每种形式的情绪流露都带有表情。但是在理解上必须注意，除了由感觉引起的情绪（如因疼痛产生的不舒服的情绪）比较单纯外，很多情绪是复合型的，是多种因素的组合，互为因果，如生活中所见的喜极而泣、悲愤交加等，由多种情绪交织在一起，情绪反应复杂多变。因此，彼此相关联的情绪表现存在相同或相似之处不足为怪。所以，对由最基本的情绪所派生出的不同情绪分类所对应的行为、表情描述不能简单化理解。同样，对《国家通用手语词典》中伴随手语动作要带有某种表情的说明也不能简单化理解，更不能机械地认为某个手语动作只能表达一种情绪，不能表达另一种情绪。

1. 与感觉刺激相关的派生情绪类手语词及表情

与感觉刺激相关的派生情绪形式很多，下面列出几种。

（1）急躁。急躁是人遇到不称心的事情或紧急严重的情况时而产生的激动不安的情绪，可细分为烦躁、焦躁、狂躁等。急躁时，表情激动或紧张，眼睛睁大，易出现激惹、发脾气、冲动等不冷静行为。手语说明会提示"面露急躁的表情""面露烦躁的表情""面露疯狂的表情"等。属于此类的手语词还有"急忙、急救、急诊室、暴躁、疯①（猖狂）、难听、噪音、炎热"等。

着急（急躁、仓促）　　　暴躁　　　疯①（猖狂）

（2）紧张。紧张是人应对即将到来或突如其来的情况时精神处于高度准备的状态。紧张时，精神或高度集中、全神贯注，面肌紧绷、皱眉；或情绪焦虑、坐立不安。手语说明会提示"面露紧张的表情""面露慌张的表情""面露不安的表情"。属于此类的手语词还有"不安、担心（担忧）、胆战心惊、剧烈（强烈）、慌、争议（争端、争辩）"等。

紧张　　　担心（担忧）　　　慌

（3）忧愁。忧愁是人遇到困难或不如意的事情时而产生的苦闷情绪。忧愁时，或面无表情、目光呆滞，或眉头紧锁、脸色阴沉、闷闷不乐。手语说明会提示"两眉紧皱""面露愁容""面露抑郁的表情""面露不耐烦的表情"等。属于此类的手语词还有"烦闷、别扭、窝囊、压抑、抑郁症"等。

忧愁　　　　　　　　　　烦闷　　　　　　　　　　压抑

（4）疑惑。疑惑是指一个人对他人和事物产生疑虑和困惑。疑惑时，头可以歪向一侧或眼睛斜视，面露猜疑、思考、关注的表情。手语说明会提示"面露怀疑的表情""面露思考的表情"等。属于此类的手语词还有"不一定①、猜（猜测）、变幻莫测、预测、研究（商量②、酝酿②）、犹豫、斟酌（揣摩）"等。

怀疑（置疑、嫌疑）　　　　猜（猜测）　　　　研究（商量②、酝酿②）

（5）惊讶。惊讶是人的一种心理反应，有两种表现：由突如其来的负面刺激导致精神紧张，产生的是惊慌、惊恐、惊吓等不悦反应，这些负面情绪如同恐惧的情绪；由意想不到的收获、情景等正面刺激产生惊喜、惊叹、惊奇等愉悦反应。惊讶时，眼睛睁大，嘴张开，或满面狐疑、恐惧，或喜出望外。手语说明会提示"面露惊奇的表情""面露吃惊的表情"等。属于此类的手语词还有"暴富（暴发户）、不速之客、别出心裁（别具一格）、瞠目结舌（目瞪口呆）、耳目一新、惊蛰、精彩、厉害、奇怪（莫名其妙、纳闷儿）、奇迹、奇妙（罕见）、失联①、突然（忽然、出其不意）、突变（骤变）、意外（没想到、竟然）"等。

惊讶（惊奇） 　　　　　　瞠目结舌（目瞪口呆）

奇妙（罕见）　　　　　　意外（没想到、竟然）

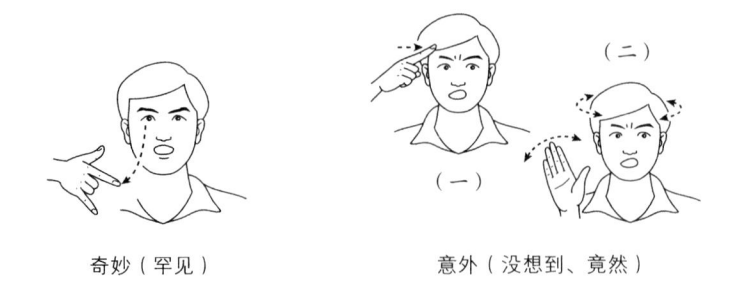

2. 与自我评价相关的派生情绪类手语词及表情

心理学将有些情绪归为与自我评价相关，如羞愧、骄傲、自卑等。其实这种划分是相对而言的，不能绝对化，在具体的语境中可以用于评价自我，也可以用于评价他人。

（1）羞愧。羞愧是指因自己的过失而感到羞耻、内疚和惭愧。羞愧时，会低头，不敢正视他人，脸发红，一副难为情的表情。手语说明会提示"面露愧疚的表情""面露愧色"等。属于这类的手语词还有"懊悔（后悔）、忏悔、交代❷（交待、坦白）、笔供、口供"等。手语"抱歉（道歉、赔礼、对不起①）""追悔莫及（后悔莫及）"的说明虽未提示带有表情，但也属于此类。

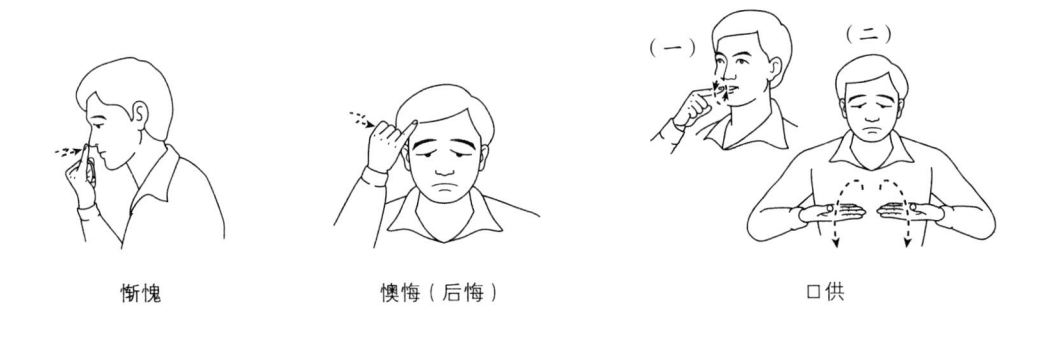

惭愧　　　　　　懊悔（后悔）　　　　　　口供

（2）自卑。自卑是指自己轻视自己，认为自己不如别人的情绪状态。手语说明会提示"面露自卑的表情"。

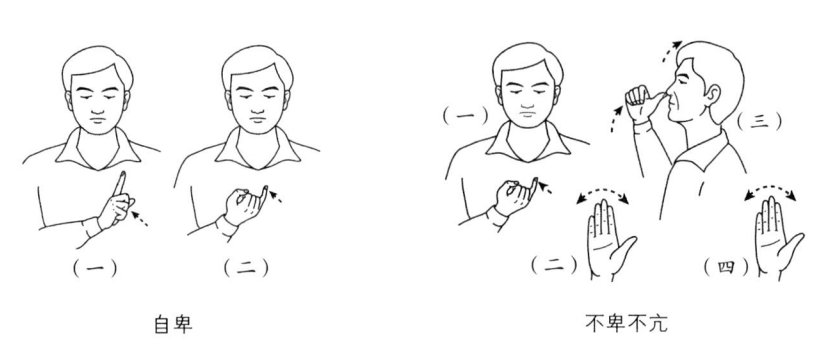

自卑　　　　　　不卑不亢

（3）骄傲。骄傲是人的一种复杂情绪，既有因做出成绩而感到自豪的正面情绪，又有因自以为了不起而产生看不起他人的负面情绪。因此，表情是不一样的。表示正面情绪时，手语说明提示"面露自豪的表情"等；表示负面情绪时，则提示"面露傲慢的表情"等。鄙视、轻视也属于看不起别人的负面情绪，也归于此，手语说明提示"面露鄙夷的表情"等。手语"自豪"的说明虽未提示带有表情，但它属于骄傲的正面情绪。属于骄傲的负面情绪的手语词还有"傲慢①（目中无人、目空一切）、摆架子、逞能、飞扬跋扈、显摆（炫耀、标榜）"等。

骄傲❶　　　　　　自豪　　　　　　骄傲❷（傲慢②）

3. 与他人或事物相关的派生情绪类手语词及表情

还有一些派生情绪与他人和外界事物有关。对同一个人或事物，人的好恶程度不同，主观感受及评价就有积极与消极、褒义与贬义之分，如爱与恨、喜欢与讨厌、善与恶、崇敬与鄙视、美与丑等，以下仅例举几个相关的手语词。它们都蕴含着感情色彩，手语表达必须伴随表情一起进行。

（1）热爱。热爱是指对人或事物有很深的爱。手语说明会提示"面露怜爱的表情""面露爱慕的表情"等。除了含有语素"爱"的手语词外，属于此类的手语词还有"宠物"等。

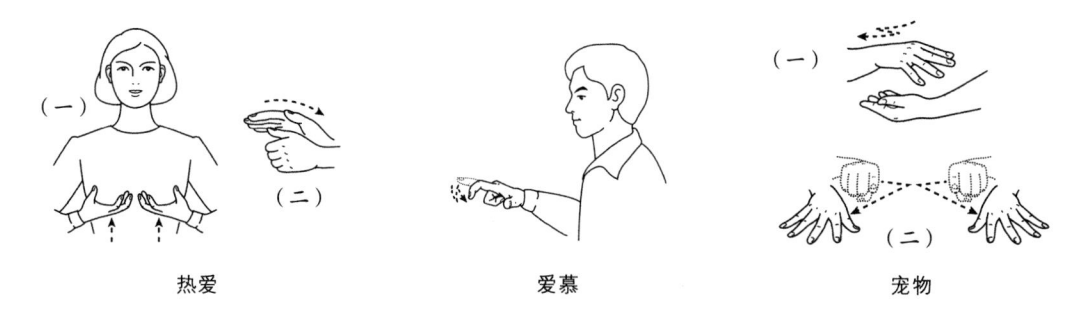

热爱　　　　　　爱慕　　　　　　宠物

（2）仇恨。仇恨是指因利害冲突而产生的强烈的憎恨。手语说明会提示"面露仇恨的表情"等。属于此类的手语词还有"报仇（报复）、仇人"等。

仇恨　　　　　　　报仇（报复）

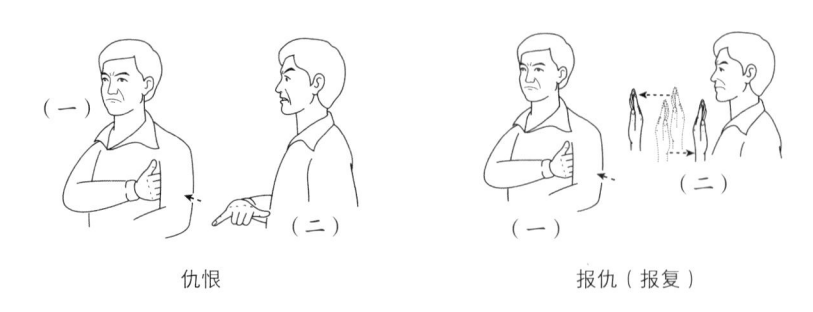

此外，属于此范畴的手语词还有"不听话、吝啬、滑稽、平易近人"等。

（六）其他带有表情的手语词

模拟是手语象形性的显著特征。《国家通用手语词典》中还有许多手语词也与人的心理感受有关，既然是心理感受就一定会外显出来。因此，手语说明提示要带有某种表情，但其仅是最简单的说明。在实际表达时，一定要结合自己的生活体验将应有的表情体现出来，使观看者从手语动作和表情中全面、正确地理解词义和词义饱含的感情色彩。例如，手语"春节"中含有拜年动作的语素，"接待"要和颜悦色，让客人有宾至如归的感觉，所以都要"面带笑容"；"感激"要"面露激动的表情"；"留恋"要"面露依恋不舍的表情"；"憧憬"要"面露期待的表情"；"拒绝"要"面露严肃的表情"等。

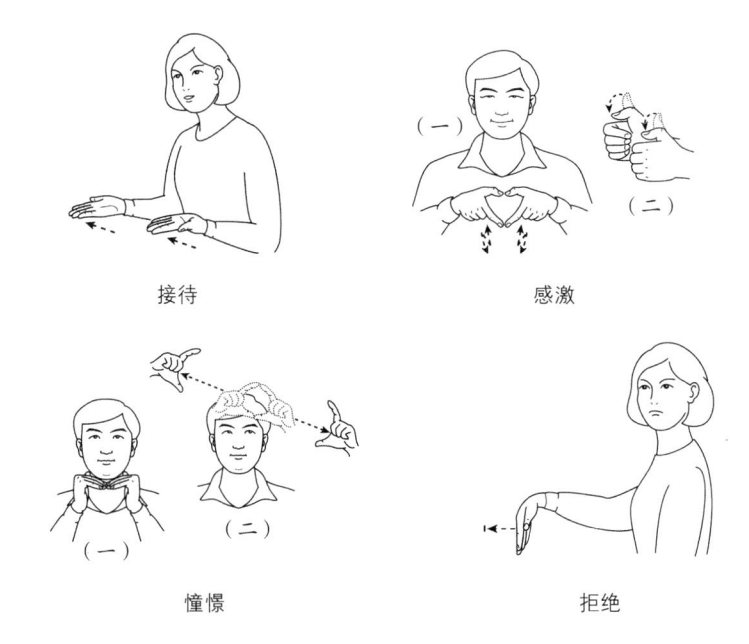

接待　　　　　　　感激

憧憬　　　　　　　拒绝

属于此范畴的手语词还有"安居乐业、称赞①（夸奖、表扬、颂扬）、感谢（谢谢、致谢①）、鼓掌（欢迎①）、喝彩、欢聚、抱怨（埋怨）、牢骚、瞎话、责备（指责、谴责、责怪）"等。

第二节　通用手语词中的目光和口动要素

目光和口动对语义的表达也起着很大的作用,《国家通用手语词典》描述了手语表达时对目光、口动方面的要求。手语表达时目光和口动如何配合手语动作，存在哪些特点，这里再作一些归纳和分析。

一、通用手语词中的目光要求

手语语言学所强调的目光，是指手语者在手语表达过程中显现出的眼睛和眼神的变化及特点。手语表达时都伴有目光，一般来讲，手语者的目光是平视状态的。

（一）眼睛的变化

1. 眼睛睁大

上节提到，表达"愤怒""惊讶"情绪的手语词时眼睛会睁大。除此之外，还有一些手语词的文字说明也提示瞪眼或"眼同时睁大"，如"瞪、发现、明显②（显眼）"等。

瞪　　　　发现❶　　　　明显②（显眼）

2. 眼睛凝视

人在专注或发呆时，会表现出眼睛凝视、目不转睛的状态。表达这种状态的手语词有"凝视、沉默（不言不语）、埋伏"等，手语说明会提示"双眼直视""眼睛直视"等。手语"注意①"的说明写的是"面露严肃的表情"，其实在表达时眼睛也在凝视对方，起着提醒的作用。

凝视 　　　　埋伏 　　　　注意①

3. 眼睛眯起

在受到光线的强烈刺激，或是看不清和进行瞄准时，眼睛会随之眯起。因此，与这些状态有关的手语词的说明会提示"同时眯眼""眼睛眯起"等，如"闪耀、雾、雾霾、对焦"等。

闪耀　　　　　　　　雾　　　　　　　　对焦

4. 眼睛眨动

通用手语表达手语词"雷""眼花缭乱"时，要求眼睛随手的动作而眨动，象征被震耳欲聋的响雷惊动或被眼前纷繁的事物弄得目不暇接。手语说明会提示"眨眼张口""眼睛随之眨动"。

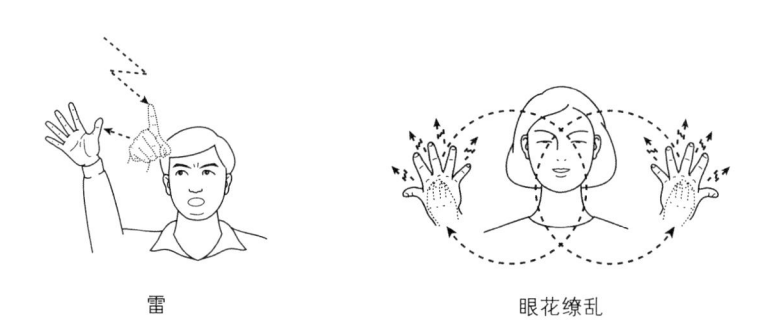

雷　　　　　　　　　　眼花缭乱

5. 眼睛闭拢

手语说明提示要"双眼闭拢""眼微闭"等的手语词有"视力残疾人（盲人）、瞌睡、晕、醉、祈祷（祷告、许愿）、朝拜、打坐（坐禅）、佛教、佛经、安息、气息奄奄（奄奄一息）"等。

视力残疾人（盲人）　　　祈祷①（祷告①、许愿①）　　　气息奄奄（奄奄一息）

（二）目光的变化

1. 目光移动

根据生活经验，手语表达一些词义的时候，目光应随手的移动而移动。移动可以是从一个方向向另一个方向的单向移动，也可以是双向来回移动。双向移动可分为：上下移动，如"审查①"等；左右移动，如"审查②、审议"等；先上下再左右移动，如"佛经"等。手语说明会提示"目光随之移动"。需要注意的是，《国家通用手语词典》中手的移动方向是用动作线来表示的，大多数时候目光与手是同向移动，动作线同时起到提示的作用。但是在表达手语"字帖"时，目光既有与手同向的移动，还有与手不同向的移动，超出了动作线能提示的范围，就必须按照手语说明完整地表现出目光的移动。

目光单向移动如下例：

参观（视察、考察、观察）  认真（聚精会神）  陡峭

目光双向移动如下例：

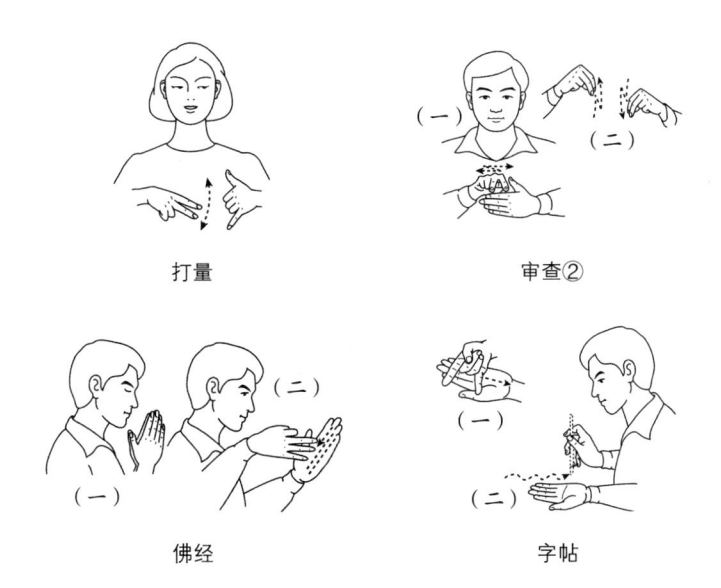

打量 审查②

佛经 字帖

2. 目光斜视

《国家通用手语词典》中手语说明提示要"目光斜视"的，除"斜视"一词外，其他主要出现在贬义词和含有贬义语素的手语词中，如"盗窃（偷）、反扒、防盗门、间谍、两面派、企图、强盗、搪塞（托辞、借口）、虚伪"等，用以表示心术不正、行为不端。还有的手语词如"窃窃私语"虽然没有注明目光要求，但聋人模仿这种行为时往往也会做出目光斜视的样子。

盗窃（偷） 　　　　两面派　　　　窃窃私语

二、通用手语词中的口动要求

《国家通用手语词典》对一些手语词特别写明了口动要求，主要有三种：一是嘴紧闭，二是口张开，三是口做开合的动作。前两种属于静态动作，这样的手语词比较多；第三种属于动态动作，这样的手语词比较少。

（一）静态口动的手语词

静态口动是指表达一个手语词时嘴形从始至终保持不变。

1. 嘴紧闭的手语词

通用手语中手语说明提示"嘴紧闭""嘴闭拢"或"牙关紧咬"等要求的手语词，有名词，如"巩、密码、情报"等；有形容词，如"硬、生硬（生疏）、秘密（机密、绝密）、憋屈"等；也有动词，如"便秘、赌气"等。

2. 口张开的手语词

手语"喊（叫❶）"是个基本手势，模仿喊叫时口张开的动作。因此，不仅含有这个基本手势的手语动词要张口，如"号召、挂号"等，而且含有这个基本手势的手语名词也要张口，如"标点符号、年号、信号"等，另外它还作为手语"哈萨克族、呼和浩特、呼延"中的构词语素。

此外，需要口张开才能做出动作的手语词，如"说（讲话）、唱歌（歌唱）、话筒（麦克风）、瞠目结舌（目瞪口呆）、发憷（发怵）、死板（呆板）、贪婪"等；表示事物性质的手语词，如"辣、涩"等；模仿生理反应的手语词，如"咳嗽、呕吐、呛"等，也必须张口表达。这些手语词的说明会提示"口张开""口微张"等，或提示可根据实际情况表达相应的动作。

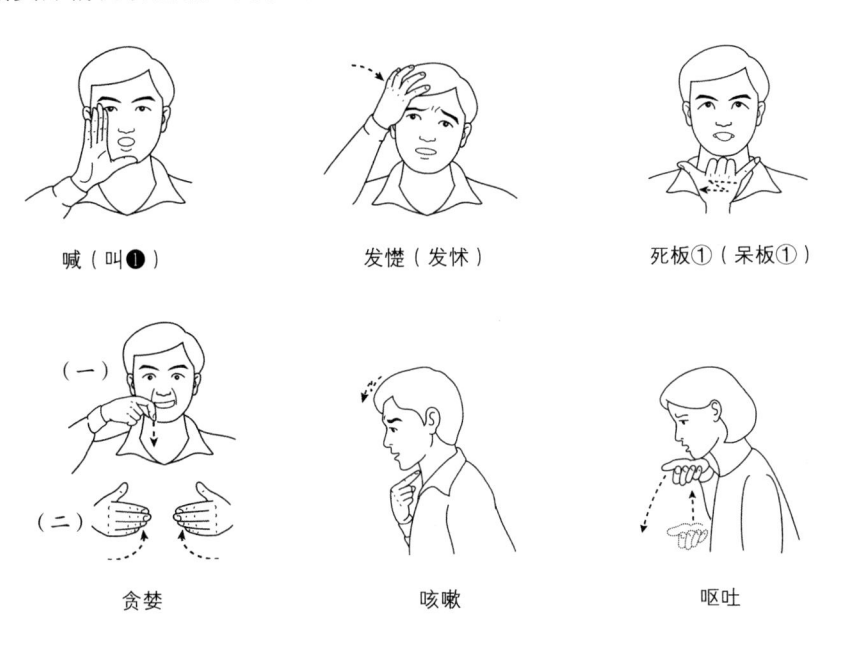

喊（叫❶）　　　发憷（发怵）　　　死板①（呆板①）

贪婪　　　咳嗽　　　呕吐

同样，表达手语"口（嘴）"时口要张开。当它作为其他名词的构词语素，表达相关的手语词时口也要张开，如"口诀、口腔科、海口"等。

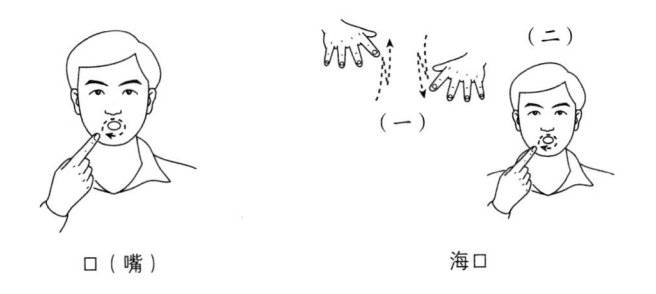

口（嘴）　　　海口

3. 嘴撮起的手语词

人在吹气时嘴会撮起。在表达这样的手语词如"吹风机、肺活量、空调、流线型、蒲公英、气球、吹毛求疵"等，自然嘴也要撮起，手语说明会提示"嘴做吹气的动作"。

在打手语"暴风骤雨、狂风（台风、飓风）、龙卷风（旋风）"时，可以用拟声的表达方式发出"哗——"的下雨声或"呜——"的刮风声。

吹风机　　　　　空调　　　　　气球　　　　　龙卷风（旋风）

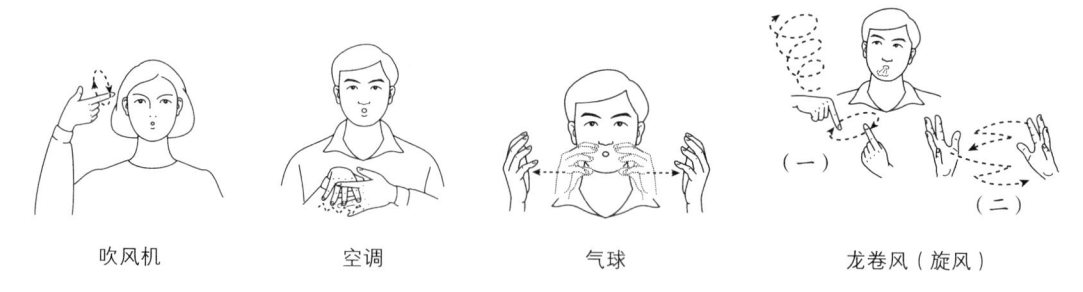

4. 口张开（撮起）的名动同形手语词

"饭""粥""药""汤""痰""甘蔗""喇叭""雷"等是名词，也可以用于表达"吃饭""喝粥""服药（吃药）""喝汤""吐痰""啃甘蔗""吹喇叭""打雷"的意思。因此，不论是表达名词意义，还是表达动宾词组，口都要张开或撮起。含有这些语素的手语词，如"腊八粥、八宝粥、汤药、丸药"等口也要张开或撮起。

(二) 动态口动的手语词

动态口动是指表达一个手语词时口形出现从闭到开、从开到闭、从大开到小开、从小开到大开的某种变化的过程。例如，"棒（了不起、正确）、嗑、嚼、咬"等手语词，其口动有开合的过程，所以是动态的。属于动态口动的手语词还有"播音（呼叫）、耳麦、抵赖、刁难、饼干、西红柿（番茄）、圣女果"等，手语说明会提示"嘴微动几下""牙齿咬动一下""嘴做咬的动作"等。

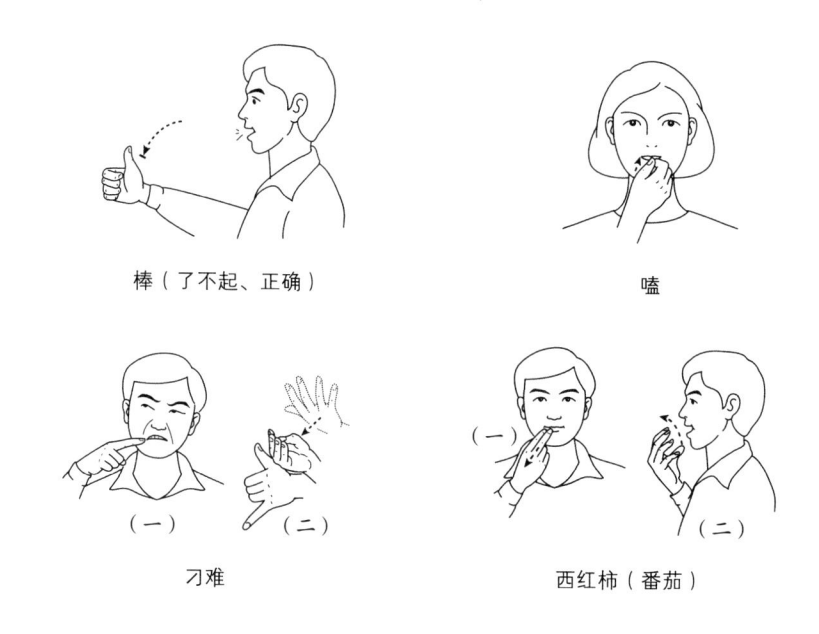

棒（了不起、正确）　　　　　嗑

刁难　　　　　西红柿（番茄）

上述对口动的分类属于外在形式上的分类。如果从口动的内在意义或聋人手语交流的实际情况进行分类的话，可按国外学者瑞秋·萨顿-斯宾塞（Rachel Sutton-

Spence）和本森·沃尔（Bencie Woll）的观点，分为与有声语言相关的口动和与有声语言无关的口动两类。[①] 与有声语言相关的口动，实质上可理解为与语义相关的口动，这类口动具有表达语义的作用，不可缺少，上文所例举的口动都属于与语义相关的口动；与语义无关的口动在聋人手语交流中也十分常见，例如，不少先天性重度耳聋的聋人打手语时，嘴会不由自主地发出"啊－啊－"等无意义的声音，这样的口动属于手语者的习惯性口动，与手语的语义无关。

第三节　通用手语词中的身体姿势

打手语时身体保持一个正常的坐姿或站姿，这种身体姿势没有表意的作用。这里所说的身体姿势，是指表达一个手语词时肢体要专门呈现的样子，与手的动作共同起到表意的作用。通用手语中伴随手语词的身体姿势主要有以下两种。

一、模仿实际动作的身体姿势

许多手语直接模仿实际动作，特别是表示人的动作、文体活动的象形手语，一看就懂。例如：模仿人的动作的手语词"背、走、跑、跳、趴（扑）、撑"等；模拟文体活动的手语词"小提琴、二胡、手风琴"分别模仿拉小提琴、拉二胡、拉手风琴的动作，"游泳（蛙泳）、跳高、铅球、标枪"等分别模仿每项运动的实际动作。在模仿动作的过程中，上半身要随手的动作一起动起来，手语表达才形象逼真。

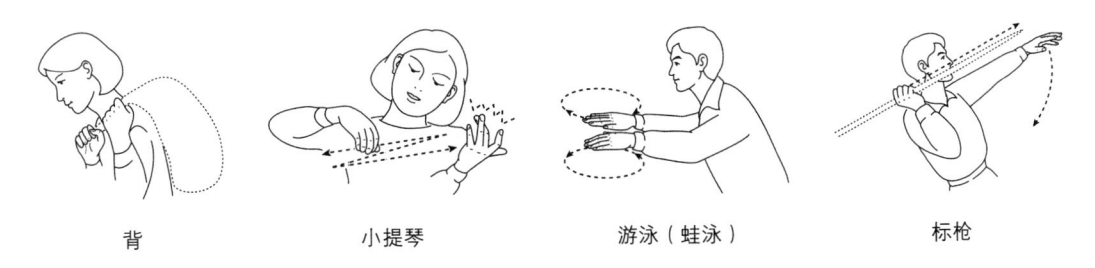

背　　　　　小提琴　　　　游泳（蛙泳）　　　　标枪

还有一些模仿动作的手语词仅是头部有动作，包括低头、抬头、歪头、摇头、转头、点头等，对此文字说明都有提示。需要低头的手语词，如"逮捕、服从（俯首帖耳）、俯视、默哀（吊唁、哀悼、祭奠）、找（寻找、探索、探寻）"等；需要抬头的手语词，如"刺鼻、恍然大悟（豁然开朗、茅塞顿开）、警惕、觉悟（醒悟、意识❶）、耸立、枕头"等；需要歪头的手语词，如"娇气（忸怩、撒娇）、教唆（怂恿、

---

① 罗琼. 上海手语口动调查报告[D]. 上海：复旦大学，2010：31.

指使）、居民、睡觉（居住）"等；需要摇头的手语词，如"不喜欢（不愿意）、变脸、否定"等；需要左右晃头的手语词，如"迪士尼乐园"等；需要转头的手语词，如"不理睬（冷落）、蛮横（专横）、瞻前顾后"等；需要点头的手语词，如"敬佩（钦佩）、佩服"等。

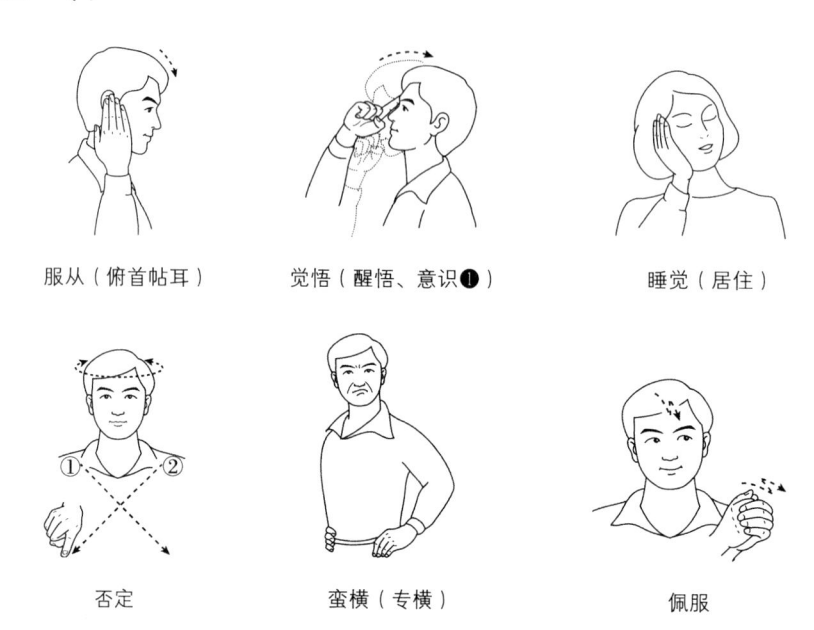

服从（俯首帖耳）　　　觉悟（醒悟、意识❶）　　　睡觉（居住）

否定　　　蛮横（专横）　　　佩服

二、表示选择连词的身体姿势

通用手语在表达选择关系的连词"是……还是……""不是……就是……"时，采用改变头的朝向来辅助手语表达。手语者的第一个手语动作和头要偏向一侧，以示被选择的一方；第二个手语动作和头要偏向另一侧，代表被选择的另一方。这样就很容易从视觉角度看明白这两个连词在选择关系复句中起到的语法作用。如果涉及多个选择对象，手语动作和头的朝向变化就要更多一些。这种方式也用于成语"百闻不如一见"的手语表达中。

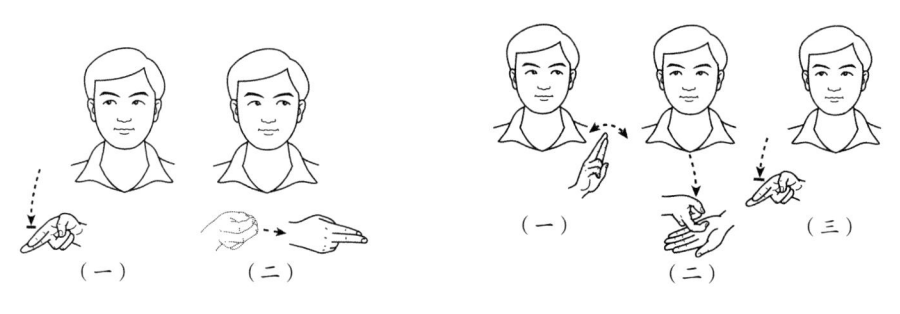

（一）　（二）　　　　（一）　（二）　（三）

是……还是……　　　　　不是……就是……

需要指出的是，本章为了便于分析，将非手控要素分开陈述，但各非手控要素是共生共用，同时伴随手语呈现，而非先后呈现。因此，在运用上不能将它们截然分开。俗话说，眉目传情，姿势是无声的语言。表情、目光、口动、身体姿势这些非手控要素构成了手语的神态，是手语具有鲜活力、感染力的魂，也最能体现手语者的个性特征。学好、用对手语，不仅要求手形、位置、方向、移动正确，还要讲究表情、身体姿势到位。

第九章
通用手语词中的中华文化（上）

  我国手语的产生、发展与源远流长的中华文化紧密相连。通观《国家通用手语词典》，不难发现很多词的手语动作明显渗透着中华文化的特征。作为一种语言工具，通用手语也承担着传承中华优秀传统文化、革命文化和社会主义先进文化的任务。

  民俗简单说是民间流行的风尚习俗，是指一个民族或一个社会群体在长期的生产实践和社会生活中逐渐形成并世代相传、较为稳定的文化事项。民俗大致可分为物质生活民俗、社会生活民俗、精神生活民俗。本章重点介绍反映中华民族这三个方面民俗的通用手语词。

第一节　表达物质生活民俗的手语词

反映中华民族物质生活民俗的通用手语词涉及服务、商贸以及服饰、饮食等方面。

一、服务与商贸方面的手语词

杆秤是中国最古老的衡量工具，在多个汉墓出土的文物中，已发现古人制作和使用的杆秤及其部件。同样，算盘也是中国古代人民的一项重要发明，迄今已有2600多年的历史，在阿拉伯数字出现前，算盘是世界上广为使用的计算工具。其实，也就是近二十年，随着电子秤、计算器的普遍使用，杆秤和算盘才逐渐退出了社会生活领域。但是，表达它们的手语则一直被保留下来并成为构词语素。例如，"计较（斤斤计较）""芹菜"的手语与杆秤有关，表现的是提着杆秤称重的动作。由于杆秤以斤为计量单位，我国人民至今也习惯按斤来称重算账，所以这个动作也表达了"斤"的手语。"会计（账、算账）""账户""结算"等词的手语都有拨算盘珠的动作，反映了过去用算盘算账的情景。

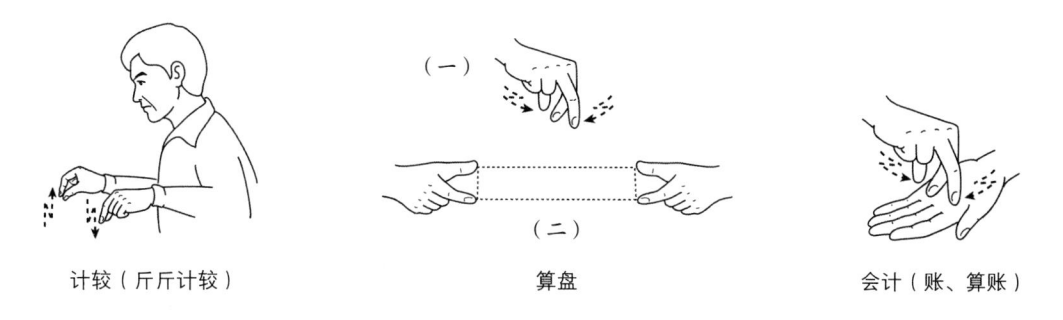

计较（斤斤计较）　　　　　算盘　　　　　会计（账、算账）

手语"服务"，右手横立，掌心向内，在左胸部向上划动两下，其来源与旧时饭馆服务员将一条毛巾搭在肩上，客人落座时先擦一下桌子，然后再搭在肩上的业内习俗有关，带有明显的民俗文化烙印。

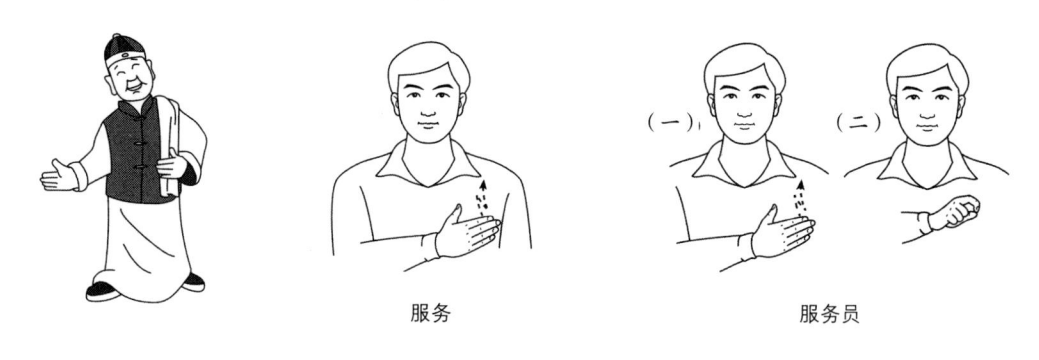

服务　　　　　服务员

二、服饰方面的手语词

（一）民族服装

旗袍是最能代表中华民族的服装。国名手语"中国"由"旗袍"的手语衍生而来，一手伸食指，自咽喉部顺肩胸部划至右腰部，以民族服装"旗袍"的前襟线表示中国，已经被国内外聋人普遍使用。在手语中，"旗袍"就是"中国"的代名词。手语"制服（中山装）"源于中山装的样式。中山装的设计创意与孙中山先生有关，他也是第一位穿此服装的人，所以这种制式服装被称为"中山装"，自 1923 年问世之后，一度成为中国男子最流行穿着的服装，现在仍为正式场合的着装之一。通过对少数民族聚集地区聋人的调查，有 20 多个少数民族名称的手语与该民族的服饰、帽饰、头饰特征有关。由于各少数民族男女的服饰、帽饰、头饰多样，特征也多样，手语模拟的仅是其中某一特征。下面例举一些模拟相似程度较高的手语词。

词目	通用手语图	词目	通用手语图
制服（中山装）		旗袍	
独龙族		德昂族	
蒙古族		苗族	
彝族		哈萨克族	

词目	通用手语图	词目	通用手语图
畲族	（一）（二）	毛南族	（一）（二）
基诺族	（一）（二）	鄂伦春族	（一）（二）

独龙族人民一般穿黑白直条相交的麻布或棉布衣，喜欢在衣外披覆条纹线毯，手语"独龙族"反映的就是条纹服装的特征。德昂族妇女服装的前面有两排如同扣子般的圆形装饰，手语"德昂族"的第一个动作，双手拇、食指捏成圆形，虎口朝内，在胸部两侧从上向下贴几下，反映的就是这种服装特征。手语"蒙古族、苗族、彝族、畲族、毛南族、基诺族、鄂伦春族"体现的是这些民族的帽饰特征。例如，手语"彝族"的第一个动作模拟彝族男士头饰上的英雄结；手语"鄂伦春族"的第一个动作表现了鄂伦春族最具特色的"狍头帽"上的犄角。另外，手语"保安族、布朗族、布依族、达斡尔族、侗族、鄂温克族、仡佬族、京族、黎族、珞巴族、门巴族、纳西族、羌族、撒拉族、锡伯族、裕固族、壮族"都与这些民族的服饰、帽饰、头饰有一定关系。

（二）中国古代、近代的官帽

通用手语中记录了我国聋人表达古代、近代官员的手语，这类手语通常是抓取不同朝代官员所戴官帽的特征。例如，手语"皇帝"，一手手腕贴于前额，五指微曲，指尖朝下，模拟的是秦始皇所戴的礼冠——"冕"前后垂挂的冕旒。手语"官①（宰相、丞相、臣）"模拟的是古代官员所戴乌纱帽上的纱帽翅。乌纱帽原是民间常见的一种便帽，官员头戴乌纱帽起源于东晋，但作为正式官服的一个组成部分始于隋朝，兴盛于唐朝，到宋朝时加上了双翅。明朝以后，乌纱帽正式成为官宦的代名词，后来也用来借指官职。老一代聋人闻大敏曾提到"表示'领导人''负责人'意思的如'××长'之类的手势，过去习惯手势是'拇、食、中三指伸直，以拇指尖贴于前额，食、中指并齐，指尖朝上'。这一手势动作是象征过去军官礼服军帽上的帽缨"。[①] 这一手语在中国聋人中使用了约百年，尽管历史变迁，但一直沿用至今。同样，手语"军阀"模拟的也是军阀帽子上高高的白缨，因为只有民国初期的军官官帽才有这种帽饰。这些表示官帽的手语动作还见于"领袖（首长、领导❷、官②）、暴君、官僚、免职"等词中。

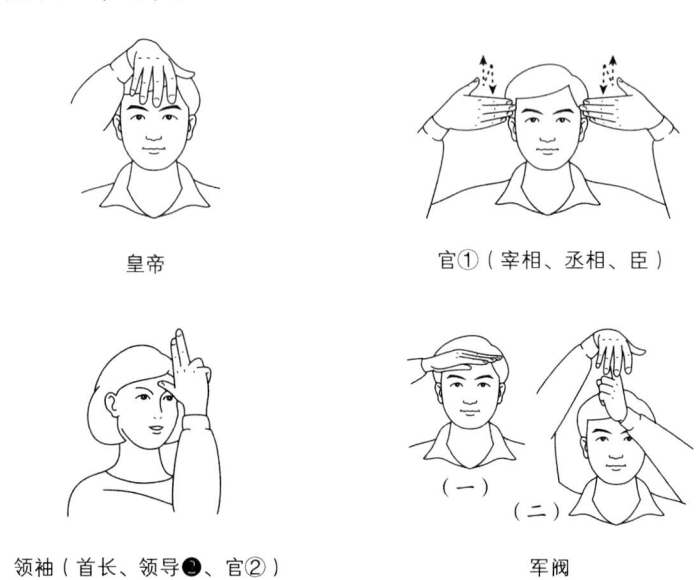

皇帝　　　　　　　　　　官①（宰相、丞相、臣）

领袖（首长、领导❸、官②）　　　军阀

另外，手语"秦（秦始皇）"是秦始皇所戴礼冠的变体手势，也有说是秦兵所戴的一种帽子的样式；手语"晋"模拟的是晋朝官帽的样式；古代选拔官吏的科举制考试中的一种称号"状元"，其手语的第一个动作模拟的是状元帽上的两支花翎。

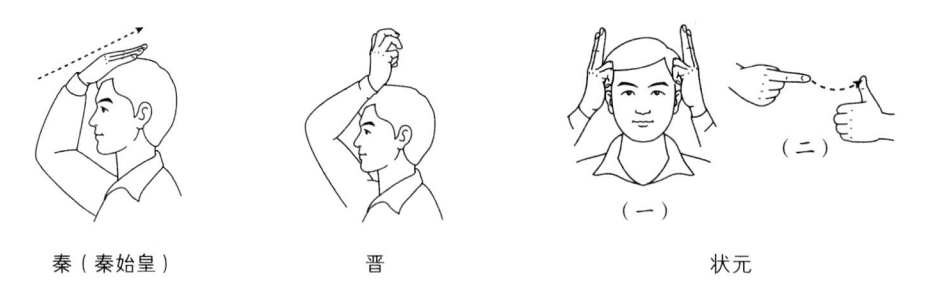

秦（秦始皇）　　　晋　　　状元

三、饮食方面的手语词

（一）传统节日食品

我国的传统节日很多，形成了富有特色的饮食文化。年糕是过年必备的节日食

[①] 朴永馨. 中国手语教学辅导[M]. 北京：华夏出版社，1992：8.

品，春节的大年初一早点吃年糕，寓意"年年高"。元宵节也称灯节，起源于汉代，汉魏之后成为全国的民俗节日。两千多年前，古人就有吃粽子的风俗，它是我国历史上文化积淀最深厚的传统食品之一。古人把圆月视为团圆的象征，中秋节吃月饼的习俗据说始于唐朝，北宋之时在宫廷内流行，但也流传到民间，至明朝成为全民共同的饮食习俗。腊八本为佛教节日，后经历代演变，逐渐成为家喻户晓的民间节日，农历十二月初八喝腊八粥的历史也有千年以上了。通用手语中与传统节日食品相关的手语词有"年糕、元宵、粽子、月饼、腊八粥"等，其中"年糕"和"月饼"的手语，南北方有差异。

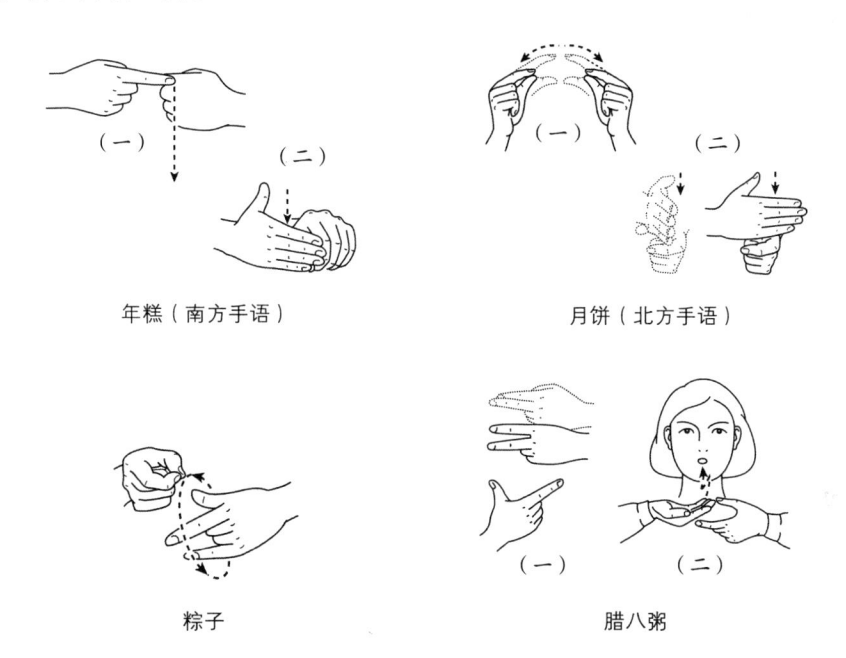

年糕（南方手语）

月饼（北方手语）

粽子

腊八粥

（二）我国独有食品

通用手语中与我国独有食品相关的手语词有"饺子""馄饨"等。饺子是千百年来中国人喜爱的一种食品，1972年新疆吐鲁番出土的唐时饺子与今相比，已无太大差异，可见那时已食饺子。饺子作为节日食品，在除夕夜子时食用，取"更岁交子"之意，"交"与"饺"谐音，故人们称其为"饺子"。馄饨起源于中国北方，但现在深受中国南方人民喜爱。古人认为它是一种密封的包子，没有七窍，所以开始叫"浑沌"，后来依据汉字造字规则，称为"馄饨"。

饺子　　　　　　　　　馄饨

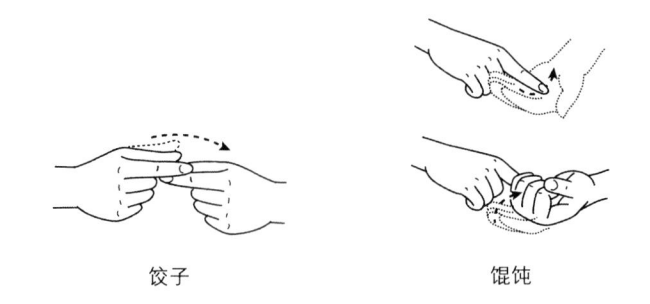

（三）地方特色食品和少数民族食品

通用手语中还收入了少量地方特色食品和少数民族食品的手语词。地方特色食品的手语词如山西的"刀削面"、北京的"烤鸭"、四川的"回锅肉"、传统小吃"糖葫芦"等，几个典型的少数民族食品的手语词如维吾尔族的"馕"、藏族的"糌粑"、朝鲜族的"打糕"等。手语"糌粑"也成为了地名手语"西藏"的构词语素。

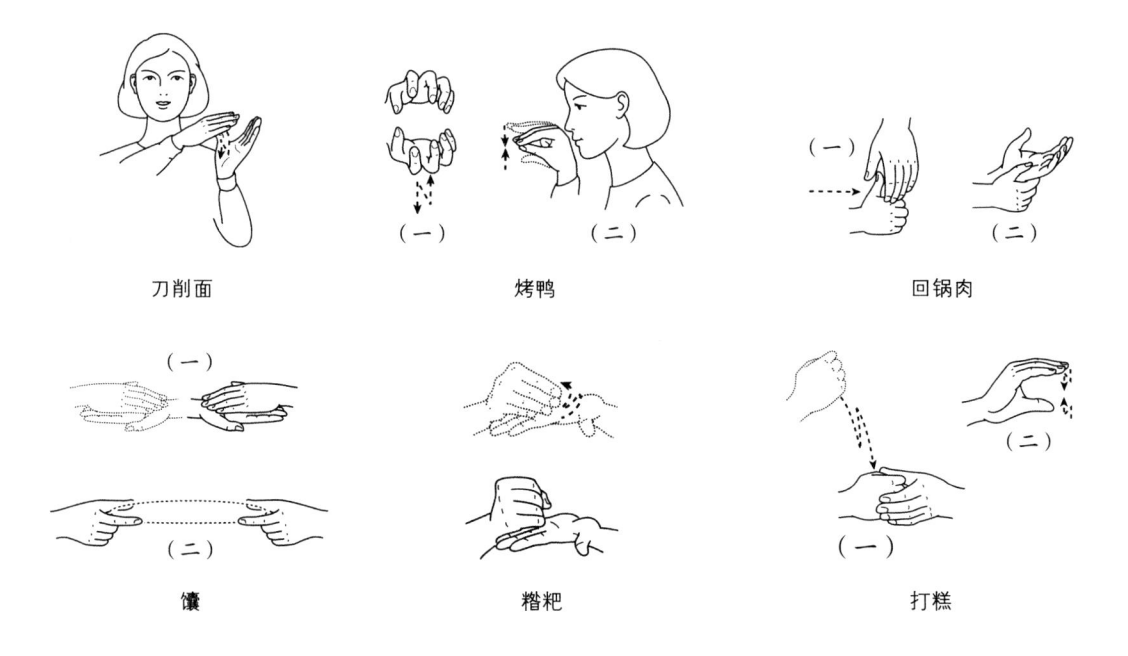

刀削面　　　　　　　烤鸭　　　　　　　　回锅肉

馕　　　　　　　　　糌粑　　　　　　　　打糕

四、中医学方面的手语词

中医学是我国劳动人民创造的一门传统医学，至今仍在保障人民健康方面发挥着重要作用。中医学将人体看成是气、形、神的统一体，通过"望闻问切"四诊合参的方法，使用中药、针灸、推拿、按摩、拔罐、食疗等多种治疗手段，使人体达到阴阳调和而康复。中医看病要切脉（号脉），通过脉搏跳动的快慢、大小、强弱、浮沉、匀乱，了解全身脏腑、气血、阴阳的综合信息，从而诊断疾病。两千多年前，我国著名史学家、文学家司马迁在《史记·扁鹊仓公列传》中就有"切其脉，大而实"的描述。[①] 号脉的动作也成为我国聋人表达"病"的手语，与"病"相关的手语词一般都含有这个动作，如"病假、病房、病毒、病危"等。手语"诊断"的第一个动作是在"病"的手势上增加了前后移动的动作，表示医生看病问诊的过程，无论是中医还是西医，看病都用这个手语。这个动作也成为一个具有构词功能的基本手势，在"急诊室、门诊、医疗"等手语词的表达上都有所体现。可见，手语"病"和"诊"充分体现了我国传统文化。通用手语中与中医药相关的手语词还有"经络、膏药、汤药、丸药"等。

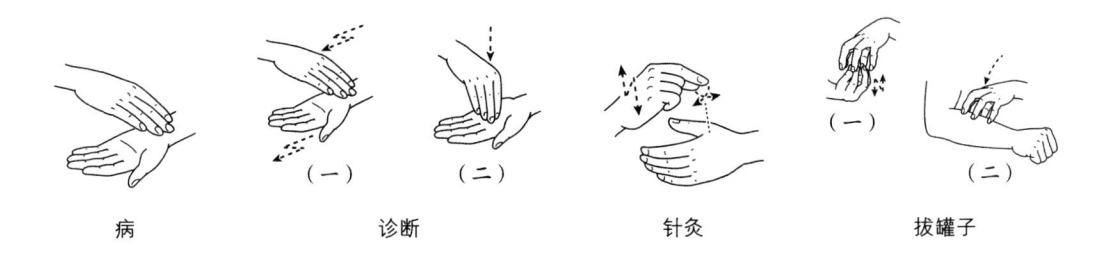

病　　诊断　　针灸　　拔罐子

第二节　表达社会生活民俗的手语词

社会生活民俗包括社会组织民俗、岁时节日民俗、人生礼俗三个方面，通用手语在这三个方面都有所涉及。

一、有关家族成员称谓的手语词

家族及其成员属于社会组织民俗范畴。亲属是指与自己有血缘或婚姻关系的人，其他则称为亲戚。在英语国家，爷爷、姥爷都叫"grandfather"，奶奶、姥姥都叫"grandmother"，丈夫或妻子一方的姻亲关系也是笼统的称谓，如岳母、婆婆都叫"mother-in-law"，岳父、公公都叫"father-in-law"。而中国关于亲属和亲戚的称谓，关系分明、长幼有序、用词丰富，如爷爷、奶奶、姥姥、姥爷、伯父、伯母、叔叔、婶婶、姨父、姨母、嫂子、弟媳、孙子、孙女、外甥、外甥女等。

通用手语中，手语"亲属（亲戚）"的动作位置在唇下部，蕴含着无论是宗亲、外亲还是妻亲，都沾亲带故，彼此唇齿相依。与亲属称谓相关的一些手语词，动作

[①] 辞海·语词分册（上）[M]. 上海：上海辞书出版社，1979：448.

位置也在唇部附近，同时采取了"表音+会意"的方式，明显带有中国本土特色。例如：手语"爷爷"，"Y"手形是"yé·ye"的声母指式，属于表音；从颏部向下移动两下，象征长胡须，属于表意。手语"奶奶"，"N"手形是"nǎi·nai"的声母指式，属于表音；在脸颊处向下划动两下，象征脸上的皱纹，属于表意。其他含有手指字母指式表示家族成员称谓的手语词，还有"伯父、伯母、叔叔❶（叔父）、婶婶（婶母）、姑父、姑母（姑妈）、姨父、姨母（姨妈）、嫂嫂（嫂子）、孙子、孙女"等。另一种表音方式出现在"外甥""外甥女"两个手语词上，是用"生"的手语表示"甥"，理据是"生"与"甥"音同形近，属于借代。

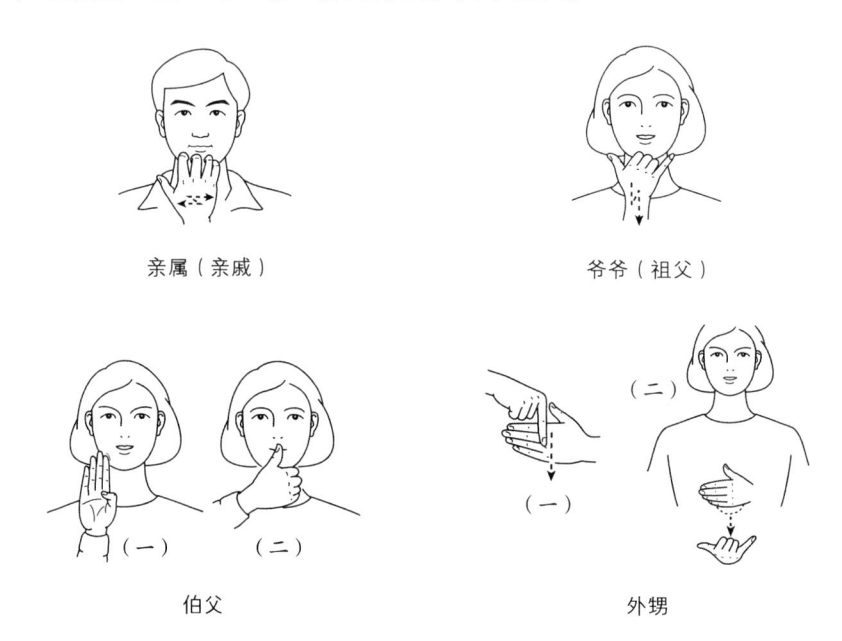

亲属（亲戚）　　　　　　　　爷爷（祖父）

伯父　　　　　　　　　　　　外甥

通用手语中还有一种在唇部用不同的手指指代家庭成员的表达方式，如拇指指代父亲、食指指代母亲、中指指代兄姐、小指指代弟妹。在这里，中指和小指不具有贬义。

父亲　　　　母亲　　　　哥哥　　　　弟弟

二、有关岁时、节日、纪念日、活动日的手语词

(一) 二十四节气

反映时节更替最典型的是二十四节气。二十四节气在先秦时期开始订立,汉代完全确立,是我国古代劳动人民智慧的结晶。古人通过观察太阳周年运动,归纳出一年中时令、气候和物候等方面的变化规律,每个月有两个节气,每个节气间隔约半个月,成为指导农业生产和人们衣食住行的生活指南。通用手语采用了多种方式表达节气。例如:"蛰"是"藏"的意思,动物入土冬眠过冬叫作入蛰,来年回春后苏醒又钻出土来活动,古时人们认为它们是被雷声震醒的,故称惊蛰;夏至和冬至表示的是夏天最热和冬天最冷的一段时间到来了。由此,这三个节气的手语采用了表意的方式。白露时节,昼夜温差加大,湿气凝而为露,手语"白露"采用了"表音+象形"的方式,右手拇、食指捏成圆形,置于左手掌心上,微晃几下,表示叶子上的露珠。芒种时节,小麦、大麦等有芒作物已经成熟,可以收割。手语"芒种"采用了"表音+会意"的方式,第一个动作用手语"忙"借代"芒","忙"与"芒"音同,既表音,也表示芒种节气农民要忙种忙收,第二个动作用手语"栽种"进一步体现词义。

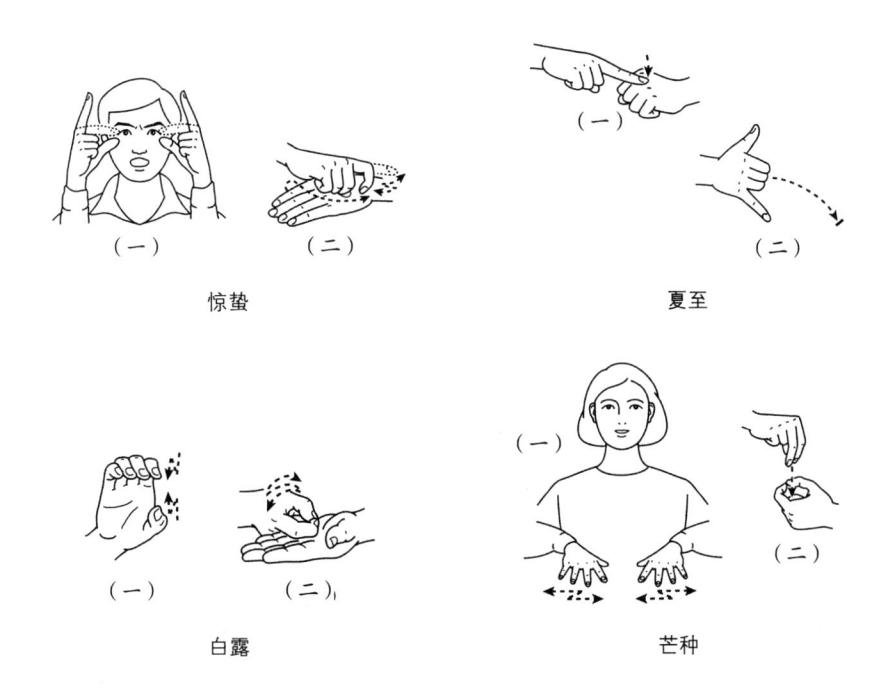

惊蛰

夏至

白露

芒种

(二) 中国农历

通用手语中除"农历(阴历)"一词外,还收录了几个与农历相关的手语词,如

"腊月、腊八、三伏、上旬、中旬、下旬"等。俗话说，热在三伏。因此，手语"三伏"中"热"的动作力度要比平时打手语"热"时要大，文字说明强调"用力向下一甩"，表示特别热的意思。

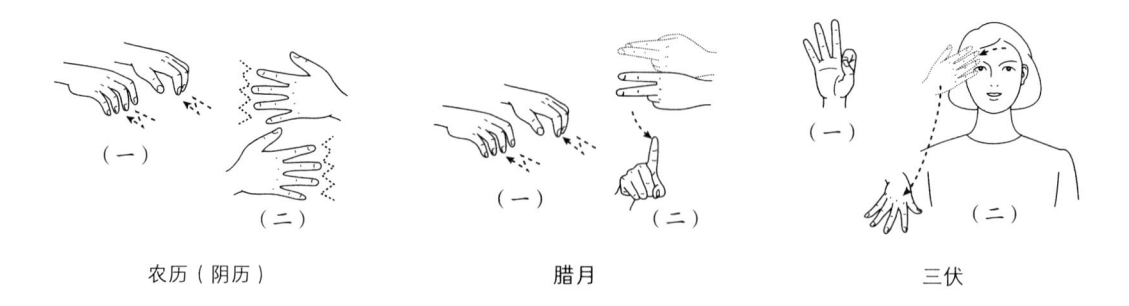

农历（阴历）　　　　　　腊月　　　　　　　　三伏

"旬"是指事字，始见于甲骨文，用于干支纪日。该字有多种意思，可指十日为一旬、十岁为一旬。通用手语中"旬"只表达十日为一旬的意思；表示十岁为一旬时，则直接用十年表示，如八旬老人直接表达为八十岁老人。由于每个月不都是30天，手语"上旬、中旬、下旬"采用了会意的方式，第一个动作的左、右手分别代表月份和天数；第二个动作的左手仍然代表月份，右手平伸，在左手旁向上、向中间、向下移动，分别寓意月初、月中、月末。

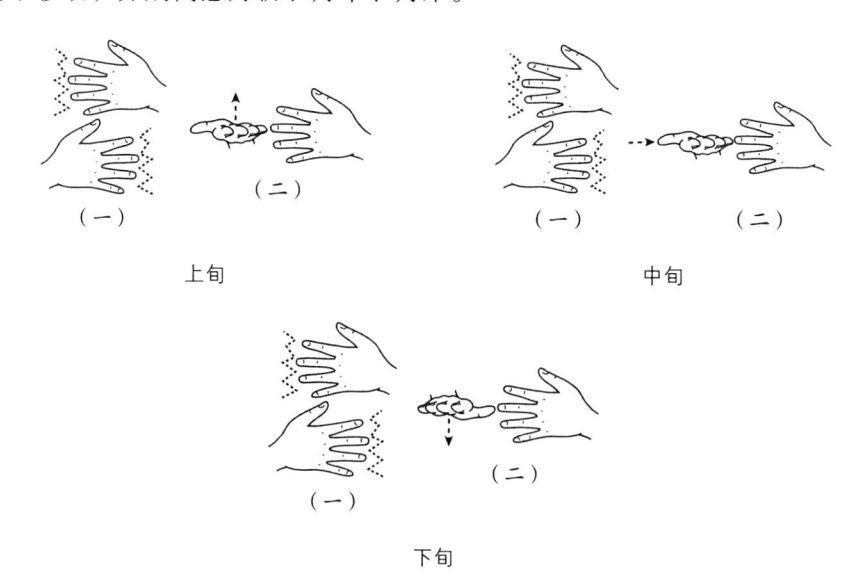

上旬　　　　　　　　中旬

下旬

（三）全国性节日、纪念日、活动日

《国家通用手语词典》收入了表达我国传统节日的手语词，如"春节、元宵节、清明节、端午节、中秋节、重阳节"等；收入了与我国近代反抗外来侵略、争取民族独立和人民解放的革命历史息息相关的节日、纪念日的手语词，如"八一建军节、国庆节、抗战胜利纪念日、国家公祭日、烈士纪念日"等；收入了改革开放后国家新设立的专题活动日的手语词，如"教师节、爱耳日、爱眼日、助残日、国家宪法日"等。通用手语表达这些有特定意义日子的方式有多种。

1. 模仿过节或举行纪念日时的礼节。例如，按照传统礼节，春节期间大家见面时会拱手相拜，祝贺新年，因此手语"春节"就有"双手作揖"的动作。再如，手语"清明节"有表示清扫墓地的动作；手语"国家公祭日"有一只手向前垂下，同时低头肃立默哀的动作，表达对烈士和死难同胞的怀念。

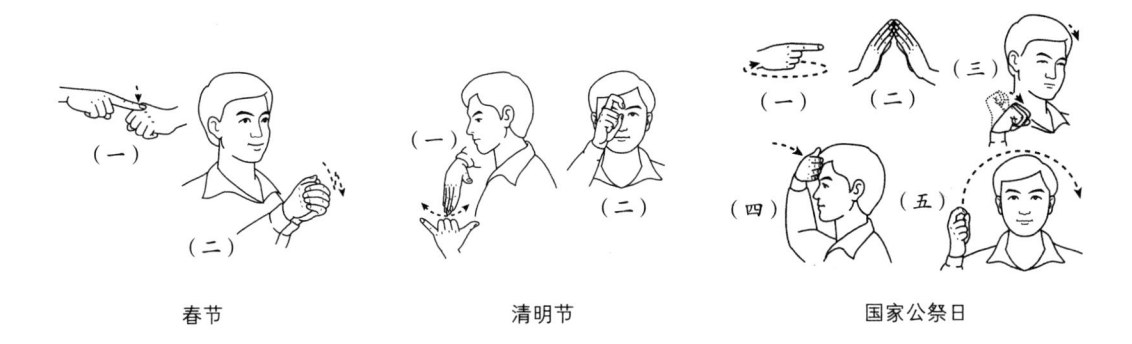

春节　　　　　　　　　清明节　　　　　　　　　国家公祭日

2. 通过双手表示某个特定意义日子的具体日期，即一只手表示月份，另一只手表示日期。既可表示公历的节日，如"八一建军节、国庆节"等；也可表示农历的节日，如五月五的"端午节"、八月十五的"中秋节"、九月九的"重阳节"，十二月初八的"腊八节"等。此外，通用手语表达非我国独有、属于国际性的节日也是采用这一方式，如"元旦、三八妇女节、五一劳动节、六一儿童节"等。

八一建军节（八一节）　　　　　　国庆节①

中秋节①　　　　　　　　　　　重阳节

3. 通过表达特定意义日子中的特定食品。例如，手语"元宵节"有搓元宵的动作，手语"端午节（端阳节）"有包粽子的动作，手语"中秋节②"有切月饼的动作。

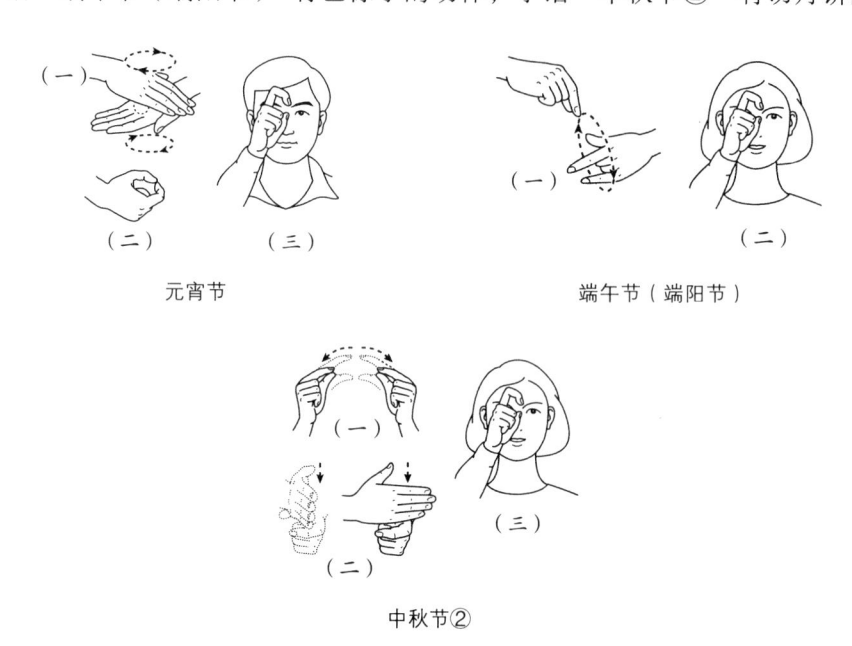

元宵节

端午节（端阳节）

中秋节②

4. 按构词语素表达，如"教师节、爱耳日、爱眼日、助残日、烈士纪念日、国家宪法日"等。

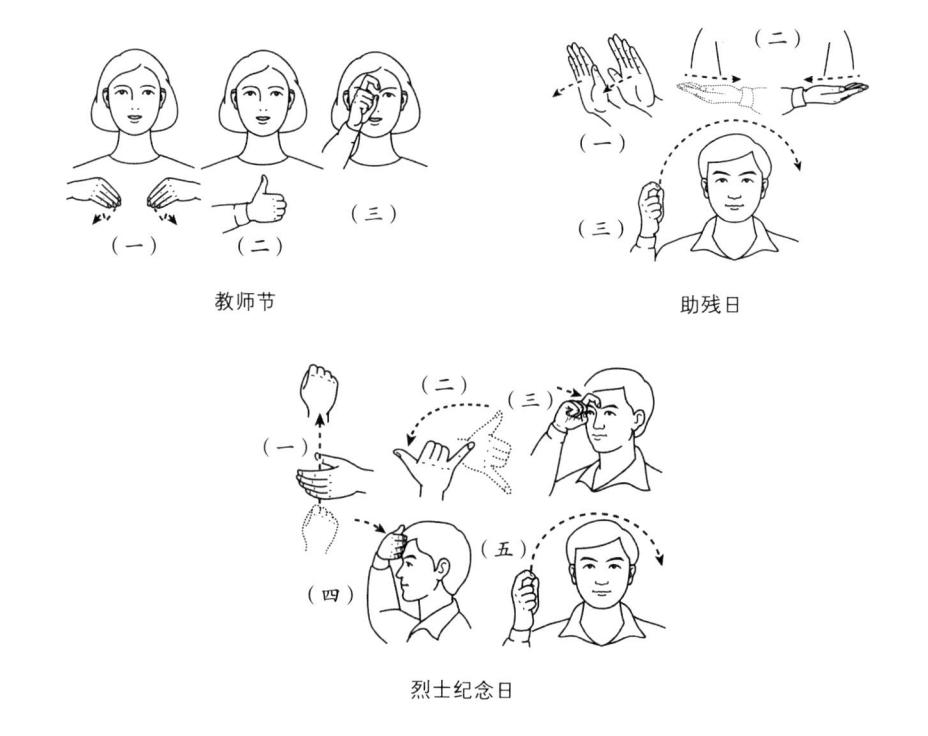

教师节

助残日

烈士纪念日

除此之外，每年还有一些特殊的活动日和新增加的节日，如 1 月 10 日"中国人民警察节"、3 月 12 日"植树节"、3 月 22 日"世界水日"、3 月 23 日"世界气象日"、3 月最后一周星期一"全国中小学生安全教育日"、4 月 15 日"国家安全教育日"、4 月 23 日"世界读书日"、5 月 12 日"国际护士节"、5 月 18 日"世界博物馆日"、11 月 9 日"全国消防日"、每年秋分"中国农民丰收节"，等等。表达这些日子的手语同样要分别采用上述表达方式。

（四）节日习俗

与我国传统节日、纪念日相关的习俗有放鞭炮、贴对联等，《国家通用手语词典》也收入了一些相关的手语词。

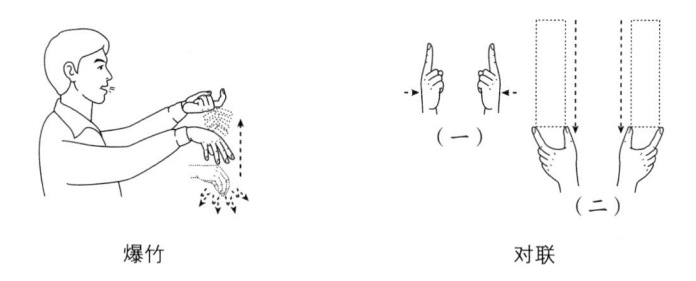

爆竹　　　　　　对联

各少数民族在本民族的节日或特定意义的日子里也有自己的习俗，一些表达少数民族名称的手语就与这些习俗有关。例如，手语"傈僳族"源于该民族的传统节日"刀竿节"（亦作"刀杆节"）。相传此节始于明代。明正统年间，麓川土司勾结外族入侵云南边疆，妄图分裂祖国。明兵部尚书王骥奉命三征麓川，带领傈僳族人民保卫家乡，赶走了入侵者，并帮助傈僳族发展生产，让傈僳族青壮年习武操练，受到傈僳族人民的爱戴。但朝廷内的奸臣诬陷他企图叛变，皇帝听信谗言将他召回京城。在农历二月初八的洗尘宴上，他被奸臣用毒酒害死。为了让后人永远记住他保边爱国的壮举，傈僳族在农历二月初八举行活动，操练武艺，把几十把长刀绑在两根长竿上做成刀梯，刀刃向上，谓之"竿"，爬竿者赤足踩着利刃，双手握紧上层的刀面，逐级上升到顶。该活动代代相传，相沿成为节日。手语"傈僳族"的第一个动作反映的就是刀竿上的把把长刀。

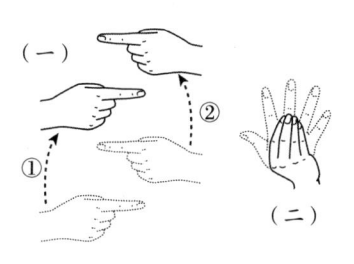

傈僳族

三、有关人生礼俗的手语词

通用手语中与出生、婚丧等人生礼俗相关的手语词不多，在手语表达上具有传统文化的特点。例如，我国民间称小孩过生日为"长尾巴"，尾巴长寓意寿命长，手语"生日②（尾巴）"的动作就体现此寓意。再如，汉族结婚典礼仪式中有"三拜"：一拜天地，感激人类生存的天地；二拜高堂，感激、回报父母的养育之恩；夫妻对拜，终身伴侣相敬如宾，相互关爱。手语"结婚（婚姻）"，双手伸拇指，指面相对，手背向外，弯动一下，反映的就是夫妻对拜的含义。与此相关的手语词，如"爱人（丈夫、妻子、媳妇）、嫁、娶"等都含有这个动作，只是手的位置不同或有移动。表示"爱人"时，双手置于身体一侧，然后打"结婚"的手语，顾名思义，爱人指自己的另一半。手语"嫁"，双手向外移动，表示嫁出去；手语"娶"，双手向内移动，表示娶进门。而另一个词"倒插门"的手语是"男+飞"，用"男子飞走"表示男方入赘女方家。

我国壮族青年男女有抛绣球选对象的风俗。在壮乡，小伙们与姑娘们彼此先对唱山歌，然后拉开适当距离，姑娘们将精心缝制的花布绣球抛向自己心爱的小伙子。小伙子抓住抛来的绣球飘带，在绣球上系上自己的信物，再将绣球抛回给掷来的姑娘。地名手语"南宁"，一手五指微曲，指尖朝上，手腕向前转动两下，就源自这一富有特色的民俗活动。

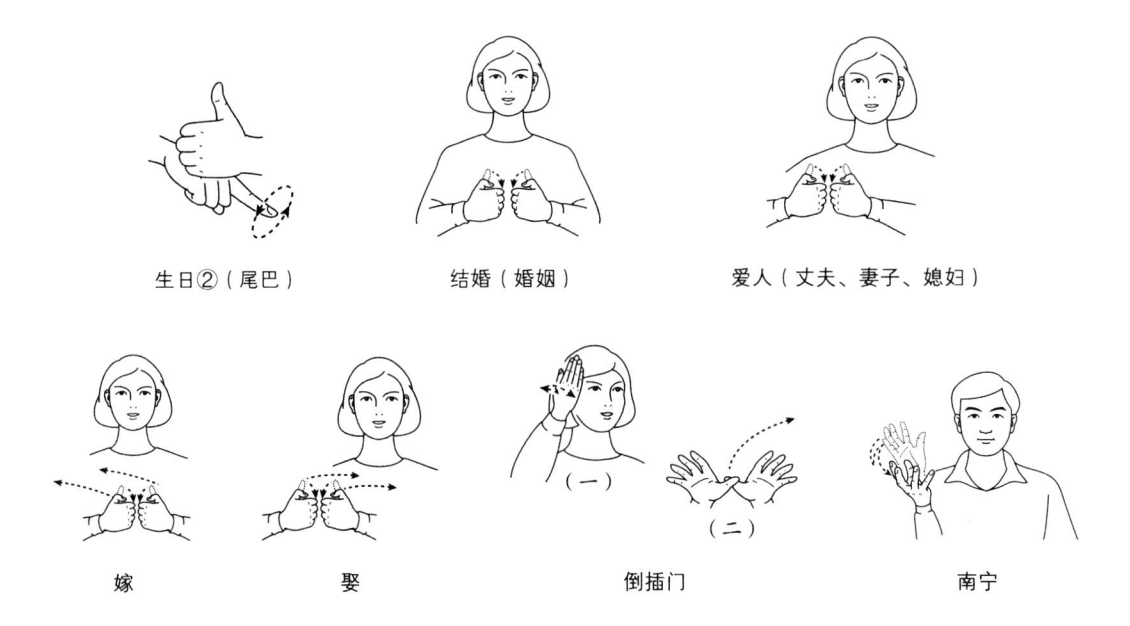

生日②（尾巴）　　结婚（婚姻）　　爱人（丈夫、妻子、媳妇）

嫁　　娶　　倒插门　　南宁

第三节　表达精神生活民俗的手语词

精神生活民俗包括游艺民俗和民俗观念两个方面，通用手语中有少量手语词与之有关。

一、表达游艺民俗的手语词

麻将是我国古代发明的一种博弈游戏。风筝是两千多年前春秋时期的一项发明，相传最早用木头、竹子制作，东汉蔡伦改进造纸术后，坊间开始以纸做风筝，称为"纸鸢"。到了宋代，放风筝成为人们喜爱的户外活动。空竹同样在我国有着悠久的历史。据考证，空竹是由远古时期的汉族民间游戏用具——陀螺演变而来，陀螺最早用木头、陶泥制作，后来改用竹制，并在上面开口利用空气冲击发出哨声，渐渐"鸣声陀螺"有了"空竹"的别称。至今，打麻将、放风筝、抖空竹仍是民间百姓喜好的活动。通用手语中，"麻将""风筝""空竹"是名动同形的手语词，通过模仿实际动作表示名词意义。

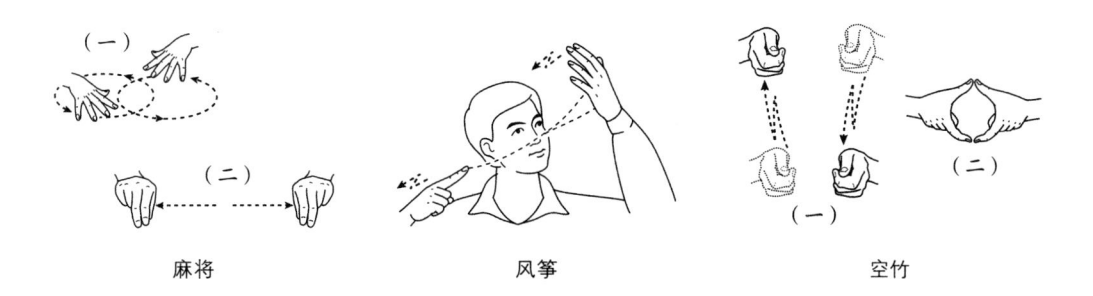

麻将　　　　　风筝　　　　　空竹

二、表达精神生活的手语词

通用手语中反映我国民间崇拜的图腾、宗教神明、传说等精神生活方面的手语词有"龙、凤凰、八卦、道教、观音菩萨、孙悟空、嫦娥奔月"等，它们都是采用象形方式表达的。

词目	通用手语图	词目	通用手语图
龙		凤凰	（一）（二）
八卦	（一）（二）	道士	
观音菩萨		嫦娥奔月	（一）（二）

在我国神话中，龙是具有蛇身、蜥腿、鹰爪、蛇尾、鹿角、鱼鳞，口角有须、额下有珠，善变化、能兴云雨、利万物的神异动物。它是中华民族敬奉的图腾，是吉祥雄伟的象征，中华儿女都是龙的传人。手语"龙"的动作表示的是龙须。

凤凰是我国古代传说中的百鸟之王，雄为"凤"，雌为"凰"。凤凰齐飞是吉祥和谐的象征，自古就是中华文化的重要元素。秦汉以后，龙逐渐成为帝王的象征，帝后妃嫔们开始称凤比凰，凤凰的形象逐渐雌雄不分，整体被"雌"化了。手语"凤凰"模拟了凤凰的头尾特征。

八卦始见于《周易》，是中国古老文化的深奥哲学概念，可代表一切自然现象的动静状态。每一卦形代表一定的事物，就像八只无限无形的大口袋，囊括了宇宙中的万事万物，互相搭配又变成六十四卦，用来象征各种自然现象和人事现象。手语"八卦"模拟了八卦图的形状。

道教是唯一发源于中国、由中国人创立的宗教，至今有两千年的历史了。手语"道士"表示的是道士发式上插有一根簪子的特征。

传说观音菩萨手执净瓶与杨枝，体察众生的苦痛，时以瓶中的甘露遍洒世间，除去热恼。手语"观音菩萨"表示的就是这个意思。

嫦娥奔月是中国上古时代神话传说，讲述嫦娥偷吃仙药飞上月宫，从此与丈夫后羿天地相隔的故事。手语"嫦娥奔月"的第一个动作，左手代表祥云，右手伸出拇、小指，立于左手掌心，然后双手向上移动，表示嫦娥驾云奔月宫而去。

通用手语中"高山族"的来源也与民间故事有关。手语"高山族"的第一个动作来自台湾聋人，表示在脸上画上黑纹，源自过去有一个叫沙布尔的人为了为民除害，用锅底灰调成汁在脸上画上一些花纹，让人认不出来，最后杀掉了坏头领的故事。之后，高山族人民在欢庆胜利的时候也学着沙布尔的样子在脸上画上黑纹，久而久之成为一种习俗，以后打仗也饰上墨，谁杀的敌人多就在胸膛上饰上墨。饰墨成为了聪明勇敢的象征。

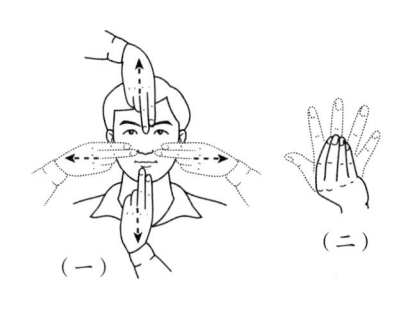

高山族

第十章
通用手语词中的中华文化（下）

通用手语词中，有一些仿汉字手语和表达中国传统艺术的手语，也集中体现了中华文化。同时，中国内地（大陆）的通用手语与港澳台地区的手语文脉相通，有着割不断的联系，许多手语词的动作相同或相似。

第一节　通用手语词中的汉字文化

汉字是世界上起源较早的文字之一，距今已有三千多年的历史，是记载、传承和传播中华文化的载体。两千多年前，秦始皇确立"书同文"的政策，统一了文字。汉字作为世界上唯一尚存的表意体系文字，其本身就是中华文化的典型符号。根植于中华文化大背景中的通用手语，在构词方式上自然会受到汉字文化的影响，产生仿汉字手势、书空汉字手势、"仿字＋书空"手势、借音借形等各种体现汉字文化的手势。仿汉字手势在港澳台地区的手语中同样存在。

一、仿汉字手语词

仿汉字手势，从理据上说，属于象形手语范畴；从模仿的完整程度上看，有完整模仿或部分模仿；从参与的动作手来说，既有单手表达的，如"川"，也有需要两只手配合表达的，如"北"。

（一）完整模仿汉字的手语词

将汉字字形完全模仿出来的手语词有"北、川、从、丰、工、公、干、古、江、介、井、吕、辽、品、区、曲、人、仁、山、田、王、汪、仙、州、洲、凹、凸"等。

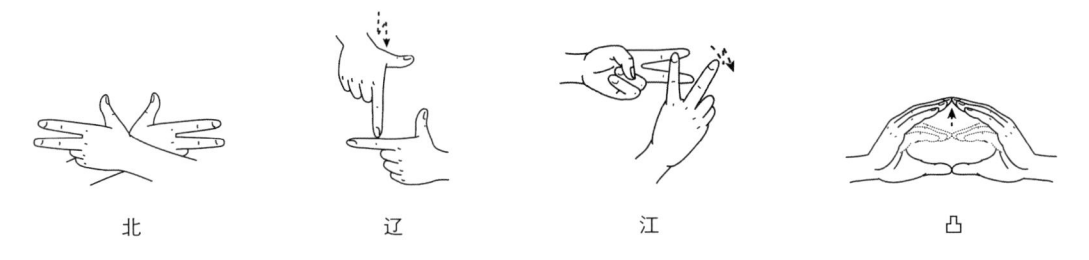

北　　　　　辽　　　　　江　　　　　凸

（二）部分模仿汉字的手语词

有的汉字字形双手无法整体模仿出来，则模仿其部分字形，这样的仿字手语词有"癌、樊、回、贾、匡、民、闫、阎、岳、赵"等。

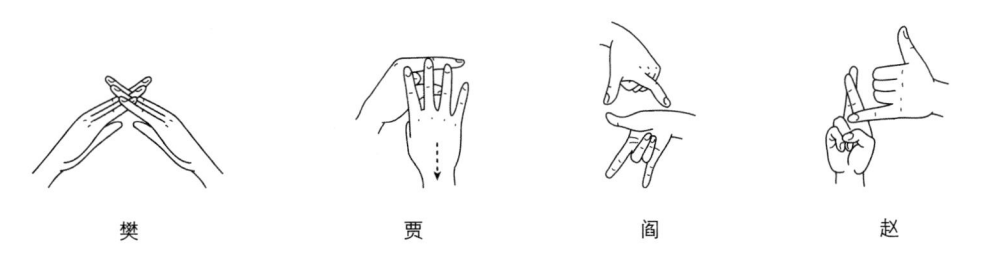

樊　　　　　贾　　　　　阎　　　　　赵

"贾"字是上下结构,手语动作模仿了上半部的字形。"樊"字也是上下结构,在上半部中又有左中右结构,而中间部分的字形最有特点,手语动作恰恰抓住了这个特点进行模仿。"阎"字是半包围结构,手语动作模仿了内外部的部分字形。"赵"字是左右结构,手语动作中左手模仿左半部的部分字形,右手模仿右半部的字形。

聋人手语中还有借助身体部位与手势结合仿汉字的方式,这次也收入到《国家通用手语词典》中。例如:表达"中午"的"中",食指直立置于口中央,仿"中"字形;表达"中央"的"央",一手食、中指弯曲,指尖朝内,朝颏部点一下,与口结合仿"央"字的一部分;手语"瞿",右手食、中、无名、小指横伸分开,手背向外,在眼前从左向右移动一下,表示"瞿"字的上半部;手语"肝",左手食、中指与右手食指搭成"干"字形,置于肝部,"干"与"肝"音同形近,字形和位置让人联想到"肝"字。此类手语词还有"崔、陈、法②、聂、胃"等。

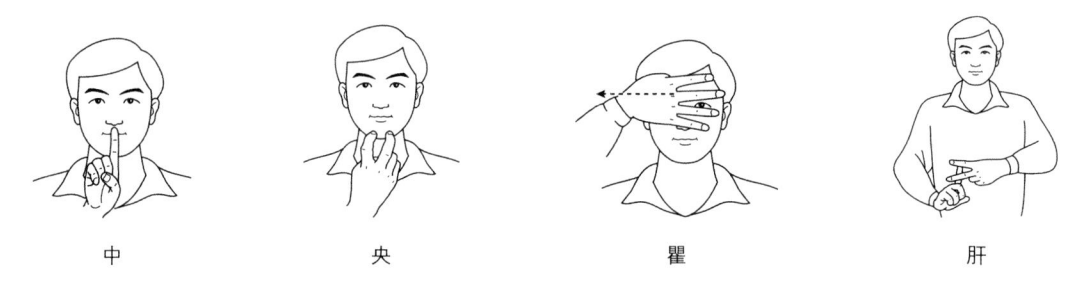

中　　央　　瞿　　肝

（三）书空汉字的手语词

书空汉字,是指手语者伸出食指在自己身前或身体某个部位按某个汉字的笔画顺序进行书写。书空的汉字笔画一般在2~5画之间,相对比较简单,以便别人能看懂。在身前书空汉字的手语词,既有书空完整字形的,如"厂、乙、千",也有书空部分字形的,如"万、杉"。"万"书空"丁"形,表示"万"字的横折钩部分;"杉"书空"彡"形,表示"杉"字的右半部。在身体某个部位书写汉字笔画的只有手语"东",一手伸食指,在嘴两侧书写"八",仿"东"字部分字形。地名手语"鲁❷（山东①）",一手拇、食指相捏,手背向外,边向鼻部移动边伸出拇、食、小指,前半部分动作中拇、食指由相捏到在鼻子两边张开,其实也表示"东"下面的笔画"八",是变体的书空方式,整个语素构成是"东+山"的顺序。

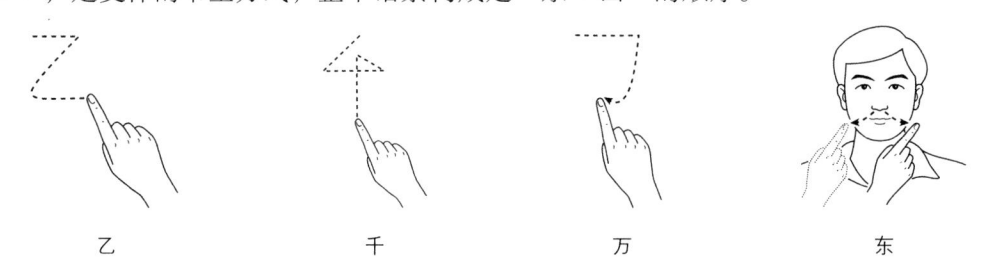

乙　　千　　万　　东

（四）"仿字 + 书空"的手语词

还有一些仿汉字手语词采用了"仿字 + 书空"的方式，同样既有表示完整字形的，如"丙、卜、刁、丁、功、甲、毛、厅、乡、于、朱"等；也有表示部分字形的，如"卞、尹"等。地名手语"陕西（陕）"，左手拇、食指成圆形，指尖稍分开，虎口朝上，模仿"西"字的下半部；右手伸拇、食、中指，指尖朝下，食、中指指面和指背分别在左手圆形上前后划动一下，是书空"西"字中间的"丿乚"笔画，仅用"西"一个动作就代表了陕西。

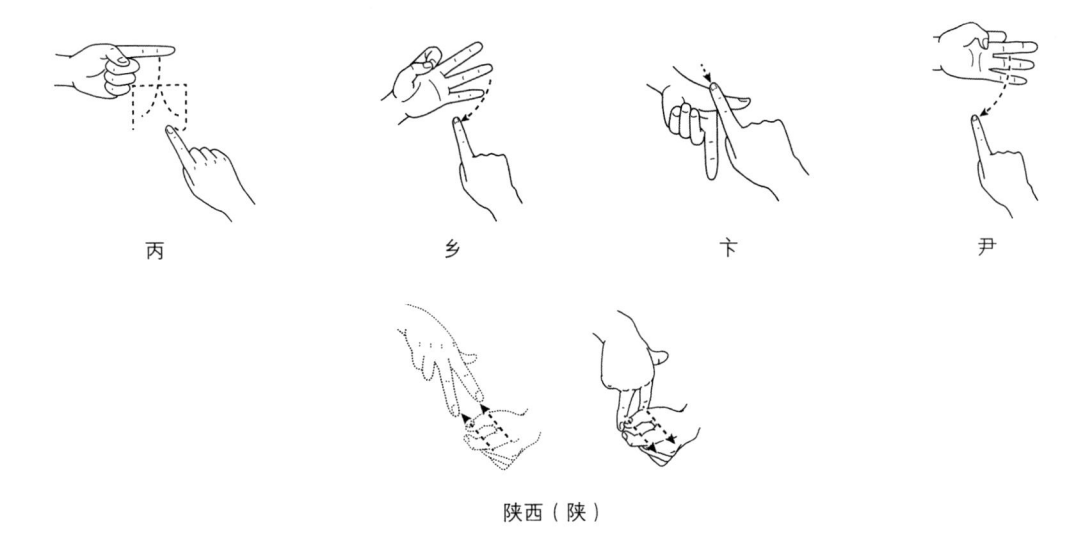

丙　　　　乡　　　　卞　　　　尹

陕西（陕）

通用手语中，仿汉字表达"西"的方式最为多样，共有四种：一是"左手拇、食指成'匚'形，虎口朝内；右手食、中指直立分开，手背向内，贴于左手拇指，仿'西'字部分字形"的手势，在方位词和"西安、西葫芦、西药"等词中使用。二是"一手食、中指直立分开，掌心向内，贴于颏部"的手势，将口作为"西"字的下半部，将食、中指作为"西"字中间的"丿乚"笔画，见地名手语"西宁"。三是"仿字 + 书空"的方式，见地名手语"陕西（陕）"。四是形近字借代的方式，见地名手语"山西"。如果加上表示方位的指示性手势，"西"就有五种表达方式。

西

二、其他与汉字相关的手语词

通用手语中，还有一些通过其他特殊形式表达与汉字相关的手语词。

（一）"仿字+会意"的手语词

采用"仿字+会意"的方式表达汉字的手语词如"汞（水银）"，手语动作先是左手食、中指与右手食指搭成"工"字形，表示"汞"字的上半部，然后右手横伸，掌心向下，五指张开，交替点动几下，表示"水"，即"汞"字的下半部。

（二）借代同音字的手语词

采用借代同音字的方式表达汉字的手语词，如"华侨"的"侨"借用"桥"的手语表达，"渤海"的"渤"借用"脖"的手语表达，"枫树"的"枫"借用"风"的手语表达，"铝"借用"吕"的手语表达，"厦门"的"厦"借用"夏"的手语表达等，都属于借代使用音同形近的手语。"橡胶"的"橡"，手语动作的源头是"象"的手语，食指在鼻部弯曲代表大象的鼻子，虽然现在的手语动作发生些微变体，但仍属于音同形近的借代方式，并由此迁移到表示塑料、塑胶相关的手语词中，这与过去人们认为塑胶与橡胶有渊源关系的观点有关。

（三）借代形似字的手语词

在表达汉字的手语词中还有一种不借音而借形的方式。例如，"葵"与"蔡"两个字本无音义上的任何相关，仅在字形上有相似之处。聋人就抓住这一点，约定俗成地借用"葵"的手语（即模仿嗑葵花籽的动作）去表达"蔡"。在《国家通用手语词典》中将"嗑、瓜子、蔡"列在一起，在文字说明中专门作了解释。

（四）体现汉字表意功能的手语词

还有一些表达汉字的手语词，不是在音、形上找二者的相关性，而是表达汉字的字义。例如，手语"忍"，右手斜伸，掌心向右上方，置于胸部，然后向左上方划动，嘴唇紧闭，就直观形象地表达了"忍字心上一把刀"的字形结构及字义。这种表达汉字字义的方式也运用到词汇中，如手语"共享单车"，双手食、中指搭成"共"字形，平行转动一圈，然后再打"自行车"的手语动作，让人意会共享单车是人人都可骑用的自行车。

三、有关汉字字体和书法的手语词

汉字经历了甲骨文、金文、大篆、小篆、隶书、草书、楷书、行书的演变过程。

因此，表达汉字字体及书法的手语词也是我国手语独有的。通用手语中收入了有关汉字字体及书法的手语词，包括"甲骨文①、金文、篆书、隶书、草书、楷书、行书"。"甲骨文"又称"龟甲兽骨文"，手语动作表现了在龟壳上刻字的动作；其他有关汉字字体的手语以模仿书写相应字体的方式表达。

此外，与汉字字体和书法有关的"赵体、瘦金体、舒同体、魏碑体、欧体、颜体、柳体、苏体、毛笔、墨汁、宣纸、砚台、笔画、笔顺、枕腕、提腕、悬腕、按提"等手语词收入在《美术常用词通用手语》一书中，该书专门列有"书法"一节。

第二节　通用手语词中的传统艺术文化

艺术是一种文化，源于生活又高于生活。艺术借助语言、文字、绘画、音乐、形体等表达，因而艺术的形式包括文学、美术（绘画、雕塑、工艺美术、建筑）、表演（音乐、舞蹈、戏剧、电影）等。通用手语中有不少表达中国传统艺术文化特点的手语词。

一、有关文学的手语词

文学是以语言文字为工具的艺术，反映我国传统文学的手语词涉及诗律、成语、俗语等方面。

（一）表达格律、成语的手语词

对仗是我国律诗、骈文中按照字音的平仄和字义的虚实排成对偶的语句，对仗语句相互映衬，更具韵味和表现力。"对仗"的手语先打"诗"的手势，然后双手横立，手背向外，五指张开，指尖相对，从两侧向中间移动一下，将每个字词一一对应的"对仗"意思表现出来。

成语是人们长期以来习用的、简洁精辟的定型词组或短句。汉语成语有很大一部分从古代流传至今，蕴含深刻的哲理，具有浓厚的中华文化色彩，如拔苗助长（揠苗助长）、守株待兔、刻舟求剑等。2001年，我国台湾地区出版的《常用成语手语画册》，收入成语1697条。2012年，戴目先生主编的《汉语成语手势图解》，收入成语1769条。尽管文化相通、成语相同，但两本书中表达成语的手语"小同大异"，即使是大陆的聋人对同一成语的手语表达差别也很大。因此，如何既比较准确又形象简练地用手语表达成语还需要继续研究和在试用中检验，只能成熟一个推广一个。《国家通用手语词典》收入了少量聋人表达相对稳定的成语手语。用手语表达成语往往不能一一对应汉字，而是重在使用形象的手语动作去表意，其中，很多是通过手语类标记结构来表达的。

对仗

拔苗助长（揠苗助长）

守株待兔

刻舟求剑

（二）表达汉语俗语的手语词

俗语是汉语里通俗并广泛流行的定型的语句，简练而形象化，反映人民的生活经验和愿望。通用手语也研究和制定了几个表达汉语俗语的手语词，如"百闻不如一见""吃一堑，长一智"等。另外，还收入一些百姓生活中常说的类似俗语的汉语短语，如表达解雇、辞退含义的"炒鱿鱼"；讽刺装腔作势，有意显出威风、高贵、了不起样子的"摆架子"；表示男方到女方家入赘成婚的"倒插门"等。

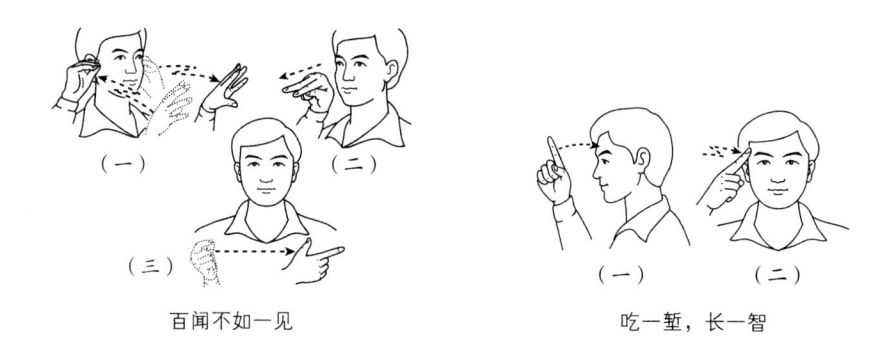

百闻不如一见

吃一堑，长一智

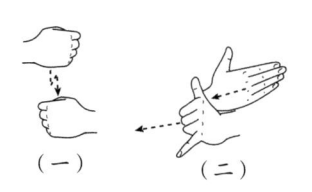

解雇（解聘、辞退、炒鱿鱼）

摆架子

二、有关美术的手语词

美术也称造型艺术或视觉艺术。过去我国聋校采用的是美术的狭义概念，专指绘画。因此，美术课就是图画课，美术也只有"绘画（图画）"一种手语表达。其实，美术还有广义的概念，凡是运用一定的物质材料，通过绘画、雕塑、工艺美术、建筑等造型手段，创造出来的具有一定空间和审美价值的视觉形象都属于美术。现在，聋校美术教材包含多方面内容，通用手语中"美术"的手语也增加了新的打法，表达美术的广义概念。

（一）表达国画、雕塑的手语词

由于有专门的《美术常用词通用手语》，因此，《国家通用手语词典》仅收入了少量代表中国美术、雕塑方面的标志性手语词，如"国画""兵马俑"等。国画作为中国的传统绘画形式，是用毛笔蘸水、墨、彩于绢或纸上作画，手语用"中国＋绘画"两个手势表示国画，直接明了。兵马俑彩塑结合，形体高大，与真人真马大小相似，在中国古代雕塑艺术中占有十分重要的地位，被誉为世界第八大奇迹。手语"兵马俑"通过模仿武士俑手持兵器的典型动作来表达，直观形象，易于理解。

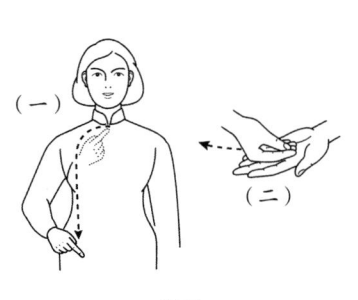

国画

兵马俑

（二）表达传统手工艺的手语词

我国各民族工艺美术丰富多彩，通用手语只撷取了其中几朵奇葩，如陶器、瓷器、刺绣、蜡染、扎染、漆画、剪纸等。远古时期，我们的先人就能制作陶器，之后又发明制作各种精美绝伦的瓷器。中国在世界上享有"瓷器之国"的盛誉，英文中，"瓷器"与"中国"同为一词，充分说明它是中华民族对世界文明的伟大贡献。刺绣、蜡染、扎染、漆画、剪纸都是我国具有悠久历史的民间艺术。

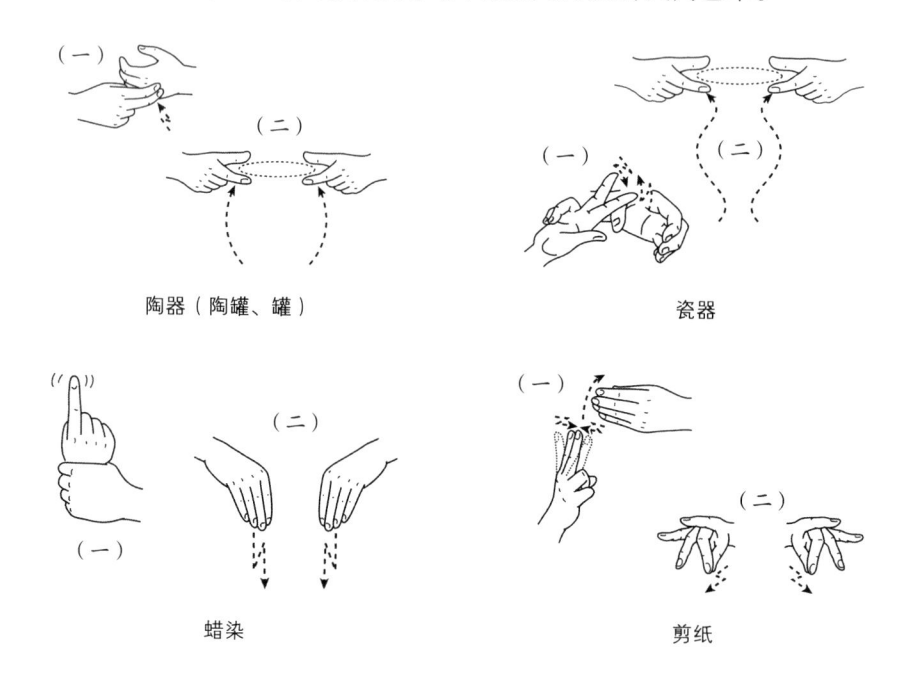

陶器（陶罐、罐）　　　　　　　瓷器

蜡染　　　　　　　剪纸

三、表达中国古典建筑的手语词

建筑被称为凝固的艺术。中国古典建筑的一个显著特点是屋顶为歇山顶，四角向上翘起。手语"宫殿"，双手搭成"∧"形，然后左右分开并伸出拇、小指，指尖朝上，体现宫殿的飞檐翘起的样子。

北京曾经是元、明、清三代皇都，故宫和一批皇家园林是中国古典建筑的瑰宝，也是现代中国的名片。因此，《国家通用手语词典》重点选择了北京的天安门、故宫、天坛、颐和园、圆明园、卢沟桥这几个标志性建筑作为中国古典建筑的代表，并按照"名从主人"的原则，采用北京聋人手语作为通用手语。天坛是世界上最大的祭天建筑群，祈年殿是天坛的主体建筑，也是天坛的象征，为我国古代明堂式建筑仅存的一例。手语"天坛"的第二个动作，双手拇、食指成大圆形，虎口朝上，从下向上移动两下，圆形随之缩小，通过模仿祈年殿的造型表示天坛。颐和园是保存最为完整的一座皇家行宫御苑,被誉为"皇家园林博物馆"。手语"颐和园",左手握拳,右手打牛的手势,然后砸向左手虎口的手语动作源于颐和园的一道独特的人文景观和艺术珍品——铜牛。铜牛坐落在昆明湖东岸,当年乾隆皇帝将其点缀于此是希望它能"永镇悠水",长久地降服洪水,给园林及附近百姓带来无尽的祥福。为此,他还撰写了一首四言铭文,用篆字书体镌刻在铜牛的腹背上。

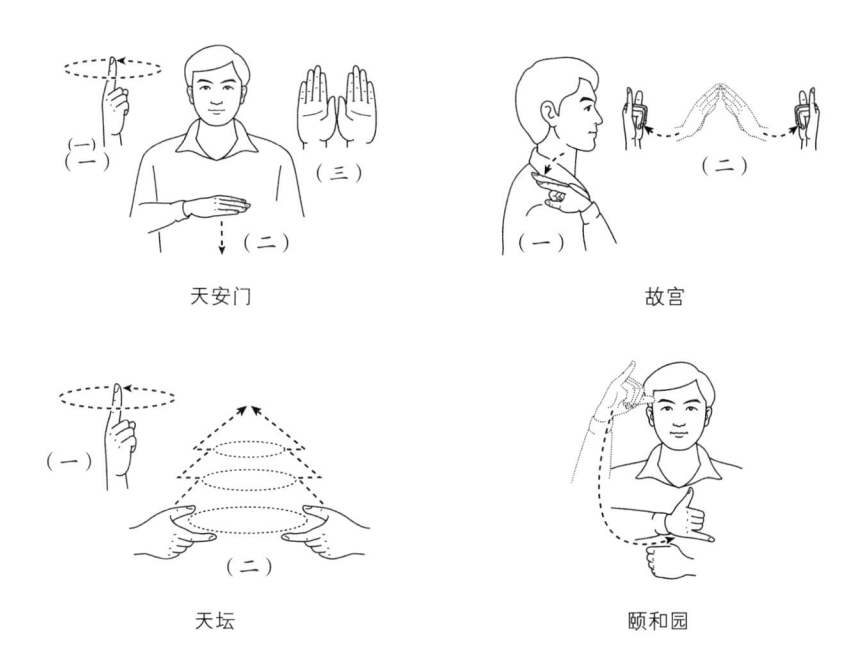

天安门　　　　　故宫

天坛　　　　　颐和园

四、有关表演艺术的手语词

音乐、舞蹈、戏曲都属于表演艺术,其中舞蹈、戏剧、小品等艺术形式也是聋人喜爱观看和从事的艺术活动。2005年,在中央电视台春节联欢晚会上中国残疾人艺术团的聋人演员表演的舞蹈"千手观音",享誉神州。

(一)表达民族音乐、舞蹈的手语词

虽然相当一部分聋人不能通过听觉真切地感受音乐,但是仍可从电视、舞台演出等各种场合看到唱歌、演奏的情景,而且随着手语歌的逐渐流行,音乐已经进入聋人的生活。特别是《〈中华人民共和国国歌〉国家通用手语方案》实施后,用通用手语"唱"国歌成为广大聋人群众表达爱国激情的重要形式。因此,《国家通用手语词典》不仅收入了通用手语版国歌,还收入了一些表达民族乐器的手语词,如"二胡、琵琶、笛子"等。

一些少数民族或自治区名称的手语是以该民族舞蹈的典型特征来表示的。所以,

这类手语既表示民族的名称，也表示民族舞蹈、民族乐器的名称。例如：手语"朝鲜族①"的第一个动作体现了朝鲜族长鼓舞中的长鼓；手语"景颇族"的第一个动作模仿甩动舞裙的动作；手语"佤族"的第一个动作模仿佤族妇女向上甩长发的舞姿；手语"新疆"模仿的是维吾尔族舞蹈中打响指的动作。

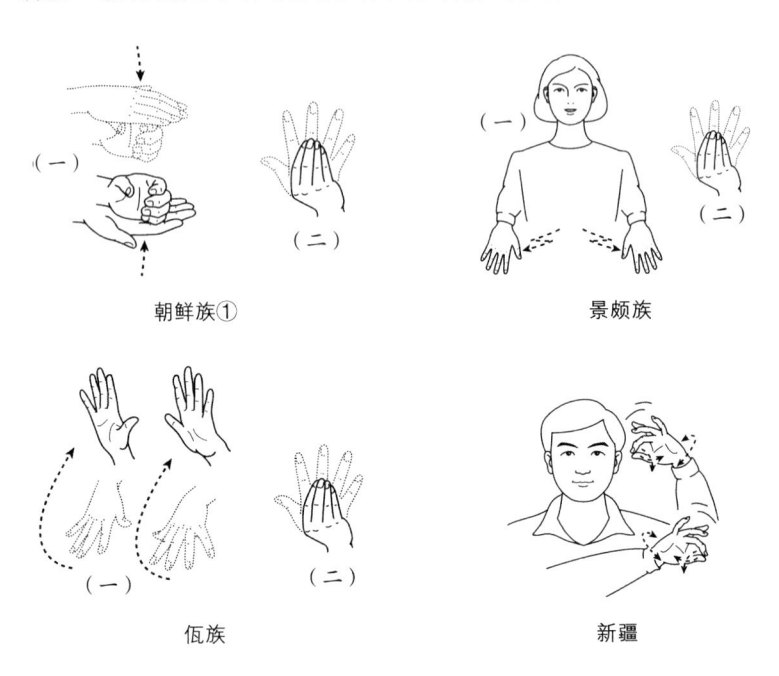

朝鲜族①　　　　　　景颇族

佤族　　　　　　新疆

（二）表达戏剧、曲艺的手语词

《国家通用手语词典》收入了几个具有代表性的表达戏剧和曲艺的手语词，如国粹"京剧"、川剧"变脸"以及群众喜闻乐见的"相声""小品"等。手语"京剧"，一手捋长胡须和另一手食、中指并拢，指尖朝前，边抖动边向前移动的动作都源于京剧表演中的动作。手语"变脸"，手和头分别向相反方向转动，体现川剧变脸的演艺特色。手语"相声"，表现的是对口相声的情景，先是双手伸拇、小指，左右相对，表示逗哏者与捧哏者左右而立，再通过双手五指交替开合的动作表示互相逗哏，最后打"幽默"的手势表达相声幽默诙谐、引人发笑的艺术特点。

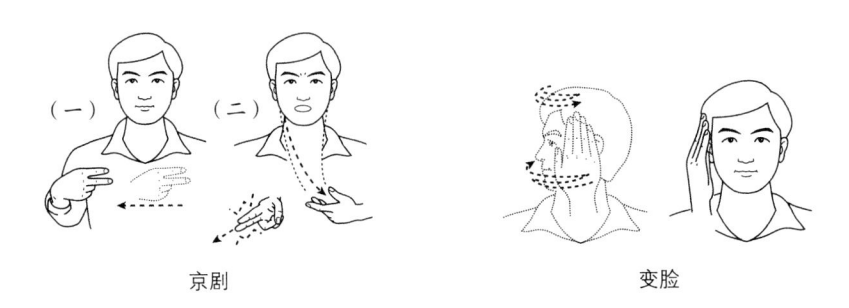

京剧　　　　　　变脸

相声

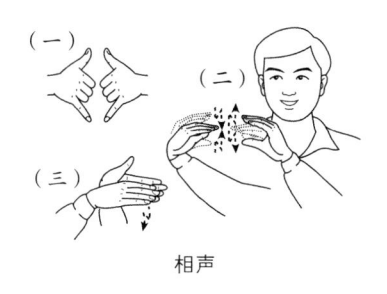

第三节　内地（大陆）通用手语与港澳台地区手语的渊源

中华民族五千多年的文化绵延流长，内地（大陆）与港澳台地区人民同宗同祖。历史上，内地（大陆）与港澳台地区的聋人之间有着往来交流，特别是内地（大陆）的一些聋人迁居香港、澳门或台湾地区，将内地（大陆）的手语传入，对当地手语的发展起到了积极作用。

一、内地手语与香港手语的关系

香港中文大学施婉萍教授等人提出："香港的聋童教育最早可追溯至1935年成立的一所聋校。虽然该校禁止师生使用手语，但基于沟通需要及本能，聋童之间自自然然发展出一套以手部动作表达意思的沟通方法，形成手语的雏形。战后聋校数目逐步增加，当中部分聋校引入了相信是源自南京或上海的手语为教学语言，因此香港手语其后的发展深受南京或上海手语影响。"[1]

鉴于香港聋人手语表达方式各有不同，以致在相互沟通上会产生障碍的情况，香港教育署认为"需要编纂一本较完善的手语手册，以供有关人士参考，并希望藉此手册以达致手语统一的目标"。1982年，"香港聋人手语工作小组"成立，小组成员包括语言学家、聋童学校代表、聋人社团代表及教育署代表等，成员中也包括听障人士。该小组一方面收集当时的手语，另一方面根据常用字词研究确定手势动作的最佳表达方式，于1985年编制出《沟通：香港聋人手语手册（第一册）》（试验本），收入225个手语词。

香港中文大学手语及聋人研究中心主任邓慧兰教授编撰的《香港手语词典》（2007年）提及香港手语的来源，"大多数的资料都是来自香港聋人福利促进会于

---

[1] 施婉萍，路骏恬，卢瑞华，朱君毅. 香港早期聋人教育与香港手语源流的关系[J]. 香港中文大学教育学报，2012（39）：139-156.

1987 年出版的《香港手语源流发展》一书。这本书收集了一些自 1949 年后聋校老师及社工的回忆录。在六十年代创立的华侨聋哑学校为香港手语的发展奠下了基石。这个学校由一群从南京、杭州及上海的聋人移民所创立，他们带来了当地的手语。"另外，那时的香港还有七至十间为聋童而设的聋校或聋童会，这些机构的行政人员及老师有些是移居香港的内地聋人，有些是香港本地的健听人士，后者从前者那里学会了手语。所以，"香港手语的发展，最初很大程度地受到南京、杭州及上海手语的影响。Woodward（1993）观察到香港手语及上海手语的基本词汇中，有大约 77% 的同源语"[①]。

《香港手语词典》收入 1982 个手语词，这些词经过长时间的发展而演变成有固定打法和意思的手语。经比对，有 505 个手语词（有些词词义相同，叫法有别）的动作与通用手语完全一样，占总数的 1/4，如"爸爸、妈妈、父母（即'爸妈'的手语）、朋友、结婚、哥哥、姐姐、弟弟、妹妹、亲戚、健听（即通用手语'听人'的第一个动作，内地聋人采用同样的手势表示'健听'）、记者、农民、花、蔬菜、洗手间（即通用手语'厕所'）、灯管（即通用手语'日光灯'）、气球、橡皮、扔、忘记、发明、告诉、负责、嘈（吵）（即通用手语'噪音'）、宣布、缺乏、努力、便宜、贵、一半、表演、介绍、一窍不通、善良、新鲜、忍耐、幸运（即通用手语'幸亏'）、不幸、愤怒、好不好、再（还）、一元、百、千、万"等。

二、内地手语与澳门手语的关系

1993 年，澳门聋人协会出版了澳门首部手语书《澳门手语编汇》，收入 742 个手语词，成为迈出澳门手语规范化的第一步。1997 年 9 月，该协会又出版"手语书精装版"，收入聋人最常用的手语词 385 个，作为规范当地聋人手语及向健听人推广手语的初级教材。2000 年，澳门聋人协会开始筹备出版系列手语书，并于 2001 年、2006 年先后出版《澳门手语》第一、二、三册，共收入 677 个手语词，其中有 4 个词重复，实际收词 673 个。书中介绍："在澳门，随着聋人成立属于他们自己的组织，澳门聋人逐渐打破小圈子的生活范围，发展出一套属于本地的手语。而且随着聋人接受教育及与世界各地沟通交流的机会越来越多，一些聋人从外地读书回来，引入了外地手语；一些聋人移居澳门，带来了内地手语、香港手语等等。"[②]在三册《澳门手语》中，有 216 个手语词的动作与通用手语完全一样，占总数的 31.2%，如"爸爸、

[①] 邓慧兰. 香港手语词典 [M]. 香港：香港中文大学出版社，2007：60.
[②] 澳门聋人协会. 澳门手语第一册 [M]. 2001.

妈妈、哥哥、姐姐、弟弟、妹妹、家庭、姓名、小孩、人、学生、同学（同通用手语'同学②'）、老师、建筑（同通用手语'建筑❶'）、兴趣、日期、决定、带（同通用手语'带❶'）、考试（同通用手语'考试②'）、毕业、爱护、借（同通用手语'借②'）、帮助、螃蟹、幸运（即通用手语'幸亏'）、不幸、相似（即通用手语'像'）、继续、或者、一样、秘密、减少、什么、愚蠢（即通用手语'笨'）、开心（即通用手语'高兴'）、足球、排球、表演、一元、百、千、万、再"等。通过比较发现，澳门手语与香港手语相同程度更高一些，香港手语对澳门手语的影响较大。

三、大陆手语与台湾地区手语的关系

台湾地区手语与当地聋教育的产生有关。1890 年，英国牧师康贝尔.W（Cambel.W）在台南建立"训盲院"，1915 年增设聋哑教育部（即台南启聪学校前身），从事聋教育的教师多来自日本大阪。1917 年，日本人木村谨吾在台北开设盲哑教育所（即台北启聪学校前身），教师多来自日本东京。因此，台湾地区初期的手语深受日本大阪和东京的影响，出现了两种手语系统。1945 年台湾光复后，来自上海、南京聋校的一些聋人和教师来到台湾，将大陆手语传了过去；有一些大陆手语由香港的到访者和聋人传入台湾，使台湾地区手语的构成多样化，少有统一性。有研究认为，台湾地区手语有 46% 的词汇与日本手语相同，受日本手语的影响很大；与大陆手语只有 20% 的词汇相同，如"冷、少、房子、小、月亮、人、学校、一、二、四、五"等。[①]

台湾地区教育当局鉴于岛内听障人士所使用手语不一致的情况，"为谋求启聪学校教学用手语具有一致性，减少各地听障人士在沟通上之困扰"，于 1975 年、1980 年两次委托专家学者、启聪学校教师和民间听障团体人员组成手语统一编纂小组，并于 1978 年、1987 年相继出版《手语画册》第一、二辑，之后做过数次修正，但未尽完善。1998 年，台湾地区教育当局再度委托台湾师范大学特殊教育系林宝贵教授领衔召集四所特教学校资深手语教学教师和社会听障团体代表组成手语研究小组开展修订工作，于 1999 年出版《修订版手语画册》第一、二辑，共收入 3212 个手语词；之后又研发了 4367 个新的手语常用词。2000 年，《常用词汇手语画册》第一辑、第二辑出版，实际收入 4282 个手语常用词。2001 年，《常用成语手语画册》出版，收入成语 1697 个。[②-③]

---

① 衣玉敏.港台手语语言学研究概况[J].金陵科技学院学报（社会科学版），2009，23（02）：70-71.
② 台湾"教育部"手语研究小组.常用词汇手语画册第一辑、第二辑[M].2000.
③ 林宝贵.听觉障碍教育理论与实务[M].台北：五南图书出版股份有限公司，2006：265.

除了官方渠道，1979 年和 1984 年，台湾聋人协会发行手语书《手能生桥》第一、二册，共收入 1337 个手语词。[①-②]台湾中正大学语言学研究所成立手语研究团队，从 2000 年开始长期、有系统地收集台湾自然手语语料，并依据手语语言学理论，分析台湾自然手语的词汇和语法，并与其他国家和地区的自然手语作比较，以了解自然手语与口语的共性及差异，进而对人类语言的本质与演化有进一步的了解。2010 年，研究团队建立了中英双语解说的台湾手语线上影像词典（http://tsl.ccu.edu.tw）。该团队成员张荣兴花了六年时间，收集台湾北、中、南部的手语使用者的语料并采用认知理论加以分析，于 2011 年出版《台湾手语姓氏认知与造词策略研究》（收词 385 个）和《台湾手语地名造词策略研究》（收词 1000 个）两部著作，并开设网站（http://signlanguage.ccu.edu.tw）供读者查询。[③]

以《手能生桥》为对照，有 287 个手语词的动作与通用手语完全一样，占总数的 21.5%，如"丁、王、于、吕、毛、个、人、左、右、房子、时间、没有（同通用手语'没有①'）、经济、谢谢、机器、热闹（同通用手语'热闹❷'）、随便（同通用手语'随便②'）、棒、桌子、香蕉、交通、束缚、黏、不管、元旦、好不好、没关系（同通用手语'没关系❷'）、领导（同通用手语'领导❶'）、尊重、雕刻、奖状、游行、邀请、比赛、龟、印章、丢脸、介绍、绳子、画画（即通用手语'绘画'）、勇敢、厕所"等。

港澳台地区手语中，除了上述与通用手语动作完全一样的词目外，还有一些词目的手语与内地（大陆）某个地方的手语相同或相近，如港澳台地区聋人表达"星期一、星期二……星期日""水"的手势与上海聋人手语一样；香港手语"没有""借"与北京聋人手语一样，说明港澳台地区手语与内地（大陆）手语有着许多相同的历史渊源。

同时，通用手语也在借鉴和吸收香港、台湾地区的手语，如通用手语中的"作弊"来自香港手语，手语"高山族"的第一个动作采用了台湾地区聋人手语。相信随着人员往来和信息交流的日益便捷，今后内地（大陆）与港澳台地区手语的互鉴也会增加。

---

① 史文汉，丁立芬. 手能生桥第一册（第 16 版）[M]. 台北：东鑫印刷厂，2004.
② 史文汉，丁立芬. 手能生桥第二册（第 13 版）[M]. 台北：东鑫印刷厂，2005.
③ 张荣兴. 台湾手语姓氏认知与造词策略研究 [M]. 台北：文鹤出版有限公司，2011.

第十一章
通用手语中的我国地名手语

地名手语是通用手语不可缺少的一个组成部分，它对聋人认识、了解祖国和家乡，对聋校开展地理教学起着独特的作用。1986年1月23日，国务院颁布了《地名管理条例》。1996年6月18日，民政部发布《地名管理条例实施细则》（2010年12月27日修改），对地名实行统一管理、分级负责制。因此，地名手语不同于其他表达日常生活事物、概念的手语，其确定既需要考虑聋人现实生活手语表达的实际情况，又要依法合规。

第一节　我国地名手语研究的阶段性特征

《地名管理条例实施细则》规定："自然地理实体名称，包括山、河、湖、海、沙滩、岬角、海湾、水道、地形区等名称；行政区划名称，包括各级行政区域和各级人民政府派出机构所辖区域名称；居民地名称，包括城镇、区片、开发区、自然村、片村、农林牧渔点及街、巷、居民区、楼群（含楼、门号码）、建筑物等名称；各专业部门使用的具有地名意义的台、站、港、场等名称，还包括名胜古迹、纪念地、游览地名称。"

一、地名手语的范围和数量变化

《国家通用手语词典》中，地名手语涉及的范围主要是行政区划名称，长江、黄河等自然地理实体名称和一些名胜古迹、纪念地、游览地名称。其中，行政区划名称的手语最多。

比较我国不同阶段编印的通用手语书，地名手语的数量呈现出"少—多—少"的变化。二十世纪五十至八十年代编纂的《聋人手语草图》《聋哑人通用手语草图》《聋哑人通用手语图》中仅有表达各省、自治区、直辖市名称的手语。1990年出版的《中国手语》增加了省会城市名称手语和"香港、澳门、台北"3个地名手语。1994年出版的《中国手语》续集又增加了新设立的海南省和一些工业城市、经济特区、革命圣地、旅游城市的地名手语，如"鞍山、抚顺、攀枝花、深圳、珠海、韶山、延安、瑞金、桂林、苏州、敦煌"等。2003年出版的《中国手语》（修订版）再增加一个地名手语"漠河"。所以，到《中国手语》（修订版）这个阶段，地名手语的数量是最多的。在这次国家通用手语研究的过程中，我们深切地认识到我国地域辽阔，地名手语涉及面广、词汇量大，需要做专门的田野调查和反复的论证才好确定，在此之前，不宜仓促行事。因此，《国家通用手语词典》收入的地名手语仅限于32个省（自治区、直辖市）名称，香港、澳门2个特别行政区名称，28个省会（首府）名称和4个经济特区名称，不涉及省级以下城市的地名手语。

2015年，国家语委专门立项"国名、地名手语规范性表达"研究课题。除外国国名外，课题组历经两年多时间对我国各地聋人表达当地地名的手语语料进行采集，最终结题报告汇集的我国地名手语达4105个，其中内地（大陆）地名手语4047个，涉及市、县名称和一些5A级景点名称；香港、澳门、台湾当地地名手语58个。这是中华人民共和国成立以来最大规模的地名手语专项研究，成果来之不易。同时，研究也发现，不仅不同地区的聋人表达同一个地名的手语会有不同，而且同一个地区的聋人表达本地名称的手语也有不同，要从中筛选出一种作为全国通行的规范地名手语还需要做深入的讨论，并经过一定的审定程序方可实现。但不论怎样，已有的丰厚调查成果为下一步的工作打下了基础，创造了条件。

二、地名手语的打法变化

通用手语规范研究工作初期，在当时手势与手指字母相结合的指导原则影响下，确定了特定名词（人名、地名、学术名词、虚词等）主要由手指字母来表示的方式。因此，从1959年的《聋人手语草图》到1981年的《聋哑人通用手语图》，除北京、上海是手势地名与指语地名并列外，其他各省（自治区、直辖市）的地名都用汉语手指字母表示。其中，多数只表示地名音节的声母，如"Běijīng（北京）"只打出"B+J"；有2个地名是"音节+声母"的方式，"Héběi（河北）"打成"He+B"，"Hénán（河南）"打成"He+N"；音节一样的"Shānxī（山西）"和"Shǎnxī（陕西）"，前者打成"S+X"，后者打成"S+N"；三音节的"Hēilóngjiāng（黑龙江）"只打出前两个音节的声母"H+L"。这种表音方式的地名手语肯定不受聋人的欢迎。

1985年底，《聋哑人通用手语图》的全面修订启动，删除了全部采用表音方式的地名手语。1990年出版的《中国手语》，一部分地名全部采用聋人约定俗成的手语，如北京、上海、天津、黑龙江、内蒙古、四川、甘肃、新疆、台湾、沈阳、南京、郑州、杭州、武汉、福州、成都、兰州；一部分地名部分采用了聋人的习惯打法，如河北、河南、山东、江苏、青海、合肥、广州、银川；其他地名是通过手势的组合编造出来的。无论是部分采用聋人习惯打法的地名手语，还是编造出来的地名手语，明显体现出按汉字表达的设计思路，如河北/河南、山东/山西、湖北/湖南、广东/广西四组地名，汉字相同的，手语也相同。

2019年出版的《国家通用手语词典》中的地名手语完全按照"名从主人"和"求同存异"的原则来确定。《中国手语》已有的聋人约定俗成的地名手语全部保留，原编造出来的地名手语则由中国聋人协会重新调查。最终确定时，同一个地名，聋人手语动作高度一致的，列出一种打法；聋人手语动作有差异的，并都有相对多的使用人群，则列出两种打法。

三、地名手语规范中的政策问题

"名从主人"是地名命名上的一条基本原则，地名手语的确定也需遵循这一原则。

但是，在实际工作中往往面临着较为复杂的情况。

首先，名从哪个主人。地名手语的形成、演变有一个时间的横坐标轴和使用范围的纵坐标轴。在收集和确定地名手语的过程中不可避免会产生下列疑问：年长聋人与年轻聋人对地名的手语打法不同，谁是"主人"？在学校工作的聋人教师与当地社会上的聋人对地名的手语打法不同，谁是"主人"？人数众多的外地聋人与人数很少的当地聋人对地名的手语打法不同，谁是"主人"？当地地名用文法手语表达的聋人与用自然手语表达的聋人，谁是"主人"？根据调查，有些地名的手语少则几种，多则十几种，既有本地聋人之间手语的差异，也有外地聋人与当地聋人之间手语的差异，不可能将所有的打法都上升为通用手语在全国推行。国务院《地名管理条例》规定："一地多名、一名多写的，应当确定一个统一的名称和用字。"显然，对于一个地名多种打法的问题，也要依照国家规定，从中选择使用人数相对多的一（或两）种手语作为国家通用手语。

这次通用手语在地名手语名从哪个"主人"的关键点上，充分尊重和听取中国聋人协会、省级聋人协会的意见，一地一策。对于新老聋人手语不同的问题，或名从现实聋人，或采取并存的方式处理。例如，现在的年轻聋人认为，老一代聋人编写的《聋哑人通用手语草图》《中国手语》中的地名手语绝大多数与现实聋人使用的手语不符。为此，《国家通用手语词典》采用现实聋人使用的地名手语。鉴于"福建、山东、河南"等省名手语存在新老打法，并且都在使用的情况，则通过呈现地名全称和简称的方式同时收入。

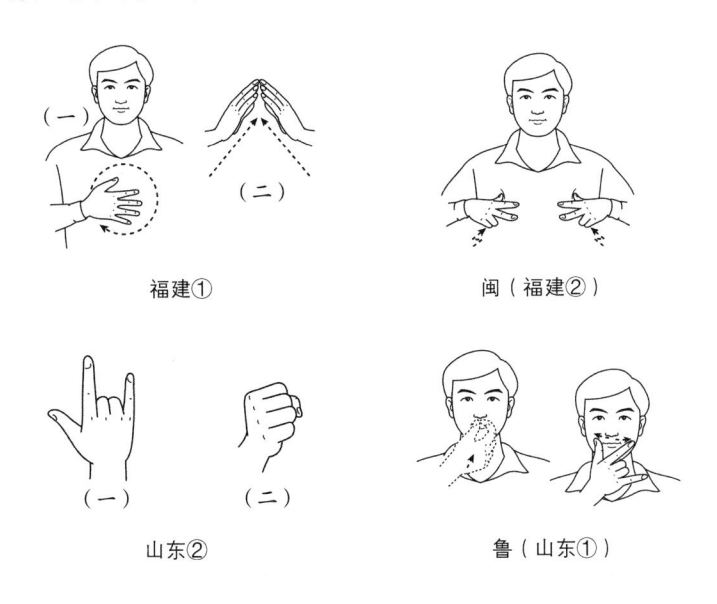

福建①

闽（福建②）

山东②

鲁（山东①）

对于聋人教师与社会聋人手语不同的问题，名从人数相对多的社会聋人。如"浙江"的地名手语，聋人教师和听人教师主张使用《中国手语》一书中"手指字母ZH+江"的手语，而当地聋协主张用"右手小指微曲，指尖朝前，手腕向左转动一下，表示杭州湾"的手语，《国家通用手语词典》采用了后者。

对于外地聋人与当地聋人手语不同的问题，名从当地聋人。如"江西""沈阳"的地名手语，非江西省和非沈阳市聋人的手语与当地聋人的手语不同，尽管当地聋人人数少，但他们是主人，手语地名要名从他们。

其次，谁是审定发布者。近些年，对地名手语出版物的管理不明确，一些单位和个人没有经过国家主管部门审批就编纂发行地名手语出版物，事实上起到了发布地名手语的作用。按照国务院的规定，地名书籍的编纂审定也有程序，使用的地名"以地名机构或民政部门编辑出版的地名书籍为准"。鉴于地名手语的特殊性，其审定、发布者应该是国家主管部门和组织。我国通用手语规范化历程也说明每个阶段的通用手语研究都是由国家主管部门领导、中国聋人协会和相关研究机构具体组织进行，其成果均由国家主管部门批准发布。因此，未经批准，任何单位和个人都无权以任何形式私自发行地名手语出版物和发布地名手语。

第二节 有关自然、人文、经济地理的地名手语

地名手语从其来源应该有根可寻，但随着时间的流逝，这种溯源工作的难度越来越大。基于目前对地名手语进行的理据调查，其中部分地名手语与地理特征、人文历史、语言文字之间存在着联系，它们体现着聋人对家乡的认知与理解。

一、有关自然地理的地名手语

每个地区均有其典型的地理特征，有些地名手语是通过全部或部分模仿当地特殊地形、地貌或者地理位置来表达的，如省级地名手语"山西、浙江、湖南、江西、海南、重庆和澳门特别行政区"，省会地名手语"武汉""南昌"。

山西为典型的黄土覆盖的山地高原地形，山区面积占全省总面积的80.1%。因此，手语"山西"的第一个动作是象形手势，模仿起伏的山形。手语"浙江"，通过小指划动画出杭州湾的地形，以此表其地名。湖南的地形地貌特征是东、南、西三面山地围绕，北部平原、湖泊展布，呈南高北低、西高东低、朝东北开口的不对称马蹄形盆地。手语"湖南"的理据说法有两种，一种是左手代表洞庭湖，右手表示

周围还有很多大大小小的湖泊；另一种是左手表示湖南马蹄形的地形特征，右手表示有很多湖泊。无论哪个说法更准确，都说明这个地名手语源自湖南的地形地貌特征。手语"江西"，左手握拳仿江西地形，右手表示赣江等诸多河流从江西大地上奔流而过。手语"海南"，左手代表海南岛，右手代表雷州半岛；右手拇、食、中指相捏，表示海南岛虽与内陆隔着琼州海峡，但仍彼此相连。手语"重庆"，双手手背拱起，左手在下不动，右手掌向下拍两下左手背，表示山城重庆依山而建的意思。手语"澳门"的理据有解释说，澳门位于祖国南部，因此，以面部表示祖国大陆，一手食指指尖抵于一侧脸颊处，钻动两下，意指澳门的地理位置。手语"武汉"，左手横伸，右手伸拇、食、小指，手背向上，向左手掌心上碰两下。比较流行的解释是，右手三个手指代表武汉三镇：武昌、汉口、汉阳；还有一种解释是，1936年，当时的国民政府在武汉修建了军用机场——南湖机场，1938年2月—5月，年轻的中国空军在武汉上空与来袭的日寇飞机进行殊死激战，极大地激发了全国人民抗战到底的勇气，当时聋人就用"左手代表停机坪，右手代表飞机"的手势表示武汉。手语"南昌"的理据，一种解释是，左手仿江西地形，右手伸食指，在左手背中上部点两下代表南昌的地理位置是在江西省中上部；另一种解释是，右手食指在左手背点两下的动作表示敲瓷器，以瓷器代表南昌，因为江西的瓷器全国闻名。此外，南昌是八一起义的爆发地，因此，聋人还有用双手打"八一"的手势作为南昌的地名手语的情况。

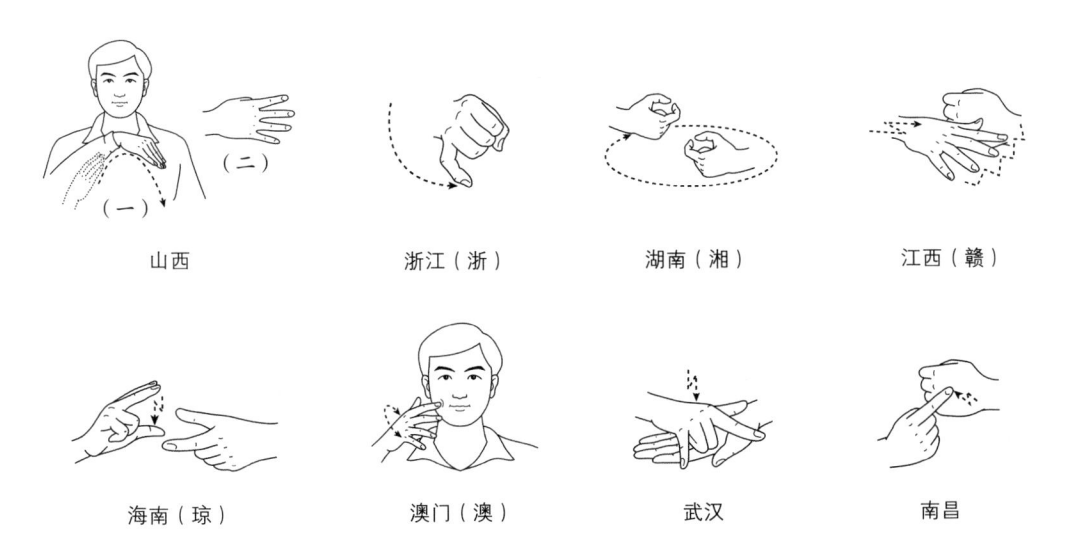

山西　　　　浙江（浙）　　　　湖南（湘）　　　　江西（赣）

海南（琼）　　　澳门（澳）　　　　武汉　　　　　南昌

二、有关人文地理的地名手语

人们在提及某个地名时，会有意无意地将当地的人文历史、人文景观与之联系起来，特别是具有特色的建筑、景点往往会成为一个地方的标志。在地名手语中，有的也与当地的人文历史、地标性的著名景观有关，如"北京、广州、内蒙古、广西、贵阳、天津、南京、郑州、成都、杭州、延安"。

手语"北京"，曾有说与清朝定都北京有关，手势反映了满族服饰大襟的特征；也有说与民国初年身居北京的军阀袁世凯军服上的绶带有关，以右手食、中指自左肩部斜向划至右腰部的动作作为地名手语，后来简化成现在的动作。清末民初的手语没有书面材料留存，上述说法仅是口口相传。1959 年，《聋人手语草图》中有了地名"北京"的手语图，聋人相传该手语的理据与同年举行的第一届全国运动会北京运动员的运动服上横向印着"北京"二字有关。其实每个地方代表团的队服上都印有当地的名称，可能由于北京队在开闭幕式上都是第一个入场，这种表示地名的手语就先用于北京了。

手语"广州"，双手平伸，掌心向上，向腰部两侧碰两下。据说是因为广州地处南方，人们衣服穿得少，上衣相对较短，所以过去聋人通过这种着装特点指代广州。虽然时代变迁，广州人的着装今非昔比，但手语地名中的历史基因被保留了下来。

手语"内蒙古、广西、贵阳"都与生活在当地的少数民族的民族服饰有关。"内蒙古""广西"分别与蒙古族、壮族的头饰特征有关。"贵阳"来源于贵州少数民族的服饰特征。贵州境内苗族、侗族、布衣族居多，这些少数民族多以银饰为民族服装饰品。"一手食、中指分开，指尖朝后，在颈部一侧向前移动两下"的动作表示颈部饰品。该手势过去是从肩部划向胸部，现在手势的位置和移动方向有了改变。

手语"天津"的动作意为"马"。旧时，赛马场是天津有名的娱乐活动中心，现在五大道中的马场道也是天津有名的街道。1928 年，张美丽和齐肆三夫妇在和平区营口道建立了天津第一所私立聋哑学校，后搬迁到桂林路（现岳阳道小学）。因桂林路临近马场道，聋人提及聋校就以马场道的"马"手势指代地名，久而久之就成了天津的地名手语。

手语"江苏"的第一个动作仿"江"字形，而第二个动作是地名"苏州"的手语，也是姓氏"吴"的手语。为何采用这个手语，应该与人文历史有关。江苏是春秋时期吴国所在地，苏州是吴国后期的国都，也是吴语之乡。因此，当地聋人以"吴"称苏州，进而指代江苏自然是顺理成章的。

手语"豫（河南）"，右手握拳屈肘，肘部向身体夹动两下。一种说法是旧中国每逢黄河泛滥，河南都是重灾区，大量难民挎着篮子外出逃荒，借用挎篮这个动作表示当时的河南；另一种说法是该手语从豫剧"抬花轿"中抬轿子的动作演变而来。两种解释表达了两种不同的感情色彩。

手语"郑州",左手食指横伸,手背向外,右手五指弯曲,套入左手食指尖,然后前后转动两下。该手语表示枢纽的意思,以此指代郑州地处中原,位于京广线、陇海线等多条铁路的交会处,是重要的交通枢纽。

南京是六朝古都,至今仍保存着古城门、古城墙。手语"南京"的理据有二,一与人文地理有关,认为表示的是南京古城门的门洞;二与自然地理有关,认为表示的是山形,意指南京位于紫金山下。

手语"成都"的解释非常有当地特点,一是说与成都青羊宫有关。青羊是青羊宫内的镇宫法宝,一只独角,一只双角,当地人喜欢到青羊宫摸青羊祈福。聋人以模仿羊角的手语表示成都地名,其动作也由最初的一手食、中指微弯,贴在太阳穴演变成置于太阳穴旁,前后转动。二是说该手语模仿摇晃拨浪鼓的动作,原因是旧时成都的聋人多是走街串巷的货郎,在贩卖货物的过程中会边走边晃动拨浪鼓。

手语"杭州"据说是模仿杭州著名名胜雷峰塔屋檐檐角的形状,以此代表杭州。原来是双手手势,逐渐演变为单手手势。

手语"拉萨"的第一个动作是模仿做糌粑的动作,体现了藏族的饮食文化;第二个动作"双手合十"表现了藏族信教民众的宗教信仰活动。

延安宝塔是革命圣地延安的标志性建筑。因此,手语"延安"的第一个动作表示的就是宝塔。

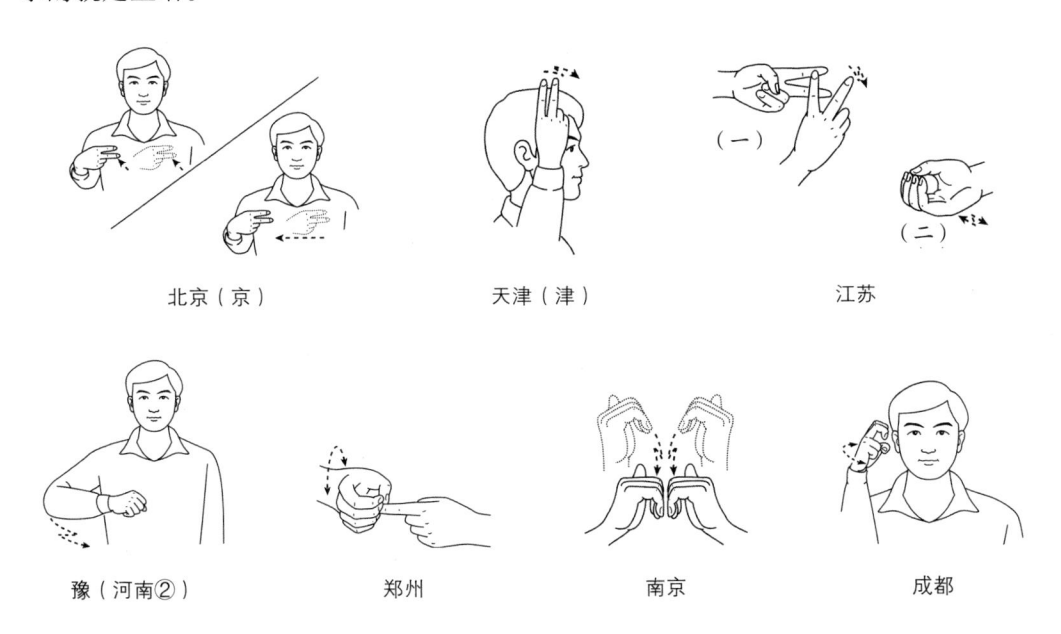

北京(京)　　　　天津(津)　　　　江苏

豫(河南②)　　　郑州　　　南京　　　成都

杭州　　　　　　　　拉萨　　　　　　　　延安

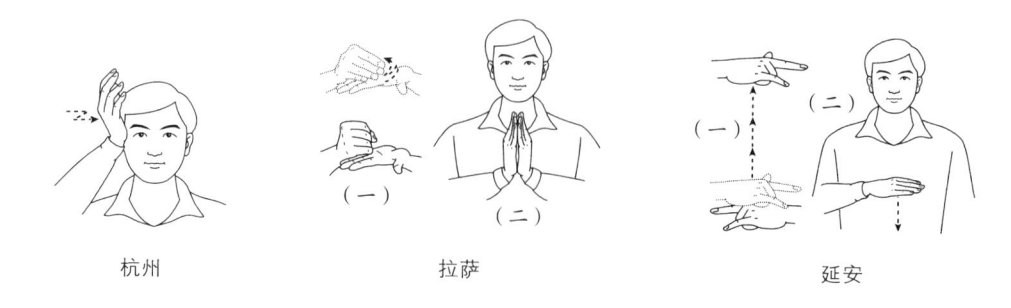

此外，1999年戴目、宋鹏程编著的《梦圆忆当年》一书中有一篇由方方撰写的文章《三个聋人办起了惠喑聋哑学校》，其中介绍了"无锡"地名手语的由来："1940年3月，无锡聋人钱天序、陈祖耕、许廷荣3人开办了私立惠喑聋哑学校，开了无锡特种学校的先河。钱天序又名钱季伦，其父是无锡有名的缫丝业巨子，家境富裕。……钱天序平时穿西装，西服上衣左胸袋里常插着一朵用丝绸手帕摺折的花。这是当时上流社会流行的服饰。聋哑人的姓名都有专用的手势代号。这个手势是根据这个人身上某个特征来模拟的。西服上装胸袋插手帕花只钱天序一人，其他聋人都没有。于是，右手五指微张成花状贴在左胸，这个'胸前的花'的手势就成为钱天序的姓名手势。……钱天序是无锡聋人头号知名人物，他的姓名手势也成了无锡地名的手势。钱天序即无锡，无锡即钱天序，人名和地名混淆，但聋哑人在用手语交谈时都能正确地区分开来，不会弄错。这个情况直到现在还是这样，大家也习惯了。曾经有人设计了一个专用的'无锡'手势，但是推广不开。"[①] 虽然这次《国家通用手语词典》未收入"无锡"地名手语，但以后总会收入，将这个有典故的手语一直保存和使用下去。

三、有关经济地理的地名手语

有的物产因在某地盛产或聚集而成为当地的特色，或者某个地方因某种经济活动而闻名，都可使人将其与地名联系起来。因此，通过表示某种特色物产或某种经济活动来指代地名，也是地名手语的一个理据。例如：手语"香港"，一手五指撮合，指尖对着鼻部，然后开合两下。该手语表示花开时香味扑面而来的意思，用"花香"指代香港，包括了紫荆花在内的在香港特别行政区盛开的各种鲜花。手语"台湾"的起源"有出自'番薯'或'甘蔗'两种手势的说法，二者都是本地的特产。……所以出自'番薯'的说法比较可靠"。[②]

---

① 戴目，宋鹏程. 梦圆忆当年[M]. 上海：上海教育出版社，1999：109.
② 史文汉，丁立芬. 手能生桥第一册（第16版）[M]. 台北：东鑫印刷厂，2004.

与经济地理有关的地名手语还可以反映改革开放给一个地区经济社会的发展带来变化，这是聋人的一大创造，体现在"广东"和"深圳"这两个地名手语上。广东是最早实行改革开放政策的省份，地处广东的深圳又是我国建立的第一个经济特区，短短几十年发生了翻天覆地的变化，成为探索中国特色社会主义发展道路的先头兵。当地聋人认为，这样的成就是依靠人民的聪明才干取得的，因此，将"聪明"的手势进行简单变形，成了"广东"的地名手语。手语"深圳"，左手横伸，掌心向下，右手伸食指，指尖朝下，在左手食、中指指缝间插两下。该手语虽有"深"的意思，但聋人解释为是指在土地上到处打钻，意为深圳是在原本空白的土地上一点一点建设起来的。

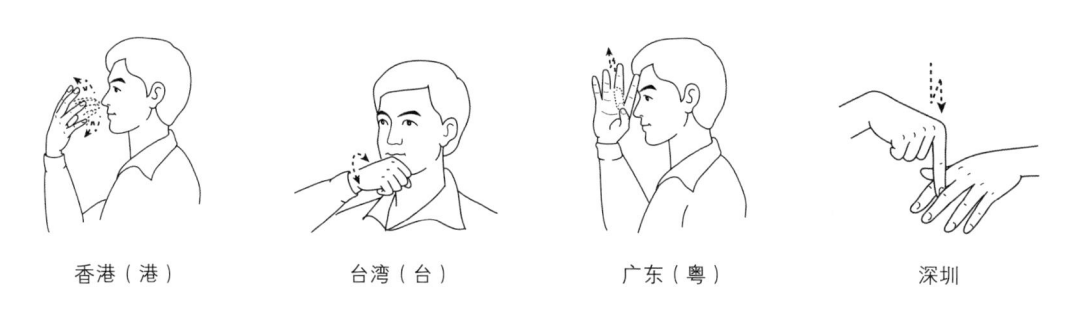

香港（港）　　　　台湾（台）　　　　广东（粤）　　　　深圳

第三节　与汉字相关的地名手语

不论是健听人还是聋人，大家在生活场景或是书本中看到的地名都是用汉字表达的。因此，地名手语中也有不少综合采用了与汉字相关的表音、表形、表意的方式进行表达。

一、单独表音或表字形的地名手语

手语"上海"的起源及理据，在 2020 年 8 月出版的林皓等人所著《手语十日通》一书中有如下介绍："'上海'这个手语词目前有两种打法：一种是双手小指相勾，呈上下拉勾状；另一种是中指弯曲，中指尖叠加于食指背上。前一种打法是上海本地聋人通用的打法；而后一种打法经常是外地聋人的打法。这两种打法都流传较久，至少在 1949 年前已经存在。前一种打法据年近百岁的老聋人回忆，1930 年他初进入聋校读书，这种打法首先是在聋校（福哑聋校）流行。福哑聋校相当于上海聋校中的'贵族学校'，由外国人创办，学费高，教学质量好。而发明这种打法的是一位曾留学英国的聋校老师，他可能了解英国手语的指拼。英国指拼的 S，即左右小指垂直相勾，这就对应了上海（Shang-hai）的英语首字母 S，符合英语手语中以手指字母对应地名首字母的习惯。而后一种打法，流行于上海另一所聋校，由聋人自发创立，收留各地流亡的中下层聋人。这种打法借入了汉字字形'上海'的'上'字的上面部分。1949 年后，流亡的外地聋人离开上海，同时将第二种打法带到全国各地，而上海本地则主要流行福哑聋校的'英式'打法。"① 文中所说的福哑聋校（原上海市第二聋哑学校前身）是英国人傅兰雅于 1926 年创办的，其子傅布兰任校长；聋人自发创办的聋校是指 1937 年聋人何玉麟、王逊等人在中华聋哑协会内创办的"战时聋哑学校"，后称"中华聋哑学校"。

"上海"的两种地名手语，一个采用了表音方式，一个采用了表字形方式。1959 年，《聋人手语草图》收录了表音方式的"上海"地名手语，说明使用它的聋人更多。对于该手语还有另一种解释，认为双手小指上下相勾的手形表示的是船锚，因为上海是港口城市。

单独表字形的地名手语还有"台北"，采用的是台湾地区聋人仿"北"字形的手势。

上海（沪）　　　　台北

二、"表音 + 表形"的地名手语

音形结合直接或间接表示地名，是地名手语构词的又一种方式。此处所说的表音，既包括使用表示汉字声母的汉语手指字母，也包括使用谐音的方式；表形既包括模拟事物的形状，也包括仿汉字字形。

例如：手语"山东②"，第一个动作仿"山"字形；第二个动作打"东"字的声母"D"的手指字母指式，表音。手语"吉林"，第一个动作一手手背贴于嘴部，拇、食指先张开再相捏，是"鸡"的手语，借"鸡"的谐音表示"吉"；第二个动作双手直立，掌心左右相对，五指张开，上下交替移动两下，表示树林。手语"青海"，第一个动作直接打"青"的手势，音义结合；第二个动作是聋人表示"海"的象形手

---

① 林皓，倪颖杰，盛焕. 手语十日通 [M]. 上海：中西书局，2020：103.

势。手语"兰州",第一个动作打手指字母"L"的指式,表音;第二个动作仿"州"字形。手语"黑龙江",第一个动作本身就是音义结合,手指字母"H"表音,摸黑发表义;第二个动作表示传说中龙的两条长须;第三个动作是聋人最常用的表示"江"的手势。手语"石家庄",双手食、中指相叠,指尖斜向相抵,同时前后反向扭动两下,"双手食、中指相叠"是借数字"十"的手语表示同音字"石",采用了谐音的方式;"指尖斜向相抵"是将"家"的手形进行变体,表示的仍是"家";"同时前后反向扭动两下"寓意"庄"是由许多家庭组成的。可见,在这样一个组合构型的地名手语中,音形义兼备。历史上晋商一度十分有名,太原作为晋商都会,商贸交易活跃。手语"太原"以晃动钱的手势表示,寓意该地与经济活动有关。同时,圆币的"圆",币值的"元"都与"原"发音一样,所以该手语也隐含了表音的成分。

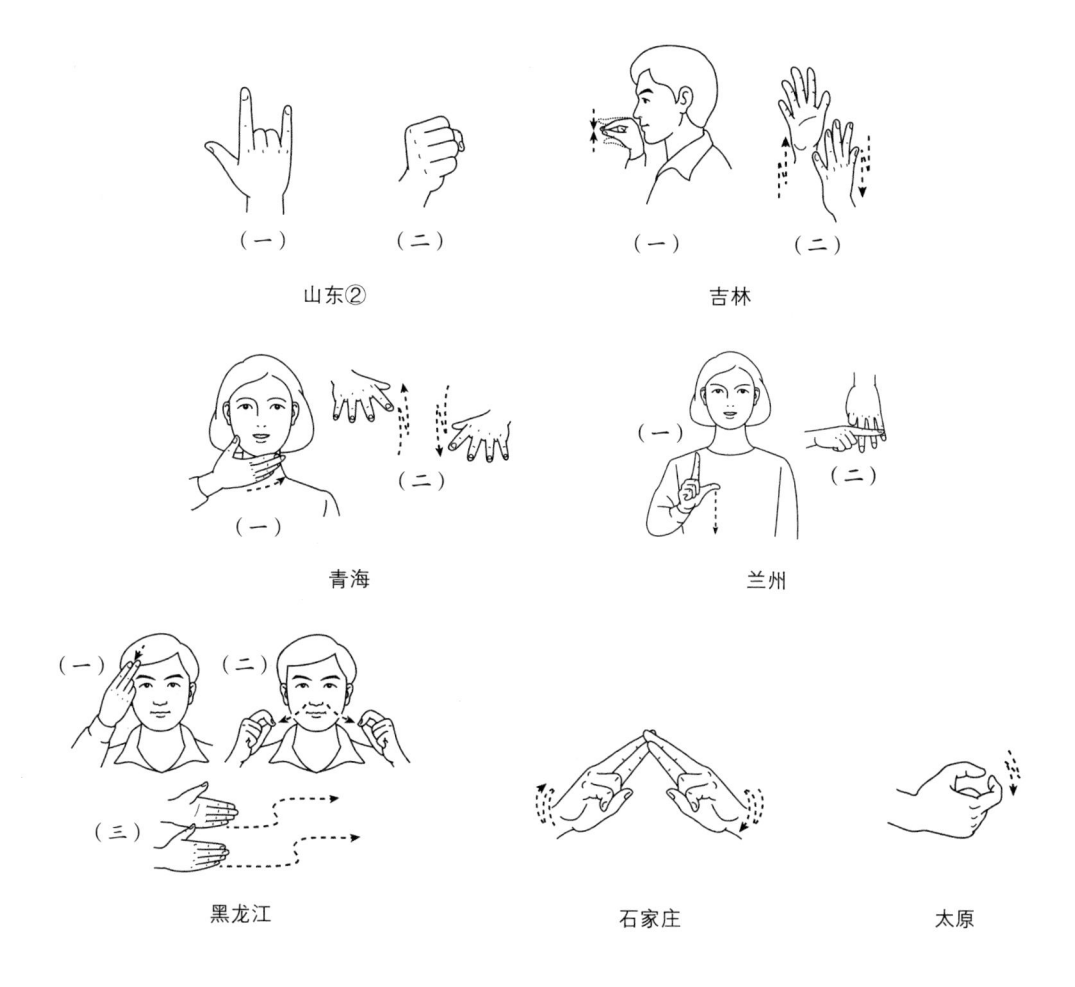

山东②

吉林

青海

兰州

黑龙江

石家庄

太原

三、"表形+表形"的地名手语

仿汉字手势从性质上来讲也是象形手势,但为了将其与一般所说模拟事物的象形手势相区别,这里采用"表形+表形"来表述。"表形+表形"的地名手语,指状物的象形手势+仿汉字手势的地名手语。

手语"河北",第一个动作是聋人表示"河"的象形手势,第二个动作仿"北"字形。手语"海口",第一个动作是"海"的象形手势,第二个动作一手伸食指绕口转动一圈,明确指明表达的是"口",也是仿"口"字形。

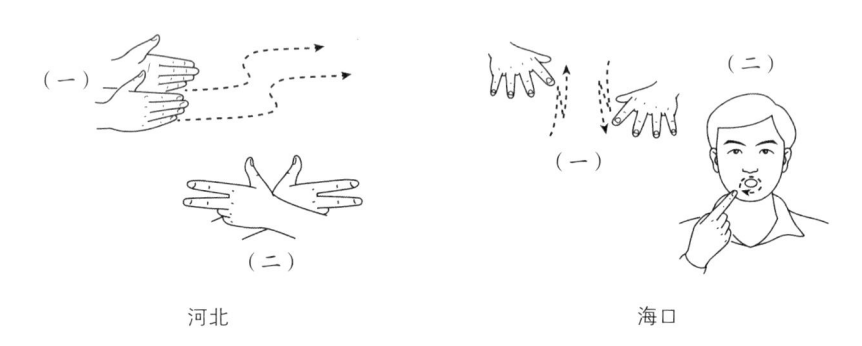

河北　　　　　　海口

四、以借代方式表达的地名手语

手语采用借代的方式表示地名,有的很简单,直接表字,与手语的本来意思无关;有的则需要联想,琢磨其中的关联所在。

直接表字的地名手语包括"甘肃、宁夏、安徽、福建、合肥"等。手语"甘肃"只有一个类似用嘴撕甘蔗皮的动作,甘肃本地不产甘蔗,手语是以此"甘"表示彼"甘"。手语"宁夏",第一个动作一手虚握,虎口贴于颏部,再向上一翘,是仿革命领袖列宁的胡须形态("西宁"的"宁"同此);第二个动作用"热"的手势表示"夏"。这里,"宁"并不表达"安宁"之意,"夏"也不表示天热或夏季的意思,两个动作都是采用借代的方式指称地名。手语"安徽",第一个动作用"安"的手势,第二个动作借用了帽徽的手势。手语"福建",第一个动作一手五指张开,掌心贴胸部逆时针转动一圈,以心里舒坦象征福气,是一种会意的表达方式。手语"合肥"只用了一个表示肉厚的"肥"的手势来指代,而实际上合肥与肥瘦毫无关系。手语"银川",第一个动作用聋人习惯使用的两个圆币手形互碰的动作表示"银"(此处代表银元),第二个动作仿"川"字形。手语"呼和浩特",第一个动作是"呼喊"的打法,直接表示"呼"字。手语"哈尔滨",第一个动作是"笑"的打法,表达"哈哈笑"也是这个手势,所以它同样是直接表字。

甘肃（甘）　　　　宁夏　　　　　　安徽

福建①　　　　　合肥　　　　　　银川

呼和浩特　　　　　　哈尔滨

在日常表达中，采用同音字借代来表述事物或做广告宣传的现象相当普遍，如评价一个人冬季还穿着很少的衣服是"美丽冻（动）人"，宣传山西好风光是"晋（尽）善晋（尽）美"，用"实'鼠'（属）不易"告别难以忘怀的 2020 年，用"'牛'（扭）转乾坤"祈盼 2021 牛年给中国人民带来好运，等等。聋人在用手语表达地名的汉字时也会出现类似的现象。

手语"沈阳"，一手食指弯曲，朝头一侧碰两下，借"羊"的手语表示"阳"，因为"羊"与"阳"发音相同。地名手语中也有用形近字借代的现象，如手语"厦门"，第一个动作用流汗的手势会意夏天，又辗转联想到"夏"与"厦"音同形近。手语"济南"，一手拇、食、中指相捏，在鼻翼一侧向下微移两下。该手语前一部分动作实际是手指字母"Q"，是"齐"的声母，由于"齐"与"济"字形相近，就以表示"齐"转而表示"济"；后一部分动作是"南"的地方手语变体，把原来食指尖在鼻翼一侧点一下的动作变为在鼻翼一侧向下微移两下。手语"长沙"原来是"长 + 沙"两个动作，聋人在表达过程中逐步将其简化，省略了"长"，又将一手拇、食、中指相捏，指尖朝下互捻的"沙"调转为指尖朝上，边向上移动边张开，重复一次的动作。手语"山西",第二个动作打的是"四",用"四"借代"西",因为"四"与"西"字形相近(北京聋人手语表示"西单""西四"时也是这样)。手语"昆明",一手五指张开,指尖朝下,在身体一侧顺时针转动两圈。有一种说法是"昆"与"混"是形近字,因此,借类似"混"的手势来表示昆明的地名。

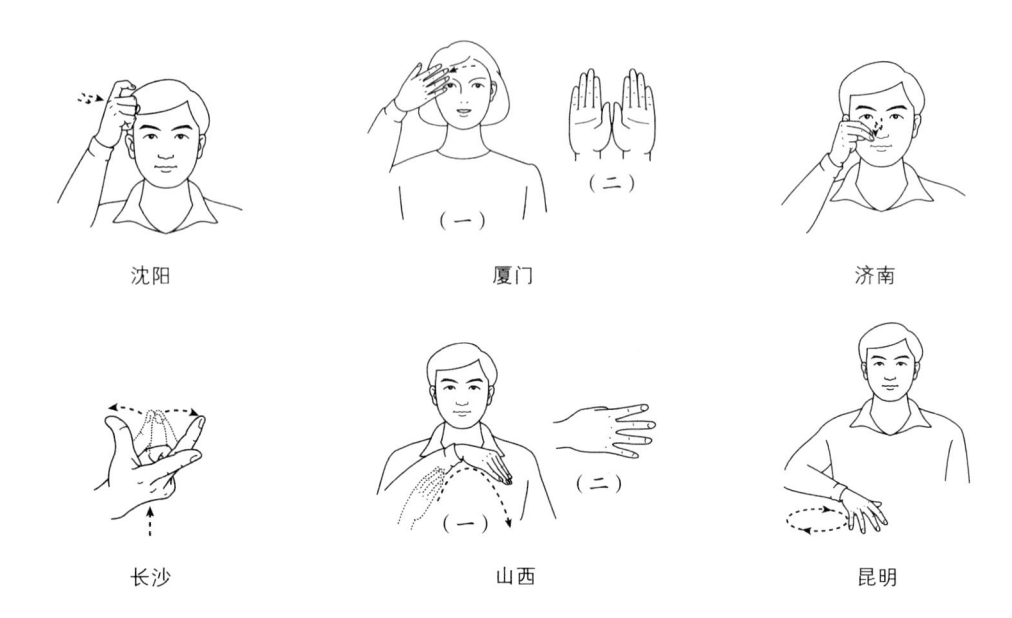

沈阳　　　　　　厦门　　　　　　济南

长沙　　　　　　山西　　　　　　昆明

第十二章
通用手语中的外来手语和外文字母手语

　　一种语言吸收另一种语言的词汇是语言交流和发展过程中的自然现象。咖啡、坦克、吉普、沙发、幽默、芭蕾、模特、逻辑等音译外文词早已进入汉语中。近几十年，像卡拉OK、T恤、卡通、高尔夫、麦当劳、肯德基、艾滋病、酷等一些新的外来词又陆续进入了我国人民的语言生活。同样，改革开放以后，我国聋人走出国门，参加国际会议、留学以及到世界各地旅游的机会日益增多，在与外国聋人的交往中，有一些国际手语或某一外国手语被融入到我国聋人的手语之中，后又被吸收进通用手语。同时，通用手语中还有一些采用外文字母表达的手语词，其中既有直接引用外国手指字母指式的手语词，也有用中国化形式表示外文字母的手语词。这些就构成了通用手语中的外来手语和外文字母手语。

第一节　外来手语和外文字母手语涉及的范围

通用手语中外来手语和外文字母手语涉及的范围有三个：一是一般性手语词，二是外文缩写字母词和计量单位符号，三是世界地理中的几大洲名称和外国国名、地名。其中，前两个范围的手语词数量较少。

一、外来的一般性手语词

外来的一般性手语词是指非专业领域的手语词，数量很少，可以确定的有"禁止、聋②（失聪②）、口语、助听器、笨、奶酪、进步②、退步②"等，其中多数为美国手语。

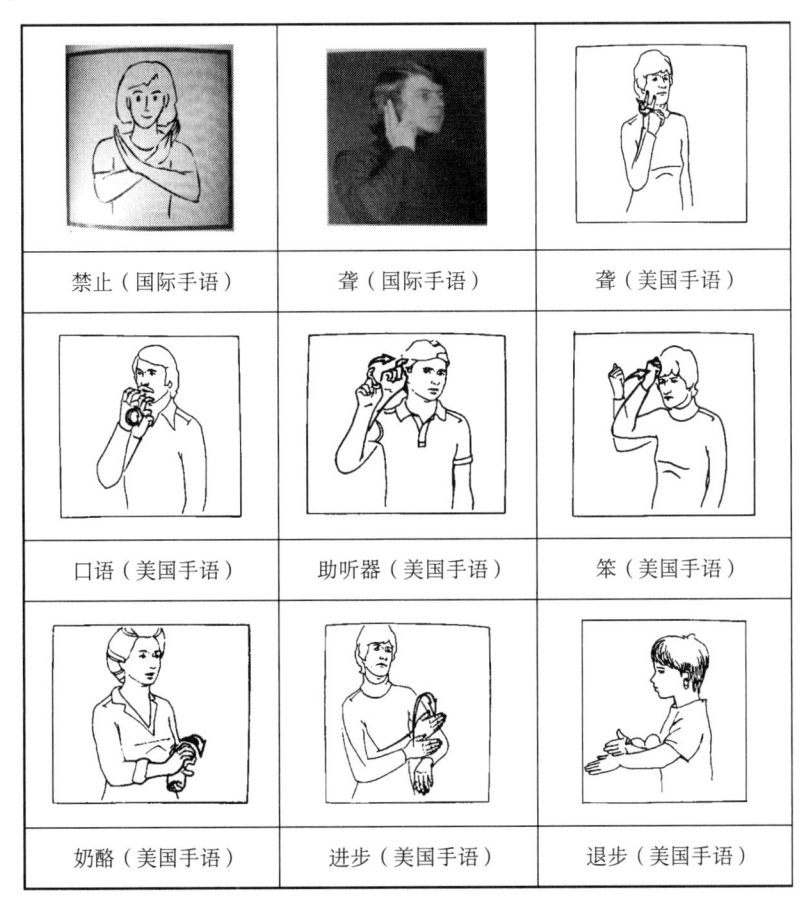

禁止（国际手语）	聋（国际手语）	聋（美国手语）
口语（美国手语）	助听器（美国手语）	笨（美国手语）
奶酪（美国手语）	进步（美国手语）	退步（美国手语）

通过对我国不同时期的手语书进行比较，发现"聋②（失聪②）"这个手语经历了"采用—变化—复用"的阶段，最早与美国手语相同，1990年改用国际手语，这

次《国家通用手语词典》又重新采用了美国手语的打法，与我国聋人习惯的打法并列。同样，将国际手语"禁止"与我国手语并列。美国手语"口语""助听器""笨"已被我国聋人接受，进而取代了原来国内的打法。美国手语"cheese（奶酪）"与我国手语"奶"结合，成为通用手语"奶酪"的一个语素。"进步②""退步②"成为我国聋人使用的一种手语也明显受到了美国手语的影响。另外，体育专业手语中也有一些外来手语，如"奥林匹克""柔道""跆拳道"。柔道、跆拳道这两项运动分别起源于日本、韩国，因此直接引入日本手语和韩国手语（在其国内也存在多种打法）。高尔夫球、保龄球是改革开放以后才进入我国民众的生活领域，其手语来自国际手语。

1979—1983 年《聋哑人通用手语图》	1990 年《中国手语》	2003 年《中国手语》（修订版）	2019 年《国家通用手语词典》
	禁止	禁止	禁止①
			禁止②
			聋①（失聪①）
聋哑	聋	聋	聋②（失聪②）

续表

1979—1983 年《聋哑人通用手语图》	1990 年《中国手语》	2003 年《中国手语》(修订版)	2019 年《国家通用手语词典》
	口语	口语	口语
助听器	助听器	助听器	助听器
	愚笨	笨	笨
			奶酪
			进步②
			退步②

二、不同表达形式的外文字母手语词

2003 年之前，以外文字母作为我国手语构词语素的只有"X 光透视"一词。之后，外文缩写字母和外文字母与汉字结合使用的手语词逐渐增加，成为我国通用手语词的一种新形态，这和外文字母词越来越多地进入汉语的情况是一致的。《国家通用手语词典》中采用外文字母的手语词比较集中地出现在外国国名、地名和英文缩写词，以及部分数理化计量单位符号中。

表 12-1 含有外文字母的手语词例举

类型	手语词
事物名称	B 超、K 粉、氮肥、氧、氧气、一氧化碳、二氧化碳、氢、氢气、氢弹、血型
国名、地名	巴巴多斯、巴西、贝宁、比利时、波黑、伯利兹、博茨瓦纳、布基纳法索、布隆迪、哥伦比亚、喀麦隆、马尔代夫、乍得、巴拉圭、基里巴斯、利比里亚、马里、摩纳哥、维也纳、委内瑞拉、亚洲、欧洲
英文缩写词	CT、KTV、课件（PPT）、3D

通用手语词在外文字母的表达方式上有以下不同情况。

（一）完全采用英语手指字母的手语词

前面提到，汉语手指字母采用的是拉丁字母。英语手指字母采用的也是拉丁字母，但同是英语国家，手指字母却有差异，其中美国手指字母影响范围较广，如国际手指字母就与美国手指字母完全一样。我国有些汉语手指字母直接采用了美国手指字母指式，成为汉英同形的手指字母。《国家通用手语词典》中对含有英语手指字母语素，但指式属于汉英同形的手语词，文字说明仍按汉语手指字母的解释写成"一手打手指字母'×'的指式"；对使用小写英文字母的指式，则特别说明表示的是小写英文字母，如"分贝（dB）"的手语说明中对"d"的解释是"一手食指直立，其他四指相捏，虎口朝内，仿小写拉丁字母'd'的形状"（该指式也是美国手指字母指式和国际手指字母指式），在长度计量单位"分米（dm）"和部分化学元素的手语中也有表示小写英文字母的指式。除一些国名外，通用手语直接采用英语手指字母的词还有"K 粉""KTV"等。

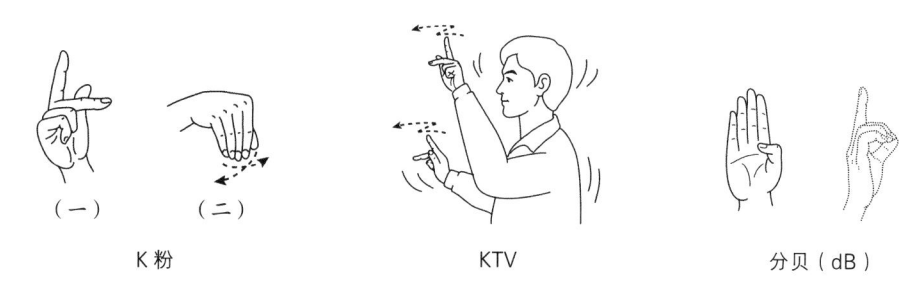

（一）　（二）

K 粉　　　　　　　　　　　　KTV　　　　　　　　　　　　分贝（dB）

（二）采用"英语手指字母+汉语手指字母/仿形"的手语词

通用手语中，手语"血型"是以"英语手指字母+汉语手指字母"混合方式呈现的。其中，字母"B"和"O"的英语手指字母指式与汉语手指字母指式同形。字母"A"，英语手指字母指式是"拇指贴于食指，手背向后"；汉语手指字母指式是"拇指自然竖起，手背向右"。该词中的"A"采用的是汉语手指字母指式，以符合中国聋人的表达习惯。手语"CT"则是采用"英语手指字母+仿字母形状"的方式表达。

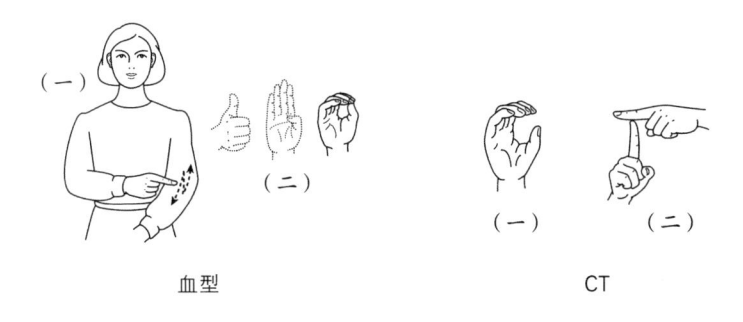

血型　　　　　　　CT

（三）完全采用汉语手指字母或其他方式表示的外文字母手语词

通用手语中，还有个别完全采用汉语手指字母表示外文词的情况，如"3D""课件（PPT）"。此外，还有用双手搭出英文字母形状的方式表示外文词，如"T恤、QQ、X光科"。

课件（PPT）　　　　X光科

用汉语手指字母指式或仿字母形状表示外文字母的手语词，就是我们所称的"中国化形式表示外文字母的手语词"。

三、计量单位符号

以字母形式表示计量单位符号是国际规则。通用手语中以字母形式表达计量单位符号的方式也不外乎上述几种。《国家通用手语词典》收入的计量单位符号不多，有"赫兹（Hz）、分贝（dB）、米（m）、千米（km）、分米（dm）、厘米（cm）、毫米（mm）、微米（μm）、纳米（nm）"等，更多的计量符号出现在数学、物理等专业手语书中。

| 分米（dm） | 厘米（cm） | 赫兹（Hz） |

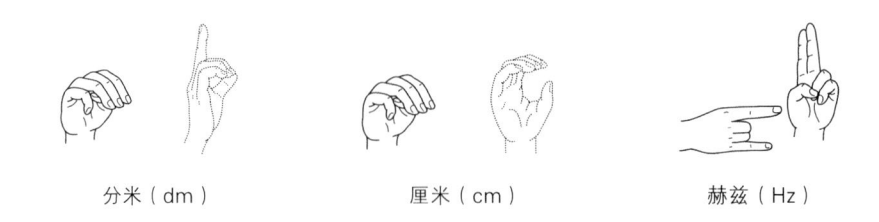

除以拉丁字母表示的计量单位符号外，还有用希腊字母表示的符号，如圆周率"π"、电阻欧姆"Ω"、伽马射线"γ"、贝塔射线"β"等。

对于含有外文字母的手语词和用外文字母表示的计量单位符号，不论其是完全采用英语手指字母表示，还是用"英语手指字母+汉语手指字母"表示，或完全采用汉语手指字母及其他方式表示；不论其是用拉丁字母表示，还是用希腊字母表示，都要按外文字母来发音。这是学习和使用这类通用手语词时需要具备的意识。

四、有关世界地理的外来手语词

1990年之前的通用手语书没有收入有关世界地理，外国国名、地名的外来手语。随着改革开放的扩大，越来越多的我国聋人有机会走出国门，对国外地理方面的手语有了更多的了解和学习。1990年出版的由中国聋人协会编辑的《中国手语》第一次引入了世界地理方面的外来手语，有的明确说明是"该国习惯手势"或"根据该国习惯手势"。2011年仰国维主编的《中国与世界各国地名手语大全》共收入中外1200多个地名手语，但其中还是缺少一些国家的国名手语。在已有工作的基础上，这次通用手语研究意在进一步补充国名手语，以适应地理教学、新闻播报、对外交往的需要。在收集外国国名、地名手语的过程中发现，有些外国国名、地名的手语也是不稳定的或多样的。限于研究条件，《国家通用手语词典》只能在几种资料的交叉比对中选择收入出版年代相对近的、打法相同的或占多数的手语。

《国家通用手语词典》在世界地理方面从以下几个角度选词：一是世界七大洲和四大洋名称，即亚洲、非洲、北美洲、南美洲、南极洲、欧洲、大洋洲和太平洋、大西洋、印度洋、北冰洋；二是国家和地区名称，其中涵盖我国外交部官网公布的所有与我国建交的国家名称；三是联合国五个常任理事国——中国、法国、俄罗斯、英国、美国的首都名称；四是联合国总部及联合国一些组织的所在地名称，如纽约、日内瓦、维也纳；五是几个世界知名城市的名称，如东京、首尔、悉尼。其中除"中国、北京、太平洋、大西洋、印度洋、北冰洋"是中国手语，其他或采用《世界聋人手语》(*International Sign Language of the Deaf*)一书中的手语，或采用外国该国聋人的手语。

通用手语中，有关世界地理的外来手语词数量是最多的，需要做一些专门的分析。

第二节　外国国名、地名手语的主要构词方式

《国家通用手语词典》收入的外国国名、地名手语的构词方式主要有以下几种。

一、模拟洲的地域或国家版图形状

一些大洲的洲名手语和一些国家的国名手语采用模拟洲的地域或国家版图形状的方式表达。例如：手语"非洲、朝鲜、日本、越南、尼泊尔、斯里兰卡、印度尼西亚、塞浦路斯、意大利"是通过"手形＋移动"的方式模拟洲的地域或国家版图形状。外来手语"北美洲"和"南美洲"原本是由两只手相搭模拟这两个大洲的版图形状，比较形象。为了便于我国聋人更快、更准确地理解，通用手语在其外来手语动作的基础上分别增加了"北""南"的手势。

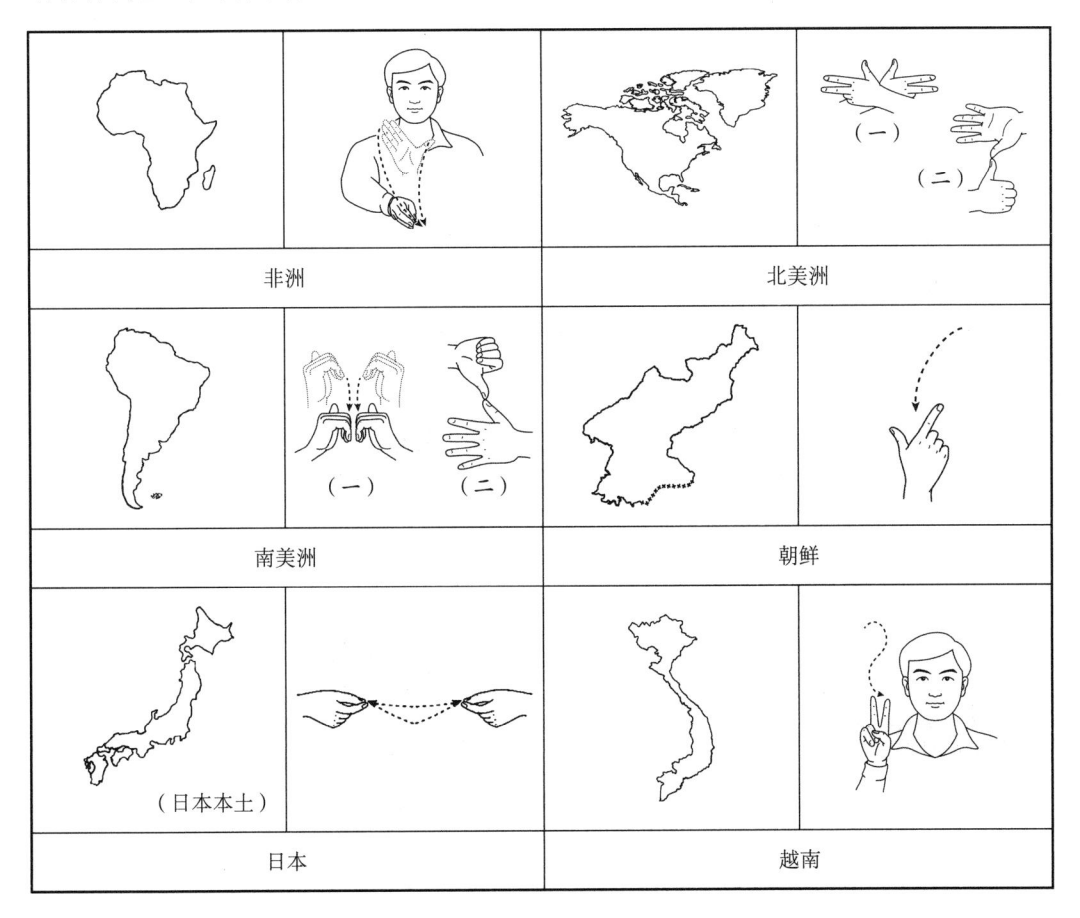

非洲	北美洲
南美洲	朝鲜
（日本本土）日本	越南

尼泊尔	斯里兰卡
塞浦路斯	意大利

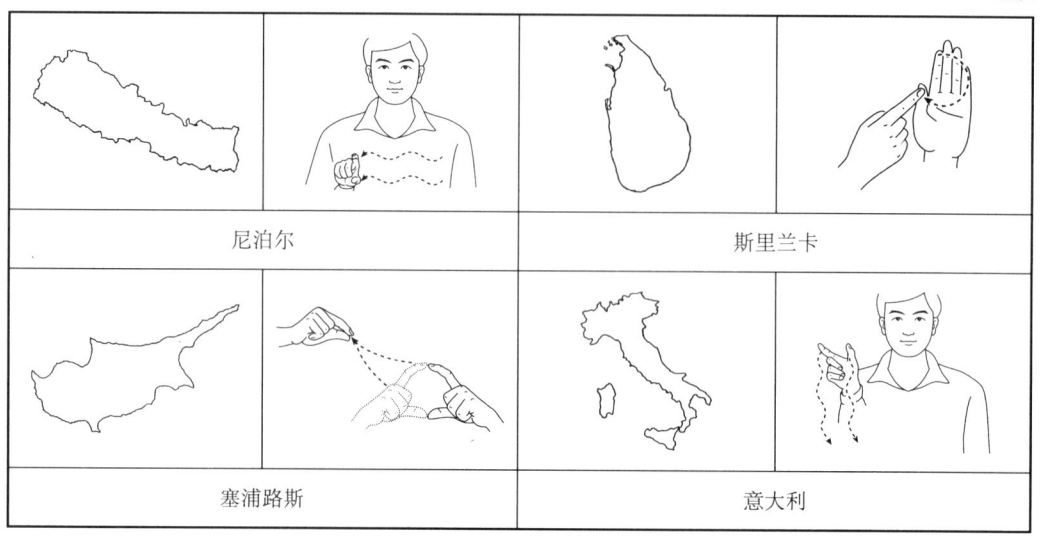

二、表示国旗、国徽、位置、地形特征

（一）表示国旗、国徽中的标志内容

有二十几个国家的国名手语与该国国旗或国徽中的标志内容相关，如亚洲的巴基斯坦、文莱、叙利亚、黎巴嫩、土耳其，欧洲的瑞士、阿尔巴尼亚、希腊、克罗地亚、奥地利，北美洲的多米尼克，南美洲的玻利维亚，非洲的圣多美和普林西比、吉布提、安哥拉、赞比亚、津巴布韦、科摩罗、莱索托，大洋洲的密克罗尼西亚等。

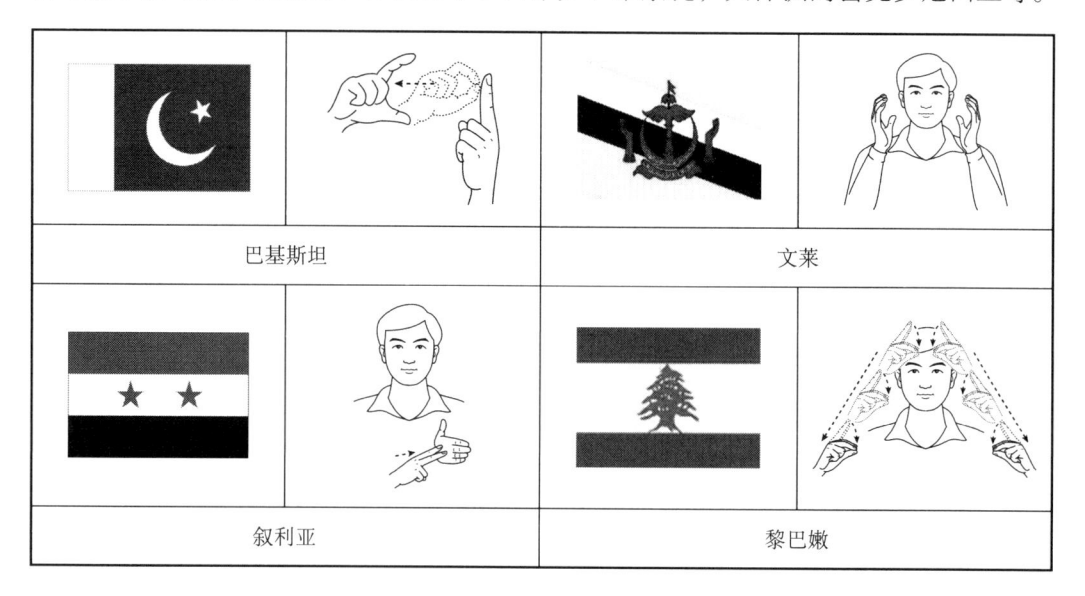

巴基斯坦	文莱
叙利亚	黎巴嫩

续表

瑞士		阿尔巴尼亚	
多米尼克		玻利维亚	
吉布提		安哥拉	
赞比亚		科摩罗	
莱索托		密克罗尼西亚	

（二）表示国家地理位置或地理特征

有一些国名手语与其国家的地理位置或地理特征有关。例如：手语"赤道几内亚"，左手表示非洲的版图，右手伸食指，点一下左手食指根部，表示赤道几内亚位于非洲西部中间。手语"中非"，双手横伸，掌心上下相对，左手在下不动，右手顺时针转动多半圈后变为手垂立，掌心向左，移至左手掌心，表示中非位于非洲中部。

同样，手语"马达加斯加""纳米比亚"也是表示国家所处的地理位置。英国是大不列颠及北爱尔兰联合王国的简称，由英格兰、威尔士、苏格兰和北爱尔兰组成。手语"英国"，双手代表双脚，向下按动表示我们站在这里，即英国（Britain）在这里。该手语虽未点明英国具体在欧洲什么位置，但动作含义与位置有关。构成英国联邦制的英格兰、威尔士、苏格兰和北爱尔兰还有各自名称的手语。

赤道几内亚　　　　中非　　　　纳米比亚　　　　英国

手语"不丹、罗马尼亚、丹麦、尼加拉瓜、牙买加、安提瓜和巴布达、斐济、所罗门群岛"等反映的是该国（或地区）的地理特征。例如：手语"不丹"，左手五指收拢，指尖朝上，右手伸食指，指尖朝下，绕左手顺时针转动一圈，象征地处喜马拉雅山脉的不丹是多山的内陆国家。手语"丹麦"，右手拇、食、中指分开，手背向外，从左向右做波纹状移动，表示丹麦由丹麦本土和隔海相望的格陵兰岛、法罗群岛两个自治领地三块国土组成。手语"尼加拉瓜"，双手拇、食、中指搭成"△"形，虎口朝内，然后向两侧移动并相捏，表示该国中北部为高地、东西两边地势低平的地貌特征。地处大洋中的安提瓜和巴布达、所罗门群岛的国名手语都与它们的国土是由群岛组成的特点有关，如手语"安提瓜和巴布达"，一手五指弯曲，指尖朝下，先边向右移动边顺时针转动两下，再向左逆时针转动一下，表示安提瓜和巴布达是个多岛的国家。

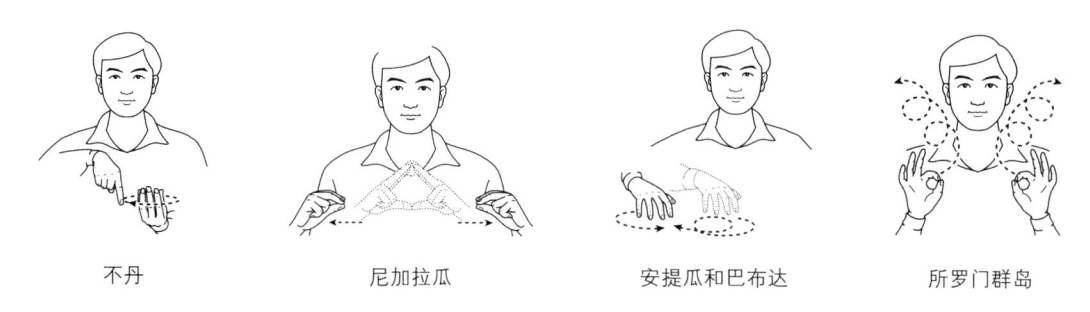

不丹　　　　尼加拉瓜　　　　安提瓜和巴布达　　　　所罗门群岛

在表示国家地理位置的手语中，"冰岛"是个特例，它以吃冰棍的动作让人联想到该国国名（Iceland）中的"冰"（Ice），进而表示这个国家地处北极圈附近，在人们想象中气候一定寒冷。其实，冰岛冬季气温并不是很低，夏季也比较凉爽，是世界上温泉最多的国家，被称为"冰火之国"。

三、表示洲名、国（地区、城市）名的英文首字母

在使用拼音文字的国度里，打出洲名、国（地区、城市）名以及其他地名的英文首字母，是聋人表达地名时比较常用的一种方式。例如，以字母"A"指式+转动表示亚洲（Asia），以字母"E"指式+转动表示欧洲（Europe），以字母"O"指式+移动表示大洋洲（Oceania）。

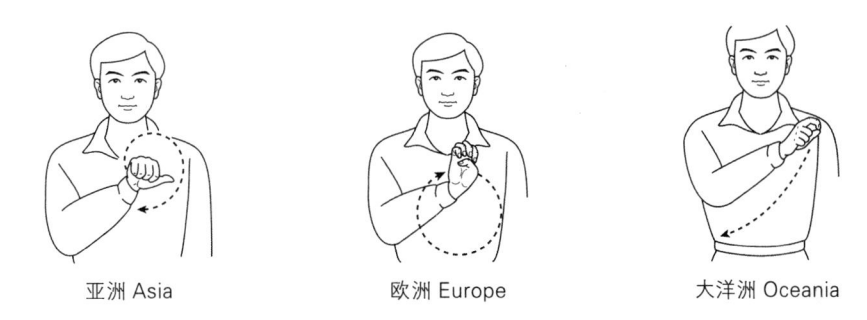

亚洲 Asia　　　　欧洲 Europe　　　　大洋洲 Oceania

同时，多数国名、地名手语聋人采用美国手指字母表示，少数国名、地名手语聋人采用英国手指字母表示。因此，要正确表达这些国名、地名，首先需要了解美国手指字母和英国手指字母。

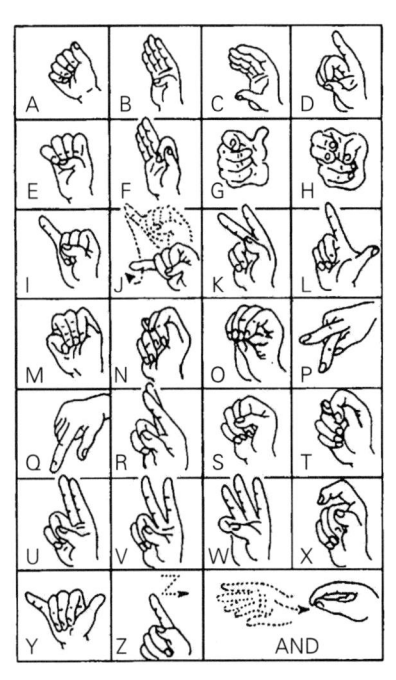

美国手指字母图 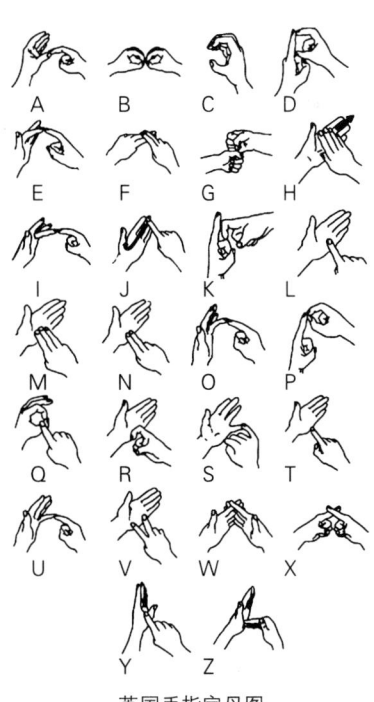　　　　英国手指字母图

《国家通用手语词典》收入的外来手语中，采用美国手指字母表示国（地区、城市）名的有：新加坡、菲律宾、法国、波斯尼亚和黑塞哥维那（波黑）、比利时、列支敦士登、挪威、卢森堡、拉脱维亚、摩纳哥、伯利兹、萨尔瓦多、哥斯达黎加、波多黎各、海地、多米尼加、圣卢西亚、巴巴多斯、圣文森特和格林纳丁斯、格林纳达、哥伦比亚、厄瓜多尔、委内瑞拉、苏里南、巴西、巴拉圭、乌拉圭、马里、苏丹、乍得、塞内加尔、布基纳法索、几内亚、几内亚比绍、塞拉利昂、利比里亚、科特迪瓦、加纳、贝宁、多哥、尼日利亚、喀麦隆、乌干达、布隆迪、刚果（布）、坦桑尼亚、博茨瓦纳、佛得角、南非、瓦努阿图、萨摩亚、基里巴斯、华盛顿、纽约、伦敦、维也纳。

手语"坦桑尼亚"，右手伸拇、食指，食指尖朝左，手背向外，在脸颊一侧做"Z"形划动，表示的也是字母，但非英文"Tanzania"的首字母；手语"纽约"未采用英文"New"的首字母，而是采用"York"的首字母。这两个例子说明用手指字母表示国名、地名的方式也是灵活的。

新加坡 Singapore	菲律宾 Philippines	比利时 Belgium	挪威 Norway
萨尔瓦多 El Salvador	哥斯达黎加 Costa Rica	乌拉圭 Uruguay	厄瓜多尔 Ecuador
马里 Mali	几内亚 Guinea	基里巴斯 Kiribati	瓦努阿图 Vanuatu

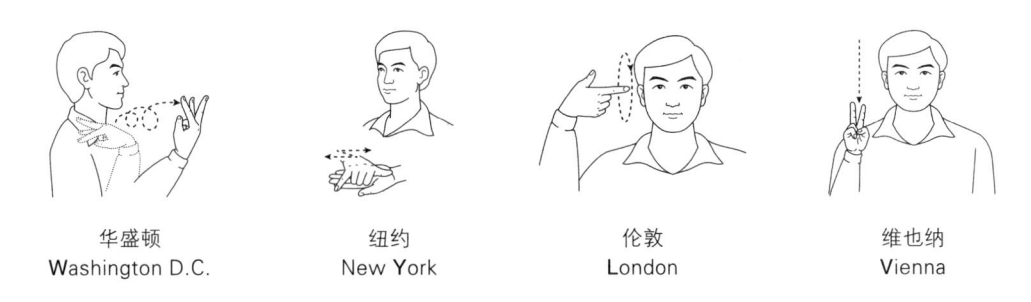

华盛顿	纽约	伦敦	维也纳
Washington D.C.	New York	London	Vienna

采用英国手指字母表示的国（地区、城市）名有 4 个：新西兰、马绍尔群岛、帕劳、汤加。

新西兰	马绍尔群岛	帕劳	汤加
New Zealand	Marshall Islands	Palau	Tonga

四、表示标志性物产或建筑物

一个国家或地区的标志性物产、建筑物不仅让当地民众引以为豪，也会让其他国家的人民津津乐道。一些国家或地区名称的手语也会体现当地标志性物产、建筑物。

（一）表示动植物

外国国名手语中，有的国名手语与当地的动物有关。例如：泰国被称为"大象之国"，大象在泰国是吉祥的象征。有一种说法，泰国的民众习惯把国家的疆域比作大象的头部，北部视为"象冠"，东北部代表"象耳"，暹罗湾代表"象口"，而南部的狭长地带则代表"象鼻"，手语"泰国"表示的就是大象的鼻子。袋鼠是澳大利亚的象征之一，手语"澳大利亚"表达的就是袋鼠，一目了然。卢旺达是大猩猩主要栖息地之一，其国名手语就以大猩猩捶胸的动作来表示。

有的国名手语与当地的植物有关。例如：手语"瑙鲁"模仿这个太平洋岛国天堂鸟花的样子。位于印度洋的塞舌尔视海椰子为国宝，手语"塞舌尔"表示的就是海椰子的形状。

泰国　　　　　　　澳大利亚　　　　　　卢旺达

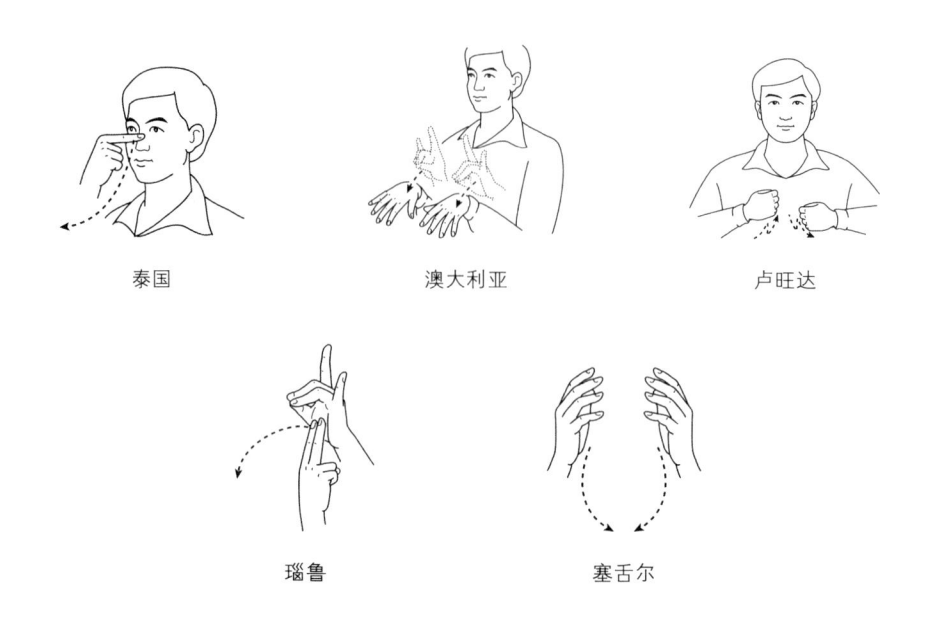

秘鲁　　　　　　　塞舌尔

（二）表示标志性建筑

有的国名手语与当地闻名于世的建筑、工程有关。例如：手语"埃及"既与人面狮身像有关，同时又是"金字塔"的手语，它们都是古埃及的象征。一提巴拿马，就自然联想到贯通太平洋和大西洋的重要航道——巴拿马运河。因此，模仿开闭运河水闸的动作就成为巴拿马的国名手语。同样，手语"巴黎"表示的是高耸的埃菲尔铁塔，手语"悉尼"与顶端呈尖角状的悉尼歌剧院的外形特征有关。

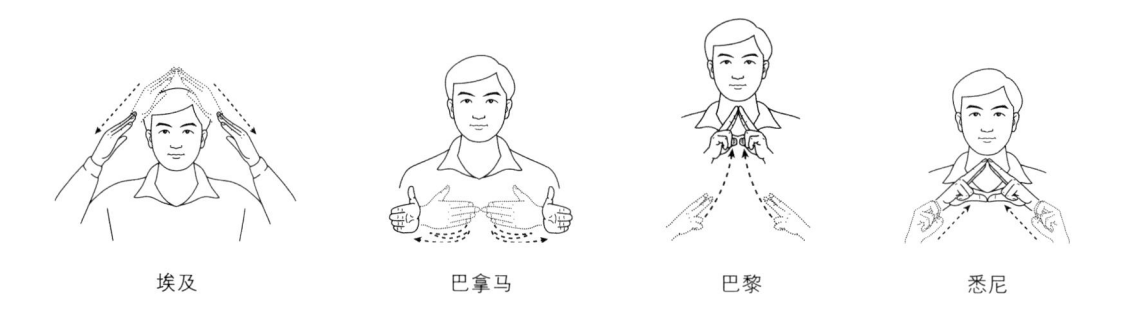

埃及　　　　　　巴拿马　　　　　　巴黎　　　　　　悉尼

五、表示民俗特征

通过手语体现该国民俗的某一方面特征，也是外国国名手语的一种重要的表达形式。

（一）表示相貌特征

了解聋人的人都知道聋人常常抓取相貌上的某个特征给一个人起手语名。蒙古、阿拉伯联合酋长国，加蓬、莫桑比克等国家的国名手语便采用这种命名方式。蒙古人的外眼角一般高于内眼角，手语"蒙古"，右手伸食指，指尖在右眉角处点一下，表示的就是这个特征。俄罗斯、乌克兰、北马其顿共和国、阿拉伯联合酋长国、加蓬和莫桑比克的国名手语都与男人的胡须有关。

蒙古　　　　　乌克兰　　　　阿拉伯联合酋长国　　　加蓬

（二）表示社会文化

1.反映生活民俗

在印度，民众在眉心点一红点表示祝福。因此，一手拇指指尖抵于眉心即为印度的国名手语。缅甸民众普遍信仰佛教，他们在不同场合用"双手合十"的动作表示祈祷、祝福、感谢等多种含义，这一最常见的动作自然成为缅甸的国名手语。手语"老挝"表示的是妇女头上的发髻。老挝妇女将长发全部向上挽起，在头顶盘成一个圆形的发髻，老挝人称之为"高篷"。不同地区、不同年龄的妇女把发髻挽束在不同的部位。老挝南方的妇女把发髻盘在头顶稍后一点的地方，北方的妇女则把发髻盘在头顶偏右的部位；少女的发髻大多盘在头顶，结了婚的或上了年纪的妇女把发髻盘在头顶稍后或偏左、偏右的地方，也有干脆盘在脑后。① 斗牛在西班牙已有悠久的历史，被认为是勇敢善战的象征。手语"西班牙"，右手拇、食指相捏，虎口朝上，然后向内转腕，表示斗牛士掀动红斗篷的动作。手语"阿尔及利亚"的含义被解释为当地土著手持手杖保护疆土。手语"美国"是双手围成栅栏，来源于当初庄园主用栅栏将私有土地圈起来。至今，在美国还能看到木栅栏围起的私家院子。

印度　　　　　　　老挝　　　　　　　西班牙

---

① 老挝妇女的发髻[EB/OL].2019-06-20[2021-05-15].https://www.kekeshici.com/wenhua/minsu/188810.html.

阿尔及利亚 　　　　　　美国

2. 反映服装、服饰特征

手语"格鲁吉亚"表示的是当地民众冬季穿着的厚重毛皮衣服。手语"圭亚那",双手五指张开,置于身体前后两侧,同时向斜下方移动两下,表示当地人穿着的草裙。

格鲁吉亚 　　　　　　圭亚那

手语"柬埔寨"表示的是高棉衣服腰间扎的彩带。手语"塔吉克斯坦"表示的是当地民众所戴花冠上悬垂的三支小铁管。阿拉伯国家的民众有着独特的服饰风俗。例如:手语"巴林"是手插腰刀的动作,在阿拉伯国家,腰刀是男子的重要饰物;手语"沙特阿拉伯""摩洛哥"与当地民众戴的头巾有关;手语"突尼斯"表示当地民众在头一侧戴的头花。手语"立陶宛""图瓦卢"表示的也是当地民众头上戴的花环。

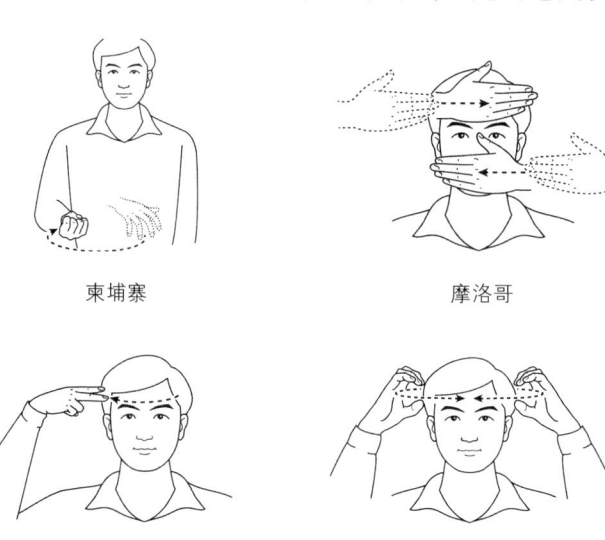

柬埔寨　　　　　　摩洛哥

立陶宛　　　　　　图瓦卢

还有一些国家的国名手语与帽子有关。例如：手语"韩国"表示的是传统节庆冠帽；手语"乌兹别克斯坦"表示的是带有结节的花帽；手语"荷兰""墨西哥"反映的是当地人喜爱戴的宽檐帽子；手语"德国"与过去普鲁士时期军人戴的尖顶军盔的样式有关；手语"约旦""爱尔兰""黑山"都与军帽有关；手语"马来西亚"表示的是当地民众跳民族舞时所戴帽子上的各种帽饰；手语"斯威士兰"源自当地原住居民头戴的羽毛帽饰。

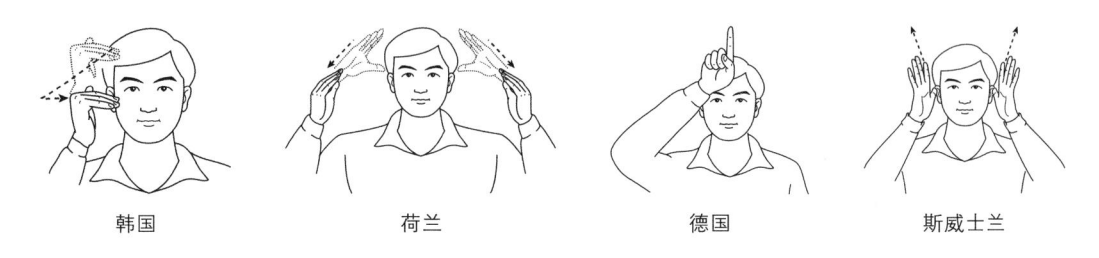

韩国　　　　　荷兰　　　　　德国　　　　　斯威士兰

3. 反映音乐、舞蹈特征

在外国国名手语中，还有体现当地舞蹈风情的手语。例如：手语"斯洛文尼亚"据说来自手帕舞动作；阿根廷是探戈舞的发源地，被阿根廷人民视为国粹，手语"阿根廷"表示的就是跳探戈舞时必不可少的手风琴伴奏动作；手语"巴哈马"模仿双手握棒击打的民族舞蹈动作；手语"特立尼达和多巴哥"表示的是当地民众跳舞时的击鼓动作。

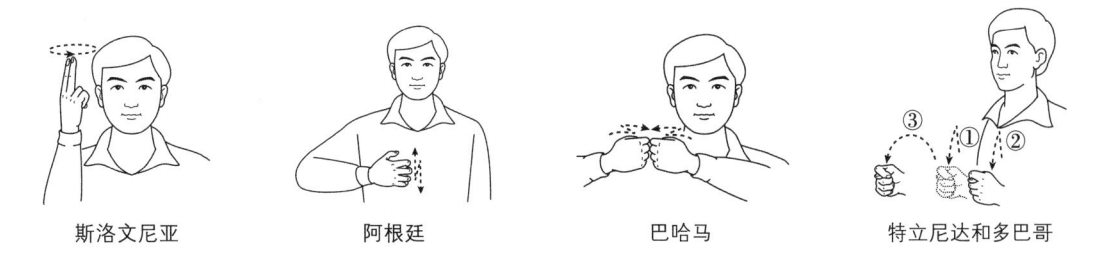

斯洛文尼亚　　　阿根廷　　　　巴哈马　　　　特立尼达和多巴哥

综上可见，各国或地区名称的手语如同一部"小百科"，给我们展现了一个丰富多彩的各美其美、美美与共的多元世界，可以让我们进一步了解各国或地区的历史发展、地理风光、民俗文化。

限于条件，还有一部分外国国名手语的理据尚不清楚或不能确认已有解释的准确性，有待继续深入了解，如孟加拉国、保加利亚、捷克、斯洛伐克、瑞典、塞尔维亚、匈牙利、波兰、爱沙尼亚、葡萄牙、圣马力诺、安道尔、尼日尔、刚果（金）、埃塞俄比亚、索马里、马拉维等。

结束语

历经六十多年的通用手语应用性研究尽管取得了一定成绩，但还不能完全适应社会的发展和满足聋人不断增长的需求。本土化的手语语言学基础理论研究起步不久，手语作为一门语言，还有许多规律和特点尚待揭示。未来在推进通用手语的研究与推广方面，还需要考虑和处理以下一些关系。

一、认知心理学与手语语言学的关系

手语语言学现在已经成为一门学科，它有自己的研究对象和独立的知识体系、话语系统和研究范式。近些年，我国手语语言学学科的萌芽助推了手语本体的基础理论研究，已经出版的理论研究书籍有：《中国手语如何表达非视觉概念》（郑璇，2011）、《中国手语动词研究》（倪兰，2015）、《中国手语动词及类标记结构方向性研究》（陈小红，2015）、《中国手语构词研究》（刘润楠，2015）、《中国手语语言学概论》（邱云峰、姚登峰、李荣、刘春达，2018）、《再论聋人手语的语言地位》（刘润楠，2018）、《上海手语音系》（张吉生，2019）、《中国手语语言学》（吕会华，2019）、《电视手语主持研究》（袁伟，2020），以及法籍华人游顺钊所著的《手势创造与语言起源》（2013），上述部分专著是基于作者本人的博士论文。

手语语言学基础理论研究可以揭示手语语言的基本规律和特点，从理论上说明手语表达方面的"所以然"。在某种程度上，手语语言学是对已然的手语语料的研究，主要回答手语是什么这一问题。相对于有声语言，手语并非如语音、文字那样达到完全抽象的程度。手语借助形象、空间、移动等要素与其所指的事物、概念之间总有这样或那样的联系。从认识论来讲，客观事物作用于人脑（聋人和听人都包括在内），经过大脑的加工转变为手语动作，这是一个认识过程。同一个被认识的事物、概念，在相同社会历史文化背景下的聋人为什么会有不同的手语表达，这更需要从认知心理学的高度去观察和研究。认知心理学重在探讨、回答聋人手语为什么那样表达。李恒、吴铃（2014）在《手语语言学和认知语言学的双向性研究综述——以象似性为例》一文中提出："我国的手语研究尚未完全吸收认知语言学的最新发展成果，……认知语言学的兴起，使得手语语言学找到了新的理论武器和研究方法。手语语言学从一门寄生于普通语言学研究的隐学，在维护自身合法性以及成为独立学科的过程中，既消除了自身与普通语言学理论之间的对立和分歧，又对认知语言学的发展提供了帮助，为其在有声语言中诸多无法直接得到证明的假设给出了显性证据。在二者的双向会通、不断互动中，一种同时囊括口语和手语，揭示人类普遍心智规律的统一语言学理论框架在未来更有望得以建立。"[1]

辩证唯物主义认识论认为，感性认识和理性认识是认识过程不同质的两个阶段。"认识的过程，第一步，是开始接触外界事情，属于感觉阶段。第二步，是综合感觉的材料加以整理和改造，属于概念、判断和推理的阶段。只有感觉的材料十分丰富（不是零碎不全）和合于实际（不是错觉），才能根据这样的材料造出正确的概念和伦理来。"[2]通过对手语现象的观察，我们可以发现，属于理性认识阶段所产生的手语动作会受到手语者（认识者）自身的实践经历、知识结构、理论水平等各方面条件的制约。简单地说，手语动作的确切与否、优劣高下，特别是如何用手语比较贴切地表达复杂、抽象的事物和概念，与手语者（认识者）的认识能力和理论水平直接相关。例如，刘润楠博士在《再论聋人手语的语言地位》一书中例举了一个聋人用"心+肮脏"两个手语动作表示"心脏"的语料。作者分析其理据认为，"肮脏"的"脏"和"心脏"的"脏"在汉语中是一字两词，此聋人用同一个"脏"字把"肮脏"的"脏"和"心脏"的"脏"联系起来了。[3]这个例子很具有典型性，从认识论角度看，该聋人看到的仅仅是"脏"的字形一样，而没有从最关键的词义角度认识二者在概念上完全不同。因此，用"肮脏"的手语动作表示"心脏"的"脏"是不恰当的。同样，前文举出的表示"非典"的三种手语也反映出手语者的认识水平差异。手语交流实践反复证明：由认识偏差所形成的不恰当的手语动作不可能流行开来。不能否认，在过去聋人群体整体文化水平不高的历史条件下所约定俗成的一些手语动作并非确切达意，相信这个问题会逐步解决。在进入现代化的当今，需要不断创造表达新事物、新概念的手语，手语动作力求科学、恰当又符合手语的特点，这是要十分注意的问题。

因此，提高聋人整体的文化水平，逐步培养一批接受不同学科高等教育的高层次聋人人才，从手语创造的源头上引领和提升手语的科学性，是保证我国通用手语研究行稳致远的基础。

---

[1] 李恒，吴铃. 手语语言学和认知语言学的双向性研究综述——以象似性为例 [J]. 中国特殊教育，2014（07）：26-29.
[2] 毛泽东选集（第一卷）[M]. 北京：人民出版社，1991：290.
[3] 刘润楠. 再论聋人手语的语言地位 [M]. 北京：首都经济贸易大学出版社，2018：78.

二、手语基础理论研究与应用研究的关系

手语博大精深，研究的面很广，可以从不同角度切入，不同学科、不同层面的人员都能找到自己感兴趣的课题。从学术角度来讲，手语语言学研究主要聚焦于基础理论研究与应用研究两大领域。没有基础理论研究成果的支撑，应用研究缺乏指导和根基。然而，基础理论研究周期长，有的仅取得了阶段性成果，有的还只是一种假设，可聋人现实生活和聋教育中面临的手语应用问题亟待解决，这就需要妥善处理手语基础理论研究与应用研究的关系问题。

从国情来讲，我国的手语基础理论研究与应用研究都处于补短板的境况，当前尤应将满足聋人教育、医疗、就业、购物、交通、金融、法律援助等民生需要的通用手语应用性研究摆在优先地位。根据聋校义务教育课程标准和高中教育、中等职业教育、高等教育课程设置，研究相关术语、常用词的通用手语；围绕公共服务领域，研究听人与聋人交流所需的常用词、常用句的通用手语。这样，通过解决聋人急难愁盼的手语需求实际问题给基础理论研究提出题目，使基础理论研究为应用研究服务。

手语基础理论研究的深入需要高层次的专业研究人员，而专业研究人员所使用的手语语言学话语体系无法让广大聋人或工作在一线的聋人教育工作者完全理解。因此，现在手语语言学研究成果在指导实践、运用到实践上明显存在最后"一公里"的问题。显然，处理手语基础理论研究与实践的关系，手语理论研究者需要考虑如何将成果转化为"生产力"。只有基础理论研究成果走出书斋，转化为成百上千的聋教育工作者、社会工作者的自觉行动，推动聋教育教学质量和聋人所需公共服务质量的提升，才能真正显现其理论和实践价值。因此，如何用大众化、通俗化的语言分析手语现象、规律和特点，讲明手语语言学的一般原理，实现手语在教育和公共服务等领域的有效运用，是手语基础理论研究与实践相结合要认真对待的问题。

三、手语规约化与人工智能创新的关系

现在都说，3G改变社交，4G改变生活，5G改变社会，6G改变世界，一场人工智能革命已经到来，正在改变人们的观念和生活方式。"手语+信息化"也正在从手语视频、手语APP等阶段悄然向人工智能技术阶段发展。十多年前，我国的专家学者就开始了聋人手语动作的数字化采集和计算机模拟手语的实验研究。在中国知网上，基于视觉的手势识别系统，基于互联网技术的手语合成系统，基于数字仿真与手势识别的手语人机交互学习系统的开发与应用等方面的研究文章比比皆是，仿

真人打手语的人工智能手语数字人也已出现，成为手语研究的新热点。2020年11月3日公布的《中共中央关于制定国民经济和社会发展第十四个五年规划和二〇三五年远景目标的建议》中提出了人工智能、量子信息、集成电路、生命健康、脑科学、生物育种、空天科技、深地深海等八个科技前沿领域，并明确要实施一批具有前瞻性、战略性的国家重大科技项目。可以预见，随着国家科技战略的实施，手语的人工智能研究必将有新的突破，人工智能手语数字人手语动作的流畅性、表情姿态的丰富性将有更大的提升，在公共服务、辅助教学中使用的目标终会实现。科技的发展不可限量。

手语的人工智能研究不可缺少的要素之一是数据。要使计算机采集和深度学习的手语让各地聋人都能看懂，进而实现手语的人机交互无障碍，手语必须是通用的、具有规约性的。刘润楠博士通过各种形式比较北京、上海两地聋人对彼此手语理解的正确率后指出："手语之所以能够成为聋人主要交流方式，根本原因在于它的约定俗成和规约性"；"反之，正是由于缺少了规约性——即使对于聋人被试来说手语也是不透明的，两地的聋人被试对北京地区和上海地区打法不同的手语词的猜中率都极低"[1]。可见，学习和推广国家通用手语，使大家对通用手语词的形式和意义之间的联系理解一致，达到"规约"，就为研制、开发服务于全国聋人的人工智能手语产品奠定了最基本的数据基础。

当然，在目前研制的人工智能手语产品还不尽人意的情况下，我们既要继续支持相关研究，同时也要对其使用的场合和程度有一定的约束，以达到扬长避短的效果。尤为重要的一点是，手语的第一使用者——聋人是一切人工智能手语产品质量的最终评判者。

四、手语学习与有声语言学习的关系

聋校是学习与推广国家通用手语的主阵地。我国聋校绝大多数教师是听人，在这种情况下，到底是按手语规则打自然手语，还是按汉语规则打文法手语，尚未形成共识，其争论焦点是手语是否会影响聋生习得有声语言。这里仅从聋校新课标的角度探讨手语学习与有声语言学习的关系问题。

培养聋生理解和运用国家语言文字的能力是聋教育的重要目标和任务，这一定位从来没有改变过，但是在如何认识手语的地位和作用上有过偏差。手语干扰有声语言习得的观点由来已久，包括发起通用手语研究的聋人领导和学者也有持这种看

---

[1] 刘润楠. 再论聋人手语的语言地位 [M]. 北京：首都经济贸易大学出版社，2018：164-165.

法的。如洪雪立认为，"从本质上来看问题，手势语的缺点是有基本性质的。由于它表现概念暧昧含混，没有文法，在交际中只有一些形象的堆积，致使聋哑人理会别人的语言也只是模模糊糊，仅知大概。他们根据手势语来写话，也是主谓颠倒，语法错乱。单只使用手势，聋哑人的认识活动就会变得十分贫乏，智力发展也受阻抑"[1]。聋校的听人教师会举出大量聋生按手语说话、写句子导致语句成分不全、颠三倒四的例证。为此，二十世纪五十年代，我国在部分聋校搞过口语教学实验，以期将有声语言作为聋生语言习得的唯一目标；八十年代，倡导口语、书面语、手语、手指语多种语言形式的综合运用；九十年代，部分地区聋校在低年级自发开展"双语教学"，由听人教师与聋人教师配合进行，聋生同时学习手语和汉语书面语，淡化或取消发音说话训练。此外，还有的聋校教师借鉴第二语言学习理论和方法，把汉语作为聋生的第二语言，从大量的聋生书面语语料中归纳出现的语病，分析手语与语病产生之间的相关程度，进而寻找有效解决问题的教学方法。

随着对手语性质认识的深化，教育部制定的《聋校义务教育课程标准（2016年版）》对聋校语言教学目标、各种交际方式关系的表述作出调整，提出"培养聋生语言转换能力"的观点和要求。这里说的语言转换是一个广义的概念，既包括两种不同语言体系间的转换，如手语与口语、书面语之间的转换；也包括一种语言体系内不同表达形式的转换，如口语与书面语之间的转换。如语文课标中，提出要让聋生"了解口语、书面语与手语表达方式上的异同和进行转换的方法，不断提高人际沟通和融入社会的能力"；"根据聋生语言形成的特点，合理运用不同的语言沟通手段和教学方式，加强对聋生手语与书面语表达方式的分析和转换能力的指导，加强阅读能力和表达能力的培养，使每个聋生的语言能力不断提高"。在沟通与交往课标中，提出"聋生的口语、手语、书面语能力都应得到发展。这些能力的发展是相互关联的。在教学中要重视口语训练，但不要把口语能力作为唯一的培养目标；要重视聋生的发音练习，但不要把语音清晰度作为唯一的训练目标；要重视手语学习，但不要把手语运用作为聋生掌握语言的最终目的。教学中要把培养聋生口语、手语与书面语的转换能力，以及运用口语、手语和书面语进行有效沟通的能力，作为全面发展聋生语言能力的重点"；"以个别化为原则，根据听力损失和言语康复程度的不同，因材施教，以保证每个聋生都能获得适合的沟通与交往的知识与技能，使每个聋生得到最大程度的发展"。

---

[1] 洪雪立. 手语改革的途径和方法 [M] //《文字改革》丛刊《汉语手指字母论集》. 北京：文字改革出版社，1965：66-72.

聋校新课标传递出一个清晰的信息：手语与有声语言不再是相互排斥或为主为辅的关系；二者都要学习、都要发展、都要运用；根据每个聋生的情况，选择和使用适合其发展需要的语言形式。"转换"不是"替换""替代"。在实践上要告诉聋生"手语是不能写的"，不能用手语替换汉语，如果按照手语说汉语、写汉语就会出错；同时要告诉听人特别是听人教师"生动的手语是不能按文法打的"，不能用汉语替换手语，不顾表达的内容和聋人的感受一味地按照汉语规则打手语。如同我们不能按照汉语习惯说外语，也不能按照外语习惯说汉语一样。不论是手语体系还是汉语体系，都是无法改变的，改变的只有教法和学法。所以，聋校教师要从担心手语影响聋生习得有声语言转到用心钻研新的语言教学法上，引导和帮助聋生理解两种语言体系的区别，较好地实现转换。

同时，聋校新课标反复强调根据学生的个别差异进行教学。通用手语的使用要看对象，对那些经过语言康复训练，有良好听觉和口语能力的学生可以少用或不用手语，对需要使用手语沟通的学生则恰当使用通用手语。

对于听人教师来讲，学习和运用手语的难点在句法，按聋人习惯打手语是一个挑战。为此，《国家通用手语词典》附录中例举了一些手语语法特点，市面上已经出版的手语语言学书籍、手语教学类用书都不同程度地介绍了手语的常见句式和表达特点，可以参考和学习。

五、手语继承与发展的关系

经过几代人的不懈努力，以《国家通用手语词典》及其配套丛书记载、传承、传播手语的基本形式已经确定。对于长期使用、业已约定俗成的手语要保存下来并传承下去，切不可轻易变体或废弃。这些有着几十年甚至上百年的老手语，如同"老城不能再拆了"，不能轻易改动。对于经过近十年的研究、试用，得到多数聋人和聋教育工作者认可而形成的新的通用手语词也应尊重，从全国聋人的长远利益出发加快推广和使用。

在保持整体稳定的前提下也要与时俱进，不断丰富和发展通用手语。根据社会的发展、国际局势的变化以及手语使用者认识上的变化，词目和词目义项的增删，个别词目手语动作的补充、修订是一种正常的现象。例如，原来有"BP机""矿泉壶"，现在没有了；过去有"苏联""南斯拉夫"国名，后来这两个国家解体了，出现了许多新的国家名称，手语书的词目要随之增删。再如，《国家通用手语词典》中"数学"一词的手语有两个动作：（一）双手直立，掌心向内，五指张开，交替点动几下。（二）一手五指撮合，指尖朝内，按向前额。而在聋校数学教学中，师生普遍使用"计算（运算、推算）"的手语动作，即"双手五指微曲，掌心向上，边交替点动边互碰两下"。因此，在《数学常用词通用手语》中把"计算（运算、推算）"的手语动作补充为"数学"的另一个打法，实际是给"计算"增加了一个括号词。还有一些现在没有达成共识的手语，未来可能达成共识而收入词典，或者个别词有了更确切、更形象的手语也会在词典中替换现有的手语。正如《国家通用手语词典》前言所写：语言生活丰富多彩，手语发展永无止境，国家通用手语的研究和规范工作永远在路上。

让我们一起向未来。

参考文献

1. 聋人手语草图（修订第一辑）[M]. 1959.
2. 聋人手语草图（修订第二辑）[M]. 1960.
3. 聋哑人通用手语草图（修订第三辑）[M]. 1960.
4. 聋哑人通用手语草图（修订第二辑）[M]. 1961.
5. 聋哑人通用手语草图（订定第四辑）[M]. 1961.
6. 中国盲人聋哑人协会. 聋哑人通用手语图 [M]. 1981.
7. 中国聋人协会. 中国手语 [M]. 北京：华夏出版社，1990.
8. 中国聋人协会. 中国手语续集 [M]. 北京：华夏出版社，1994.
9. 中国残疾人联合会教育就业部，中国聋人协会. 中国手语（修订本）[M]. 北京：华夏出版社，2003.
10. 国家通用手语常用词表 [M]. 北京：华夏出版社，2018.
11. 中国聋人协会，国家手语和盲文研究中心. 国家通用手语词典 [M]. 北京：华夏出版社，2019.
12. 汉语手指字母方案 [M]. 北京：华夏出版社，2019.
13. 中国手语基本手势 [M]. 北京：中国标准出版社，2010.
14. 傅逸亭，梅次开. 聋人手语概论 [M]. 上海：学林出版社，1986.
15. 赵锡安. 中国手语研究 [M]. 北京：华夏出版社，1999.
16. 戴目. 中国手语浅谈 [M]. 2002.
17. 戴目，宋鹏程. 梦圆忆当年 [M]. 上海：上海教育出版社，1999.
18. 戴目，闻大敏. 百年沧桑话聋人 [M]. 上海：上海教育出版社，2003.
19. 戴目. 现代汉语常用词手势图解（上）（下）[M]. 上海：上海教育出版社，2011.
20. 朴永馨. 中国手语教学辅导 [M]. 北京：华夏出版社，1992.
21. 陈小红. 中国手语动词及类标记结构方向性研究 [M]. 长沙：湖南人民出版社，2015.
22. 刘润楠. 中国手语构词研究 [M]. 北京：首都经济贸易大学出版社，2015.
23. 刘润楠. 再论聋人手语的语言地位 [M]. 北京：首都经济贸易大学出版社，2018.
24. 倪兰. 中国手语动词研究 [M]. 上海：上海大学出版社，2015.
25. 倪兰. 中国手语教程（初级）[M]. 上海：复旦大学出版社，2020.

26. 郑璇. 中国手语如何表达非视觉概念 [M]. 北京：知识产权出版社，2011.
27. 张吉生. 上海手语音系 [M]. 上海：华东师范大学出版社，2019.
28. 吕会华. 中国手语语言学 [M]. 北京：知识产权出版社，2019.
29. 林皓，倪颖杰，盛焕. 手语十日通 [M]. 上海：中西书局，2020.
30. 顾定倩，朴永馨，刘艳虹. 中国特殊教育史资料选 [M]. 北京：北京师范大学出版社，2010.
31. 国家手语和盲文研究中心. 中国手语和盲文使用状况 [M]. 北京：商务印书馆，2014.
32. 高宇翔. 无声世界：中国聋人史略 [M]. 郑州：郑州大学出版社，2018.
33. 仰国维. 中国与世界各国地名手语大全 [M]. 郑州：河南科学技术出版社，2011.
34. 国名、地名的手语规范表达研究课题组结题报告. 国名、地名手语（上下册）[M]. 北京：北京师范大学，2017.
35. 朴永馨主编. 特殊教育词典（第3版）[M]. 北京：华夏出版社，2014.
36. 史琍，崔吉平主编. 聋人百科词典 [M]. 合肥：安徽人民出版社，2012.
37. 黄伯荣，廖序东. 现代汉语（增订六版）[M]. 北京：高等教育出版社，2017.
38. 李杰群. 非言语交际概论 [M]. 北京：北京大学出版社，2002.
39. 乔继堂，朱瑞平. 中国岁时节令辞典 [M]. 京：中国社会科学出版社，1998.
40. 邓慧兰. 香港手语词典 [M]. 香港：香港中文大学出版社，2007.
41. 澳门聋人协会. 澳门手语第一册 [M]. 2001.
42. 澳门聋人协会. 澳门手语第二册、第三册 [M]. 2006.
43. 史文汉，丁立芬. 手能生桥第一册（第16版）[M]. 台北：东鑫印刷厂，2004.
44. 史文汉，丁立芬. 手能生桥第二册（第13版）[M]. 台北：东鑫印刷厂，2005.
45. 台湾"教育部"手语研究小组. 修订版手语画册第一辑、第二辑 [M]. 1999.
46. 台湾"教育部"手语研究小组. 常用词汇手语画册第一辑、第二辑 [M]. 2000.
47. 台湾"教育部"手语研究小组. 常用成语手语画册 [M]. 2001.
48. 陈志和. 国名与城市名手语宝典（第2版）[M]. 台北：加合文具印刷有限公司，2009.
49. 张荣兴. 台湾手语地名造词策略研究 [M]. 台北：文鹤出版有限公司，2011.
50. 张荣兴. 台湾手语姓氏认知与造词策略研究 [M]. 台北：文鹤出版有限公司，2011.
51. 邢敏华译. 动作中的语言——探究手语的本质 [M]. 台北：心理出版社，2005.
52. World Federation of the Deaf. Country Name-Signs [M]. 2003.
53. HUMPHRIES T, PADDEN C. Learning American Sign Language [M]. Prentice-Hall, Inc, 1992.
54. TENNANT R A, BROWN M G. The American Sign Language Handshape Dictionary [M]. Gallaudet University Press, 1998.

附 录

新中国手语工作大事记

1953 年

1 月

【27 日】教育部在《关于盲哑学校方针、课程、学制、编制等问题给西安市文教局的复函》中提出"在普通小学的六年之外,盲校可加半年预备班,来学习盲字,熟习学校环境,掌握日常生活的知识。聋哑学校的预备阶段则可用一年至二年,来学习看口、发音、识字、手势、日常会话和生活知识等"。

1956 年

6 月

【23 日】教育部印发《关于聋哑学校使用手势教学的班级的学制和教学计划问题的指示》。

1958 年

4 月

【10 日】教育部印发《关于在盲童学校和聋哑学校教学拼音字母的通知》,提出各地盲童学校和聋哑学校逐步推行汉语拼音字母教学。

7 月

【29 日】中国聋哑人福利会成立聋人手语改革委员会,聘请聋人教育工作者、文字学家、语言学家及社会聋人洪雪立、周有光、顾朴、陆志韦、李掬等 19 人为委员,确定制定手指字母方案、制定手势语规范化方案、指导全国推行手指字母方案及手势语规范化方案三项任务。并在北京、沈阳、哈尔滨、南京、上海、青岛、武汉、广州、兰州、成都、昆明设立了 11 个工作点收集各地聋人手势。

1959 年

2 月

【20 日】内务部、教育部、卫生部转发 2 月 14 日《中国聋哑人福利会关于聋人

工作天津现场会议的报告》，提出"积极开展聋人手语改革工作。中国聋哑人福利会聋人手语改革委员会，本年内在调查研究的基础上，将分期分批印发全国统一的手势语图表。各地要认真开展宣传，组织聋人和聋人工作干部学习、使用新的手势语；并要会同教育部门，在聋哑学校、聋人生产单位、聋人扫盲班，积极进行聋人汉语手指字母方案（草案）的试行工作，取得经验后全面推广"。

【24日】内务部、教育部印发《关于试行聋人汉语手指字母方案的联合通知》，提出可以先在聋校试行《汉语手指字母方案》，作为识字拐棍和发音教学的辅助手段。

7月

【27日】教育部、内务部印发《关于试行规范化的"聋人手语"的联合通知》，提出中国聋哑人福利会聋人手语改革委员会编制的《聋人手语草图》修订第一辑可以先在聋人福利工作干部训练班、聋人业余学校、扫盲班（组）及聋人生产单位试行；聋哑学校学生课外语言交往也可试行。

【本月】中国聋哑人福利会手语改革委员会编印出《聋人手语草图》修订第一辑。

1960年

1月

【本月】中国聋哑人福利会手语改革委员会编印出《聋人手语草图》修订第二辑。

10月

【19日】内务部、教育部、中国文字改革委员会批转中国盲人聋哑人协会《关于修订聋哑人通用手语工作方案》的通知。

11月

【2日】内务部、教育部、中国文字改革委员会联合发出《关于试行聋哑人通用手语草图第三辑的通知》。

【本月】中国盲人聋哑人协会编印出《聋哑人通用手语草图》修订第三辑。

1961年

6月

【本月】中国盲人聋哑人协会编印出《聋哑人通用手语草图》修订第一辑。

【本月】中国盲人聋哑人协会编印出《聋哑人通用手语草图》修订第二辑。

12月

【本月】中国盲人聋哑人协会编印出《聋哑人通用手语草图》订定第四辑。

1963 年

12 月

【29 日】内务部、教育部、中国文字改革委员会公布施行《汉语手指字母方案》，要求聋校、聋人业余文化学校一律按公布的方案进行手指字母教学。

1974 年

7 月

【本月】周有光、沈家英提出《汉语手指音节设计初稿》，在《汉语手指字母方案》的基础上增补了表示 20 个复韵母的指式，以观看者的角度，采用右手打声母、左手打韵母的方式，双手配合同时打出一个音节。之后在北京第四聋人学校试用。

1979 年

7 月

【本月】中国盲人聋哑人协会将六十年代四册《聋哑人通用手语草图》汇编成 16 开本的新版《聋哑人通用手语图》第一、二辑，在全国发行。

8 月

【3 日】中国盲人聋哑人协会筹备组在北京召开全国手语工作座谈会，讨论制订了 430 个手语新词。

9 月

【17 日】民政部、教育部、中国文字改革委员会印发《关于进一步试行和推广聋哑人通用手语的联合通知》，批准在全国试行新制订的 430 个手语新词。

1980 年

3 月

【本月】中国盲人聋哑人协会编辑印发《聋哑人通用手语图》第三辑（试行本）。

1981 年

5 月

【本月】中国盲人聋哑人协会将《聋哑人通用手语图》第一、二辑改版成 32 开合订本重新印制，在全国发行。对其中个别手势动作和文字说明做了技术性修改。该合订本共收入 2099 个词目的手势，其中含列入括号内的同义词、近义词 195 个。

1982 年

10 月

【18—26 日】中国盲人聋哑人协会在北京召开第二次全国手语工作座谈会，讨论通过《聋哑人通用手语图》第四辑（试用本），共收新词 640 个。

11 月

【15 日】民政部、教育部、中国文字改革委员会批准在全国试行《聋哑人通用手语图》第四辑（试用本）。

1983 年

4 月

【本月】中国盲人聋哑人协会编辑印发《聋哑人通用手语图》第四辑（试行本）。

1984 年

7 月

【27 日】国家教育委员会初等教育司印发《关于征求对聋哑学校教学计划意见的通知》，在有关教学工作的几点意见中提出，在课堂教学中，教师和学生的语言手段必须以口语为主导，凭借课文合理运用手指语、手势语和板书作为辅助语言手段。

1985 年

3 月

【15 日】中华人民共和国邮电部发行《中国残疾人》特种邮票，一套四枚，其中第二枚图案为汉语手指音节指式。

12 月

【本月】中国盲人聋哑人协会委托上海市盲人聋哑人协会组成编辑小组，对《聋哑人通用手语图》四辑本进行修订。中国盲人聋哑人协会副主席富志伟兼任组长，上海市残联副主席、上海市聋哑青年技术学校校长戴目和上海市残联秘书长郭日月任副组长，组员有李云霞、梅次开、谢放、王瑞兴、徐秀珍。该组对《聋哑人通用手语图》四辑本所有词目手势逐个研讨，并增加了一些急需的新词手势，形成《中国手语》（初稿）。

1986 年

5 月

【17 日—30 日】在第十二届"上海之春"文艺汇演中,上海聋哑人艺术团参加演出。由上海市聋哑青年技术学校教师李名扬和上海市舞蹈学校教师岑爱斌共同编导,李名扬用手语表演的歌曲《我的中国心》受到观众的热烈欢迎和国内音乐舞蹈界的广泛关注,获得新作品演出一等奖和创作二等奖。手语歌自此成为我国文化生活和手语传播中的新形式。

12 月

【本月】上海市盲人聋哑人协会编辑小组撰写出《中国手语》(修改稿),中国盲人聋哑人协会副主席、编辑小组组长富志伟,中国盲人聋哑人协会谭铮、闻大敏与编辑小组讨论,并经编辑小组再次修改后发至全国各地盲人聋哑人协会征求意见。

1987 年

3 月

【本月】中国盲人聋哑人协会主办的刊物《盲聋之音》第三期发表上海市聋哑青年技术学校傅逸亭、郭哲夫撰写的文章《关于手语歌〈我的中国心〉》,并附傅逸亭绘制的该歌曲手势动作图。这是手语歌第一次出现在全国性的公开出版物上。

5 月

【22 日—26 日】中国盲人聋哑人协会在山东泰安召开第三次全国手语工作会议,决定将《聋哑人通用手语图》四辑本修订为一卷本,并易名为《中国手语》。

1988 年

9 月

【3 日】国务院批转执行《中国残疾人事业五年工作纲要(1988 年—1992 年)》,提出"做好盲文、手语的研究、推广和应用工作"。

1989 年

5 月

【7 日】北京电视台在国内最早推出一档手语节目《手语一周新闻综述》。

1990 年

5 月

【本月】中国聋人协会编辑的《中国手语》出版。

12 月

【28 日】第七届全国人民代表大会常务委员会第十七次会议通过《中华人民共和国残疾人保障法》，自 1991 年 5 月 15 日起施行。其中，第二十五条规定"特殊教育教师和手语翻译，享受特殊教育津贴"。第二十六条规定"政府有关部门应当组织和扶持盲文、手语的研究和应用"。第三十八条规定"政府和社会采取下列措施，丰富残疾人的精神文化生活：……；（二）组织和扶持盲文读物、盲人有声读物、聋人读物、弱智人读物的编写和出版，开办电视手语节目，在部分影视作品中增加字幕、解说"。

1991 年

10 月

【4 日】民政部、国家教育委员会、国家语言文字工作委员会、中国残疾人联合会发出《关于在全国推广应用〈中国手语〉的通知》，提出"为使我国手语更加规范、统一，便于聋人学习和交往，拟在全国推广应用《中国手语》"；"各地民政、教育部门和残联要密切配合，认真做好推广《中国手语》的组织和培训工作。各级残疾人联合会和福利企业的专职或兼职手语翻译，在集会、电视节目等公共场合，必须使用《中国手语》。聋校教职工在教育教学过程中使用手语时应使用《中国手语》。高等师范院校特教专业、中等特殊师范学校，应将《中国手语》列为教学内容。各地举办手语培训班，应以《中国手语》为教学内容"。

12 月

【3 日】中国聋人协会为推广普及《中国手语》，根据中国残联第八次宣传工作协调会议精神，在北京召开《中国手语》配套图书"中国手语系列读物"编辑出版研讨会。

【29 日】国务院批转执行《中国残疾人事业"八五"计划纲要（1991 年—1995 年）》，提出"出版、影视、文学艺术等单位，要努力为残疾人提供更多的作品。为适应残疾人特殊需要，部分影视作品增加字幕；开办电视手语节目；组织和扶持盲文读物、盲人有声读物、聋人读物、弱智人读物和特殊教育教材的编写出版"。

在配套的《残疾人文化生活"八五"实施方案》中提出"为适应残疾人特殊需要，部分影视作品增加字幕；开办电视手语节目；组织和扶持盲文读物、盲人有声读物、聋人读物、弱智人读物和特殊教育教材的编写出版"。

1992 年

9 月

【14 日】中国残疾人联合会宣传教育部向各省、自治区、直辖市、计划单列市残联下发《中国手语》推广实施方案、《中国手语》培训班教学计划。

1993 年

9 月

【16 日—18 日】中国残疾人联合会宣传教育部在北京召开《中国手语》新增词研究工作会。

10 月

【12 日】国家教育委员会发出《关于印发〈全日制聋校课程计划（试行）〉和〈全日制盲校课程计划（试行）〉的通知》。在《全日制聋校课程计划（试行）》中提出"聋校的教学语言应以口语为主，凭借课文，使用手指语、手势语、板书等多种语言形式，使学生在学习知识、形成能力的同时，发展语言能力。聋校在各项活动中使用手语时，应该使用《中国手语》"。

12 月

【18 日】中国聋人协会、中国残疾人联合会宣传教育部在北京召开《中国手语》续集定稿会。

1994 年

3 月

【28 日】中国聋人协会、中国残疾人联合会宣传教育部在北京召开《中国手语》续集终审会，会议于 4 月 1 日结束。

8 月

【23 日】国务院发布施行《残疾人教育条例》，规定"从事残疾人教育的教师，应当热爱残疾人教育事业，具有社会主义的人道主义精神，关心残疾学生，并掌握残疾人教育的专业知识和技能"。

【本月】在国家新闻出版署、中国残疾人联合会举办的全国首届奋发文明进步图书奖评选活动中，《中国手语》获一等奖。

【本月】中国聋人协会编辑的《中国手语》续集出版。

1996 年

4 月

【26 日】国务院批转《中国残疾人事业"九五"计划纲要（1996 年—2000 年）》，提出"基本普及'中国手语'"；"中等以上城市电视台普遍开办配有手语的专栏节目，县级以上广播电台普遍开播残疾人专题节目"等任务和措施。

6 月

【本月】由人民教育出版社出版的全日制聋校实验教材《体育（教师教学用书）》中配有表达动作口令和体育专业术语的手语图，这是我国统编聋校教材第一次出现手语图。

1998 年

12 月

【2 日】教育部印发《特殊教育学校暂行规程》。其中，第六条规定"特殊教育学校的基本教学语言文字为汉语言文字。学校应当推广使用全国通用的普通话和规范字以及国家推行的盲文、手语。招收少数民族学生为主的学校，可使用本民族或当地民族通用语言文字和盲文、手语进行教学，并应根据实际情况在适当年级开设汉语文课程，开设汉语文课程应当使用普通话和规范汉字"。

2001 年

4 月

【10 日】国务院批转执行《中国残疾人事业"十五"计划纲要（2001 年—2005 年）》，提出"推广中国手语"；"制定计算机等专业手语词汇"；"省会城市及有条件的中等城市电视台争取开办手语新闻栏目，广播电台争取开播残疾人专题节目"；"发展信息和交流无障碍。电视新闻、电影、电视剧逐步加配字幕；服务行业人员学习、掌握基本手语；研制、推广适合盲人、聋人使用的通讯设备"。

在配套的《宣传文化工作"十五"实施方案》中，提出"办好中央人民广播电台、中央电视台和省级广播电台、电视台的残疾人专题节目、手语新闻栏目"，"电视新闻、影视剧逐步加配字幕说明；社会综合性报刊开辟有关残疾人内容的专栏（版）"。

6 月

【10 日】中国残疾人联合会教育就业部研究决定，委托北京师范大学特殊教育研究中心承办《中国手语》修订工作。

11月

【24日—26日】中国残疾人联合会教育就业部在北京主持召开《中国手语》修订审定会。

2003年

4月

【本月】中国残疾人联合会教育就业部、中国聋人协会编的《中国手语》（修订版）上、下册出版。

2004年

9月

【本月】中州大学（现郑州工程技术学院）特殊教育学院设立"手语翻译"专科专业。

12月

【5日—14日】由中国残疾人联合会教育就业部、中国聋人协会主办，浙江省残疾人联合会、浙江省手语培训中心承办的第一期国家级骨干手语翻译培训班在杭州举办。

2005年

1月

【本月】中国残疾人联合会教育就业部、中国聋人协会编的中国手语系列丛书《计算机专业手语》出版。

2006年

1月

【本月】中国残疾人联合会教育就业部、中国聋人协会主编的手语通系列丛书《中国手语日常会话》出版。

6月

【4日】国务院批转执行《中国残疾人事业"十一五"发展纲要（2006年—2010年）》，提出"加强盲文、手语的研究、完善和推广工作，继续研制专业手语和盲文符号，组织开展盲文、手语特殊教育培训，规范教材的编审和出版工作，为盲人、聋人接受义务教育、高级中等教育和高等教育创造条件"；"市（地）级以上电视台

要开办手语节目，县级以上广播电台要开设残疾人专题节目，积极推进影视作品加配字幕工作"；"积极开展信息交流无障碍工作。推动信息交流无障碍法律、法规建设，采用盲文、手语、字幕、特殊通讯设备等辅助技术或替代技术，为残疾人接受和传播信息，参与社会生活创造条件"。

在配套的残疾人教育工作、宣传文化工作、无障碍建设实施方案中，分别提出"深入开展盲文和手语的研究推广工作。在广泛普及的基础上建立骨干翻译队伍，鼓励地方进行手语研究，努力创建信息交流无障碍环境。组织专家深入研究中国手语和盲文，不断推进其标准化、规范化建设"；"开展手语和盲文的研究与推广"；"继续办好中央人民广播电台、中央电视台和省级广播电台、电视台的残疾人专题节目、手语新闻栏目。推动市（地）县两级广播电台、电视台积极开设残疾人专题节目、手语新闻栏目"；"推动政务信息公开无障碍，推动在电视新闻、电影、电视剧中进一步加配字幕，鼓励电视台开办手语节目，在医院、车站等重点公共场所和城市重点线路公交车建立信息屏幕系统。在商业等服务行业从业人员中推广手语。为聋人提供手语翻译或书面语文字交流援助。研发推广方便盲人、聋人使用的信息交流产品"。

8月

【本月】中国残疾人联合会教育就业部、中国聋人协会、广州市手语研究会主编的《中国手语培训教材（试用）》出版。

2007年

2月

【2日】教育部印发《聋校义务教育课程设置实验方案》，提出"增设沟通与交往和综合实践活动课程。沟通与交往课程的内容主要包括：感觉训练、口语训练、手语训练、书面语训练及其他沟通方式和沟通技巧的学习与训练，旨在帮助聋生掌握多元的沟通交往技能与方式，促进聋生语言和交往能力的发展"。

6月

【本月】复旦大学中文系培养出我国首位手语语言学专业方向的博士倪兰。

11月

【14日】中国残疾人联合会教育就业部在北京召开《国家职业标准：手语翻译员》（修订送审稿）征求意见会。

2008 年

1月

【8日】中国残疾人联合会教育就业部、教育部基础教育司、教育部语言文字应用管理司联合印发《"十一五"期间在全国部分聋校开展推广〈中国手语〉试点工作方案（2008年—2010年）》，确定在北京市第二聋人学校、秦皇岛市特殊教育学校、长春市特殊教育学校、上海市第一聋校、南京市聋人学校、合肥市特殊教育中心学校、泉州市盲聋哑学校、广州市聋人学校、信阳市特殊教育学校、成都市盲聋哑学校、兰州市盲聋哑学校开展试点工作，并成立试点工作领导小组。

3月

【18日】《国家职业标准：手语翻译员（试行）》经劳动和社会保障部批准开始施行。

【20日—21日】根据中国残疾人联合会、教育部《"十一五"期间在全国部分聋校开展推广〈中国手语〉试点工作方案（2008年—2010年）》的要求，经教育部基础教育司、教育部语言文字应用管理司同意，中国残疾人联合会教育就业部在北京召开试点工作会。

【28日】中共中央、国务院印发《关于促进残疾人事业发展的意见》，提出"加快无障碍建设和改造。制定、完善并严格执行有关无障碍建设的法律法规、设计规范和行业标准。……积极推进信息和交流无障碍，公共机构要提供语音、文字提示、盲文、手语等无障碍服务，影视作品和节目要加配字幕，网络、电子信息和通信产品要方便残疾人使用"。

【本月】第29届奥林匹克运动会组织委员会、中国残疾人联合会编的《北京奥运会和残奥会常用手语》出版。

4月

【24日】第十一届全国人民代表大会常务委员会第二次会议通过修订的《中华人民共和国残疾人保障法》，自2008年7月1日起施行。修订和新增加的规定包括："开办电视手语节目，开办残疾人专题广播栏目，推进电视栏目、影视作品加配字幕、解说"；"国家采取措施，为残疾人信息交流无障碍创造条件。各级人民政府和有关部门应当采取措施，为残疾人获取公共信息提供便利。国家和社会研制、开发适合残疾人使用的信息交流技术和产品"；"公共服务机构和公共场所应当创造条件，为残疾人提供语音和文字提示、手语、盲文等信息交流服务，并提供优先服务和辅助性服务"。

7月

【6日—10日】经教育部基础教育司、教育部语言文字应用管理司同意，中国残疾人联合会教育就业部在秦皇岛市特殊教育学校举办全国部分试点聋校推广《中国手语》师资培训班。

【本年】厦门大学肖晓燕申报的"手语翻译理论建构"和上海大学倪兰申报的"中国手语动词调查及手语动词分类研究"被批准为2008年度国家社科基金青年项目。这是国家社科基金首次批准的手语研究项目。

2009年

5月

【7日】教育部、发展改革委、民政部、财政部、人力资源社会保障部、卫生部、中央编办、中国残联印发《关于进一步加快特殊教育事业发展的意见》，提出"继续开展盲文、手语研究，使之更加科学、实用"。

6月

【23日】复旦大学中文系培养出我国首位手语语言学专业方向的聋人博士郑璇。

9月

【30日】国家质量监督检验检疫总局、中国国家标准化管理委员会发布国家标准《中国手语基本手势》(GB/T 24435—2009)，自2009年12月1日起实施。

2010年

3月

【10日】中国残联、教育部、民政部、人力资源社会保障部、卫生部、中央宣传部、发展改革委、科技部、司法部、财政部、住房城乡建设部、交通运输部、工业和信息化部、文化部、人民银行、扶贫办印发《关于加快推进残疾人社会保障体系和服务体系建设的指导意见》，提出"推进信息和交流无障碍建设，提高全社会无障碍意识。有关部门要将信息交流无障碍纳入信息化建设规划，制定信息无障碍技术标准，推进互联网和手机、电脑等信息无障碍实用技术和产品研发。政府政务信息公开要采取信息无障碍措施，公共服务机构要提供语音、文字提示、盲文、手语等无障碍服务。图书和声像资源数字化建设要实现信息无障碍"；"各地电台、电视台积极创造条件，开设残疾人专题节目和手语节目，影视作品和节目要加配字幕"。

【本月】中国残疾人联合会教育就业部、中国聋人协会编的中国手语系列丛书《体育专业手语》出版。

4月

【8日—9日】经教育部基础教育司、教育部语言文字应用管理司同意,中国残疾人联合会教育就业部在北京召开全国部分聋校开展推广《中国手语》试点工作方案评估标准研讨会。

7月

【16日】中国残疾人联合会、教育部、国家语言文字工作委员会在北京师范大学成立"国家手语和盲文研究中心"。教育部副部长、国家语委主任李卫红,中国残联理事长王新宪出席并揭牌。

2011年

5月

【16日】国务院批转执行《中国残疾人事业"十二五"发展纲要》,提出"将手语、盲文研究与推广工作纳入国家语言文字工作规划,建立手语、盲文研究机构,规范、推广国家通用手语、通用盲文,提高手语、盲文的信息化水平。建立手语翻译员培训、认证、派遣服务制度";"推动公共服务行业、公共场所、公共交通工具建立语音提示、屏显字幕、视觉引导等系统。推进聋人手机短信服务平台建设";"中央、省、设区的市广播电台要积极创造条件开设残疾人专题节目、电视台要积极创造条件开办手语栏目。对困难地区广播电台开设残疾人专题节目、电视台开设手语栏目给予扶持。继续推进影视剧和电视节目加配字幕"。

在配套的残疾人教育工作、宣传文化工作、无障碍建设实施方案中,分别提出"深入开展手语和盲文研究推广工作,将手语、盲文研究推广工作纳入语言文字工作规划,制定通用手语、通用盲文标准,建设国家手语和盲文研究中心,开展相关课题研究,组织相关培训。有条件的教育和研究机构要积极开展手语和盲文的监测、研究和推广工作。各地要以残疾人工作者、残疾学生、服务行业人员等重点人群为主,积极做好中国手语的培训和宣传,广泛开展中国手语的推广宣传工作";"继续办好中央人民广播电台和省级广播电台、电视台已有的残疾人专题节目、手语新闻栏目。积极创造条件,推动市(地)级以上广播电台开设残疾人专题节目;扶持省、市(地)两级电视台开播'手语栏目'。继续推进影视作品和电视作品加配字幕";"推动各级政府和有关部门采取无障碍方式发布政务信息。推动市级电视台在电视节目中加配字幕或开办手语节目。推动在重点公共服务行业、公共场所、公共交通工具建立语音提示和信息屏幕系统。试点建立方便听力、言语残疾人使用的紧急呼叫与显示系统。推动互联网网站实行无障碍设计。研发推广信息交流无障碍技术、产品、

8月

【31日】中国残疾人联合会、教育部、国家语言文字工作委员会给北京师范大学和有关单位发出《关于依托北京师范大学共建国家手语和盲文研究中心的通知》，提出中心接受中国残疾人联合会、教育部、国家语言文字工作委员会的共同领导，由北京师范大学具体管理。中心设指导委员会、专家咨询委员会和行政委员会。

9月

【本月】中国残疾人联合会教育就业部、中国聋人协会编的中国手语系列丛书《理科专业手语》出版。

【本月】国家语委"十二五"科研规划2011年度重大科研项目"国家通用手语标准研制"准予立项。

【本月】国家语委"十二五"科研规划2011年度一般科研项目"中国电视手语问题及对策研究"准予立项。

11月

【1日】中国残疾人联合会教育就业部、教育部语言文字应用管理司、教育部基础教育二司印发《全国手语和盲文使用状况抽样调查实施方案》的通知，决定在北京、河北、内蒙古、吉林、辽宁、上海、江苏、浙江、福建、山东、河南、湖南、广东、四川、云南、陕西、甘肃、新疆18个省（自治区、直辖市）开展全国手语和盲文使用状况的抽样调查，为国家研究制定手语、盲文特殊语言文字政策和编制完善通用手语、通用盲文标准提供科学依据。

【8日】国家语委、中国残疾人联合会2011年度重大科研项目"国家通用盲文标准修订""国家通用手语标准研制"开题会在北京召开。教育部副部长、国家语委主任李卫红，中国残联副理事长程凯出席并讲话。

2012年

3月

【本月】中华人民共和国第十一届全国人民代表大会第五次会议和中国人民政治协商会议第十一届全国委员会第五次会议安排手语同声传译，这在两会历史上是第一次。北京市东城区特殊教育学校周晔成为首位手语传译者。

6月

【14日】教育部印发《国家教育事业发展第十二个五年规划》，提出"完善盲文、手语规范标准"。

【28日】国务院印发《无障碍环境建设条例》，自2012年8月1日起施行。规定"设区的市级以上人民政府设立的电视台应当创造条件，在播出电视节目时配备字幕，每周播放至少一次配播手语的新闻节目。公开出版发行的影视类录像制品应当配备字幕"；"公共服务机构和公共场所应当创造条件为残疾人提供语音和文字提示、手语、盲文等信息交流服务，并对工作人员进行无障碍服务技能培训"；"举办听力残疾人集中参加的公共活动，举办单位应当提供字幕或者手语服务"；"电信业务经营者提供电信服务，应当创造条件为有需求的听力、言语残疾人提供文字信息服务，为有需求的视力残疾人提供语音信息服务。电信终端设备制造者应当提供能够与无障碍信息交流服务相衔接的技术、产品"。

【29日】中国国家标准化管理委员会发布国家标准《使用低比特率视频通信的手语和唇读实时会话应用配置》(GB/T 28513—2012)，自2012年10月1日起实施。

7月

【本月】中国聋人协会手语研究与推广委员会（以下简称委员会）成立，委员会主任为邱丽君，副主任为陈华铭、仰国维；秘书长为徐聪，副秘书长为胡晓云、沈刚；委员由有关部门或各地聋协推荐。委员会成立后在中国聋人协会网站设立"手语资讯"栏目。

12月

【4日】教育部、国家语言文字工作委员会印发《国家中长期语言文字事业改革和发展规划纲要（2012—2020年）》，提出"加快制订、完善国家通用语言文字和少数民族语言文字基础标准、应用能力标准、评测认证标准、通用手语和通用盲文标准"；"调查手语、盲文等特殊语言文字使用情况，为制订完善手语、盲文规范标准，提高特殊教育质量提供服务"；"加快手语、盲文规范标准研制。加强国家通用手语和盲文规范化、标准化、信息化建设，修订通用盲文国家标准，研制通用手语国家标准，研制手语、盲文水平等级标准和手语翻译员等级标准。根据需求，研究制定少数民族手语、盲文。加强手语、盲文推广运用。结合特殊教育学校课程改革，推广使用国家通用手语、盲文。培育和发展手语、盲文社会服务机构，为听力、视力残疾人提供国家通用手语、盲文翻译和语音阅读、提示等服务。加强手语、盲文基础研究。重视手语、盲文高层次人才培养和研究机构建设，充分发挥国家手语和盲文研究中心作用"。

【19日】2012年度国家社科基金批准复旦大学龚群虎申报的"基于汉语和部分少数民族语言的手语语料库建设研究"为重大项目，这是国家社科基金首次批准的手语研究重大项目；批准华东师范大学张吉生申报的"上海手语音系研究"为一般项目；批准河南财经政法大学仰国维申报的"中国手语分类方法和释义分析研究"为

青年项目，该项目是我国首次由听力残疾人主持的国家社科基金手语研究项目。

【本月】国家语委"十二五"科研规划 2012 年度重大项目"国家手语词汇语料库建设"准予立项。

2013 年

1 月

【21 日】国家语言文字工作委员会发文批准南京特殊教育职业技术学院（现南京特殊教育师范学院）建立"中国盲文手语推广服务中心"。

3 月

【本月】国家语委"十二五"科研规划 2012 年度委托项目"少数民族地区手语盲文使用状况调查"准予立项。

4 月

【本月】中国残疾人联合会教育就业部、中国聋人协会编的中国手语系列丛书《美术专业手语》出版。

6 月

【13 日】中国残疾人联合会教育就业部、教育部语言文字应用管理司、教育部语言文字信息管理司、教育部基础教育二司印发《全国部分少数民族地区手语盲文使用状况抽样调查方案》的通知，为进一步了解少数民族地区手语盲文工作情况，拟在全国部分地区对蒙、藏、维、哈、朝、彝、壮七个少数民族的听力残疾和视力残疾群体使用手语盲文的基本情况进行抽样调查。

7 月

【2 日】江苏师范大学与南京特殊教育职业技术学院联合培养手语主持专业硕士研究生协议在南京签署，教育部副部长、国家语委主任李卫红出席。

12 月

【本月】国家语委"十二五"科研规划 2013 年度重大项目"国家通用手语等级标准研制"准予立项。

【本月】国家语委"十二五"科研规划 2013 年度重点项目"电视手语服务现状、存在问题与对策研究"准予立项。

【本月】国家语委"十二五"科研规划 2013 年度委托项目"国名、地名的手语表达规范研究"准予立项。

【本月】国家语委"十二五"科研规划 2013 年度一般项目"聋生汉语和手语语言能力等级测试及其脑机制研究"准予立项。

2014 年

6 月

【5 日—6 日】经国务院批准，教育部、国家语言文字工作委员会、中国联合国教科文组织全国委员会、江苏省人民政府和联合国教科文组织在苏州联合举办世界语言大会。会议达成的《世界语言大会苏州共识》指出"手语和盲文应得到尊重并在教育中得到使用"。

10 月

【13 日—15 日】由中州大学承办的第七届世界手语大会在郑州举行。大会的主题是"提高手语翻译质量，促进社会无障碍建设"。来自中国、美国、英国、德国、澳大利亚、韩国等 10 多个国家和地区共 230 余名代表参加了会议。

12 月

【本月】国家语言文字工作委员会发布、教育部语言文字应用管理司指导的"中国语言生活绿皮书"《中国手语和盲文使用状况》出版。

2015 年

1 月

【14 日】中共中央办公厅、国务院办公厅印发《关于加快构建现代公共文化服务体系的意见》，提出"保障特殊群体基本文化权益。将老年人、未成年人、残疾人、农民工、农村留守妇女儿童、生活困难群众作为公共文化服务的重点对象。……鼓励和支持有条件的电视台增加手语节目或加配字幕。加强对残疾人文化艺术的扶持力度"。

【20 日】国务院印发《关于加快推进残疾人小康进程的意见》，提出"制定实施国家手语、盲文规范化行动计划，推广国家通用手语和通用盲文，完善残疾考生考试辅助办法"；"推进城乡无障碍环境建设。……鼓励电视台开办手语栏目，主要新闻栏目加配手语解说和字幕。研究制定聋人、盲人特定信息消费支持政策"。

3 月

【31 日】教育部语言文字应用管理司就江苏省语委办公室《关于在特殊教育学校开展听障人员普通话水平测试试点工作的请示》复函，指出"开展听障人员普通话水平测试试点工作，回应了有志献身特殊教育事业听障人员的诉求，有助于加强特殊教育教师队伍建设，是语言文字工作部门依法行政、开拓创新、尽职有为之举"。要求"以'中国盲文手语推广服务中心'和'江苏省高校语言能力协调创新中心'学科和专家队伍为依托，积极探索、总结听障人员普通话水平测试工作的经验和做法，不断完善测试规程，为今后推进该项工作打下紧实的基础"。

4月

【12日—17日】江苏省语委委托南京特殊教育职业技术学院中国盲文手语推广服务中心承办国内首期听障从教人员普通话集训班。来自江苏省34所特教学校的近70名听障从教人员参加培训。经教育部语言文字应用管理司批准，集训期间组织了听障从教人员普通话水平专场测试。测试时，对"读单音节字词""读多音节词语"两项测试，听障人员以书写汉语拼音作答；对"朗读短文""命题说话"两项测试，则以手语作答。依据教育部、国家语言文字工作委员会颁布的《普通话水平测试大纲》评定，有39人达到普通话水平二级标准。

7月

【29日】人力资源社会保障部、国家质量监督检验检疫总局、国家统计局发布《关于颁布〈中华人民共和国职业分类大典〉的通知》。2015年版职业分类大典将"手语翻译"列在第二大类专业技术人员中，作为"新闻出版、文化专业人员"中的一种。

8月

【21日】教育部印发《特殊教育教师专业标准（试行）》，规定特殊教育教师"正确使用普通话和国家推行的盲文、手语进行教学，规范书写钢笔字、粉笔字、毛笔字"。

10月

【13日】中国残疾人联合会、教育部、国家语委、国家新闻出版广电总局印发《国家手语和盲文规范化行动计划（2015—2020年）》，提出"按照《国务院关于加快推进残疾人小康进程的意见》和《国家中长期语言文字事业改革和发展规划纲要（2012—2020年）》的要求，以手语和盲文规范化工作为中心，加快国家通用手语和国家通用盲文的研制。统筹规划手语和盲文的科学研究、应用推广、学科建设和人才培养。以学校和公共服务领域为重点，全面推广使用国家通用手语和国家通用盲文，为听力残疾人和视力残疾人提供更加公平、平等和便利的参与社会生活的条件，保障他们的语言文字权利和融合发展"；"到2017年，颁布国家通用手语方案和国家通用盲文方案；基本形成手语和盲文规范化工作机制。到2020年，颁布国家通用手语和国家通用盲文相关规范标准；分级开展国家通用手语和国家通用盲文培训；在特殊教育学校（院）和社会公共服务领域推行国家通用手语和国家通用盲文；初步实现手语和盲文的信息化；手语和盲文的学科建设和人才培养得到加强；建立健全与手语和盲文相关的法律法规"。

12月

【29日】国家语委、中国残疾人联合会在北京主持召开"国家通用盲文标准"和"国家通用手语标准"结项鉴定会。经鉴定专家组评审,两项课题通过鉴定。

【29日】中国残疾人联合会、教育部、国家语委、国家新闻出版广电总局在北京共同举行《国家手语和盲文规范化行动计划(2015—2020年)》发布启动会。教育部副部长、国家语委主任杜占元,中国残联副理事长程凯出席会议并讲话。

【本月】国家语委"十二五"科研规划2015年度一般项目"听障人员普通话水平替代性测试研究"准予立项。

2016年

3月

【16日—17日】中国残疾人联合会、教育部、国家语委、国家新闻出版广电总局在北京共同举行《国家手语和盲文规范化行动计划(2015—2020年)》启动会,研究《国家通用手语方案(试行)》和《国家通用盲文方案(试行)》的试点工作。

5月

【3日】中国残疾人联合会办公厅、教育部办公厅印发《〈国家通用手语方案(试行)〉和〈国家通用盲文方案(试行)〉试点工作方案及领导小组成员名单的通知》,决定自2016年4月至2017年12月在北京、天津、内蒙古、辽宁、吉林、黑龙江、上海、江苏、浙江、安徽、福建、江西、山东、河南、湖北、湖南、广东、广西、四川、重庆、贵州、云南、陕西、甘肃、新疆等省(自治区、直辖市)28所院校、15个省级聋协、9个省级盲协对《国家通用手语方案(试行)》和《国家通用盲文方案(试行)》进行试点。同时成立以中国残联副理事长程凯为组长,教育部语用司司长姚喜双、语信司司长田立新、基教二司巡视员李天顺,中国残联理事张伟、李庆忠、杨洋,教就部副主任李东梅为副组长的试点工作领导小组。

8月

【3日】国务院印发《"十三五"加快残疾人小康进程规划纲要》,提出"组织实施《国家手语和盲文规范化行动计划(2015—2020年)》,推广国家通用手语和通用盲文,提高手语、盲文信息化水平。支持国家手语盲文研究中心和推广中心发挥作用。开展听力、视力残疾人普通话水平测试工作,加强手语主持研究和人才培养。建立手语翻译培训、认证、派遣服务制度";"全面推进无障碍环境建设。……推进政府信息以无障碍方式发布,地市级以上政府新闻发布会逐步增加通用手语服务,公共服务机构、公共场所和公共交通工具为残疾人提供语音和文字提示、手语、盲文

等信息交流无障碍服务。鼓励省（区、市）、市（地）电视台开设手语栏目，逐步推进影视剧和电视节目加配字幕"。

【23日】教育部、国家语言文字工作委员会印发《国家语言文字事业"十三五"发展规划》，提出"服务特殊人群语言文字需求。把手语盲文规范化作为国家语言文字工作的重要内容。实施《国家手语和盲文规范化行动计划（2015—2020年）》，加快研制国家通用手语和通用盲文系列规范标准，规范和推广国家通用手语、通用盲文。研制国家通用手语和通用盲文水平等级标准和测试大纲，逐步开展国家通用手语和国家通用盲文等级测试。加快推进手语盲文信息化建设，组织研发国家通用手语、国家通用盲文信息技术产品。培育和发展手语、盲文社会服务机构。加快手语和盲文学科建设和人才培养。加强各类语言障碍研究和语言康复治疗技术开发利用。继续推进并完善视障、听障人员普通话水平培训测试"。

9月

【21日】中国残联、中央宣传部、文化部、国家新闻出版广电总局、国家体育总局印发《残疾人文化体育工作"十三五"实施方案》，提出"办好中央人民广播电台和各级人民广播电台、电视台已有的残疾人专题节目和手语栏目。继续推动各级人民广播电台、电视台的残疾人专题节目、手语新闻栏目的开设工作，对部分省市的开设工作进行扶持。继续推进影视作品和电视作品加配字幕的工作"。

【21日】中国残联、住房和城乡建设部、教育部、公安部、民政部、交通运输部、工业和信息化部、国家新闻出版广电总局、国家互联网信息办公室、中国铁路总公司、国家旅游局、中国民航局、全国老龄工作委员会办公室印发《无障碍环境建设"十三五"实施方案》，提出"进一步将无障碍信息交流建设纳入信息化建设规划，设区市以上政府新闻发布会逐步增加手语服务，推进影像制品、电视栏目加配字幕，鼓励有条件的电视台电视节目加配手语解说，各部委、各省、设区市政府网站和主要社会公共服务机构网站无障碍服务能力达到基本水平，加快推进食品药品信息识别无障碍。推广在公共服务机构和公共场所为残疾人提供语音和文字提示、手语、盲文等信息交流服务。加强信息无障碍通用产品、技术的研发、推广、应用。推进聋人手机短信服务平台建设。图书和声像资源数字化建设实现信息无障碍。推进社区选举无障碍。全面实施方便聋人短信报警服务"。

10月

【26日】国家语言文字工作委员会在江苏师范大学主持召开由南京特殊教育师范学院承担的国家语委"十二五"科研规划2012年度重大项目"国家手语词汇语料库"项目鉴定会。经鉴定专家组评审，该课题通过鉴定。

【本月】中国残联手语盲文项目发布公告，自选项目"基于聋人教师职业准入需求和聋人手语能力评估研究""指拼在聋校教学中的应用研究""中国手语专有名词规范化研究""基于二语习得理论的手语教材编写研究与实践""面向餐饮业的手语汉语平行资源的研究与应用"准予立项。这是中国残联首次独立设置和资助手语研究项目。

12月

【13日】教育部发布《聋校义务教育课程标准（2016年版）》。其中，沟通与交往课程专门安排了手语教学内容，要求学生初步掌握口语、手语、笔谈等多种沟通与交往的方式；在思想品德、语文、数学、历史、地理、物理、化学、生物、体育与健康、律动、美术课标中对手语的使用以及专业术语的手语开发提出要求和教学建议。

【本年】在中国残疾人联合会的支持下，中国聋人协会在北京、辽宁、江苏、河南、湖北、广东、四川7个省市设立手语信息采集点，由中国聋人协会手语研究与推广委员会负责具体工作，定期收集手语新词。2017年继续在上海、浙江、福建、江西、甘肃5个省市设立手语信息采集点。

2017年

1月

【12日—13日】中国残疾人联合会在北京举行国家通用手语和国家通用盲文试点工作交流会。

2月

【23日】国务院公布修订后的《残疾人教育条例》，自2017年5月1日起施行。规定"从事听力残疾人教育的特殊教育教师应当达到国家规定的手语等级标准，从事视力残疾人教育的特殊教育教师应当达到国家规定的盲文等级标准"；"国家鼓励开展残疾人教育的科学研究，组织和扶持盲文、手语的研究和应用，支持特殊教育教材的编写和出版"。

3月

【17日】教育部发布《关于公布2016年度普通高等学校本科专业备案和审批结果的通知》，批准南京特殊教育师范学院新增"手语翻译"本科专业。

【本月】中国聋人协会、国家手语和盲文研究中心编的中国通用手语系列《计算机常用词通用手语》（照片版）出版。

4月

【6日—16日】中国残疾人联合会教育就业部、教育部语言文字应用管理司、国家语委办公室、国家新闻出版广电总局宣传司委托北京师范大学承办全国电视台手语主持人国家通用手语培训班。

5月

【26日】上海大学中国手语及聋人研究中心成立。

【31日】中国残联办公厅印发《中国残联手语和盲文项目管理办法（试行）》。

8月

【本月】国家语委"十三五"科研规划2017年度重点项目"手语主持语料库建设与国家通用手语媒体推广策略研究"准予立项。

【本月】中国残联手语盲文项目发布公告，招标项目"生物学科常用词通用手语的研究""聋校数学学科常用词通用手语补充研究""思想政治教育常用词通用手语补充研究""语文、沟通与交往学科常用词通用手语补充研究""物理学科常用词通用手语研究""化学学科常用词通用手语研究"，自选项目"国家通用手语培训教材的开发研究""基于国际交流背景下聋人手语—英语教学研究""《大学生心理健康教育》课程常用词通用手语补充研究""国家通用法律手语研究""文法手语与自然手语认知加工差异的实验研究""通用手语工具书标准设计研究"准予立项。

9月

【本月】配有国家通用手语图的"聋校义务教育实验教科书"一年级语文（上册）和一年级数学（上册）正式使用。之后，其他各科各年级聋校教材陆续出版发行，国家通用手语逐步进入国家统编义务教育教材。

10月

【本月】中国共产党第十九次全国代表大会安排手语同声传译，这在中国共产党全国代表大会历史上是第一次。北京市东城区特殊教育学校周晔担任首位手语传译者。

12月

【4日】四川省教育厅发出《关于开展听障人员教师资格认定试点工作的通知》，指出"根据《教育部等七部门印发〈第二期特殊教育提升计划（2017—2020年）〉的通知》（教基〔2017〕6号）精神和《教育部教师工作司关于同意四川省教育厅开展听障人员教师资格认定试点工作的函》（教师司函〔2017〕47号）要求，我省从2018年起开展听障人员教师资格认定试点工作"，认定对象为"四川省行政区域内的听障人员（户籍或工作单位在四川省以及四川省内应届毕业学生）"。

2018 年

1月

【本月】中国聋人协会、国家手语和盲文研究中心编的中国通用手语系列《美术常用词通用手语》和《计算机常用词通用手语》（绘图版）出版。

3月

【9日】教育部、国家语言文字工作委员会、中国残疾人联合会发布语言文字规范《国家通用手语常用词表》，自2018年7月1日起实施。

【本月】中国聋人协会、国家手语和盲文研究中心编的中国通用手语系列《体育和律动常用词通用手语》出版。

4月

【17日】中国残疾人联合会主持召开《中华人民共和国国歌》国家通用手语方案审议会。中国残联副理事长程凯，中国残联主席团副主席、中国聋人协会名誉主席刘再军，中国残联理事、中国聋人协会主席杨洋出席了会议。教育部语言文字信息管理司、最高人民法院相关部门同志，国家手语和盲文研究中心、中国残疾人艺术团、北京师范大学、厦门大学、上海大学等单位的专家、学者，北京、天津聋校教师以及手语翻译和聋人代表近30人参加了会议。

【20日】中国残联手语盲文项目发布公告，一般项目"汉语成语的手语表达研究""汉语短语的手语表达研究""仿字手语构词及其语义认知研究"准予立项。

5月

【20日】国家邮政局在第28个全国助残日发行《全国助残日》主题纪念邮票一枚。邮票设计以残疾人标识为主要元素，白色的标识和色相渐变的爱心图案，象征残疾人事业的纯洁、美好，突出全社会关爱残疾人的主题。爱心背景上有八种助残标识，分别为：无障碍标识、手语、助听、信息、盲文、卫生健康、手推轮椅、导盲（聋）犬，体现残疾人平等参与社会、共享发展的理念。

【本月】国家语委"十三五"科研规划2018年度委托项目"《汉语手指字母方案》修订研究"准予立项。

6月

【18日】中央宣传部、中国残疾人联合会、教育部、国家语言文字工作委员会、国家广播电视总局联合印发《关于推广国家通用手语和国家通用盲文的通知》，要求各地相关部门和单位贯彻落实《国家通用手语推广方案》《国家通用盲文推广方案》。

【20日】教育部语言文字应用管理司、教育部语言文字应用研究所在南京特殊教

育师范学院召开听障人员普通话水平测试试点工作验收会。

【25日】中央宣传部、中国残联、教育部、国家语委、国家广播电视总局在北京召开国家通用手语和国家通用盲文推广部署电视电话会议。教育部副部长、国家语委主任杜占元，中国残联副理事长程凯出席并讲话。中央宣传部、国家广播电视总局相关负责同志出席会议。

9月

【1日】中国残疾人联合会、教育部、国家语言文字工作委员会在北京启喑实验学校共同举行《中华人民共和国国歌》国家通用手语版推广发布仪式。

【19日—20日】中国政府和联合国教科文组织在湖南长沙联合主办首届世界语言资源保护大会，会议讨论并通过了《岳麓宣言（草案）》。在会上，中国代表介绍了手语、盲文的研究和保护情况。

10月

【本月】中国残疾人联合会、中国聋人协会编，国家手语和盲文研究中心审校的国家通用手语系列《〈中华人民共和国国歌〉挂图》出版。

2019年

1月

【18日】联合国教科文组织正式公布首个以"保护语言多样性"为主题的重要永久性文件——保护和促进世界语言多样性《岳麓宣言》，倡议"保护和促进语言多样性有助于提高濒危语言、少数民族语言、土著语言、非官方语言以及方言母语者的潜力、行动力和主动性。这包括人们自儿童期便开始使用并传承母语、接受母语教育、获得互联网和其他公共空间的信息和知识，视障人士使用盲文、听障人士使用手语进行交流，增加优质教育和性别平等的机会"。《岳麓宣言》体现了中国经验和中国方案，成为联合国教科文组织重要的永久性文件，也是联合国"2019国际本土语言年"的重要基础性文件。

5月

【本月】中国残联手语盲文项目发布公告，一般项目"国家通用地方手语银行业服务常用词补充研究""听障群体医疗服务行业国家通用手语研究""基于交通行业服务国家通用手语研究与应用""习近平治国理政高频词句手语翻译术语库建设""手语语言政策及规划：国际比较研究""基础专职委员通用手语500句在线教程"准予立项。

7月

【15日】教育部、国家语言文字工作委员会、中国残疾人联合会发布新修订的语言文字规范《汉语手指字母方案》，自2019年11月1日起实施。

10月

【10日】教育部教师工作司颁发《特殊教育专业认证标准》，提出"养成师范生自主学习能力，掌握'三字一话'、国家通用手语或国家通用盲文等从教基本功"。

【本月】中国残疾人联合会组编，中国聋人协会、国家手语和盲文研究中心编的国家通用手语系列《国家通用手语词典（全四册）》出版。

11月

【25日】国家语委"十三五"科研规划2019年度后期资助项目"基于'通用手语'的听障人员普通话水平替代性测试研究"准予立项。

【25日】国家语委"十三五"科研规划2019年度一般资助项目"结合关键点定位及重识别技术的手语机器识别及翻译算法研究"准予立项。

【本月】中国残疾人联合会、中国聋人协会编，国家手语和盲文研究中心审校的国家通用手语系列《汉语手指字母指式挂图》出版。

2020年

5月

【本月】中国残联手语盲文项目发布公告，委托项目"地方手语资源调查和保护研究"（后转为国家语委委托课题），一般项目"基于北京地区聋人的手语语法研究""2022年北京冬奥会、冬残奥会常用词通用手语补充研究""国家通用手语电视栏目设置研究""《少先队歌》《共青团歌》通用手语研究"准予立项。

10月

【本月】中国残疾人联合会组编，中国聋人协会、国家手语和盲文研究中心编的国家通用手语系列《数学常用词通用手语》出版。

11月

【23日】教育部、国家语言文字工作委员会、中国残疾人联合会发布语言文字规范《〈中华人民共和国国歌〉国家通用手语方案》，自2021年3月1日起实施。

12月

【本月】中国残疾人联合会、中国聋人协会编，国家手语和盲文研究中心审校的国家通用手语系列《社会主义核心价值观挂图》《中国各民族名称挂图》出版。

【本月】国家语委"十三五"科研规划2020年度委托项目"地方手语资源调查和保护研究——京沪老年聋人手语采集与保护"准予立项。

2021年

1月

【本月】上海大学中国手语及聋人研究中心倪兰主编的《中华经典读本》（手语版）由复旦大学出版社出版。该书是教育部、国家语言文字工作委员会中华经典诵读工程项目之一。

4月

【2日】教育部办公厅发布《特殊教育专业师范生教师职业能力标准（试行）》，规定师范生要"具备钢笔字、毛笔字、粉笔字与普通话、国家通用盲文、国家通用手语等教学基本功"。

5月

【26日】国家语言文字工作委员会复函中国残疾人联合会，同意依托华夏出版社有限公司共建"国家通用手语数字推广中心"。

6月

【11日】中国残疾人联合会、中央宣传部、教育部、国家语委、科技部、工业和信息化部、文化和旅游部、国家广播电视总局联合印发《第二期国家手语和盲文规范化行动计划（2021—2025年）》的通知。

7月

【8日】国务院印发《"十四五"残疾人保障和发展规划》，提出"制定实施《第二期国家手语和盲文规范化行动计划（2021—2025年）》，加快推广国家通用手语和国家通用盲文"；"把国家通用手语、国家通用盲文作为应急语言文字服务内容，政府新闻发布会和电视、网络发布突发公共事件信息时加配字幕和手语"；"政府新闻发布会配备同步速录字幕、手语翻译，鼓励政务服务大厅和公共服务场所为残疾人提供字幕、手语、语音等服务"；"鼓励有条件的职业院校和普通本科院校增设康复治疗、康复工程技术、特殊教育、手语、盲文等相关专业"。

【本月】《国家通用手语词典（全四册）》获国家新闻出版署颁发的第五届中国出版政府奖图书奖提名奖。

9月

【9日】国务院授权国务院新闻办公室发布《国家人权行动计划（2021—2025年）》，提出"推广国家通用手语和国家通用盲文"。

【本月】《国家通用手语常用词表》获第六届全国教育科学研究优秀成果三等奖。

10月

【本月】中国残疾人联合会组编，中国聋人协会、国家手语和盲文研究中心编的国家通用手语系列《物理常用词通用手语》出版。

11月

【24日】"十四五"国家手语和盲文工作部署视频会在北京召开，中国残联副理事长程凯，教育部副部长、国家语委主任田学军出席会议并讲话，中央宣传部、教育部、科技部、工业和信息化部、文化和旅游部、国家广播电视总局有关司局负责同志出席会议。会议充分肯定了"十三五"时期的手语盲文工作取得的成绩和经验，客观分析了当前面临的新形势，对"十四五"工作作了全面部署。

【30日】《国务院办公厅关于全面加强新时代语言文字工作的意见》正式发布，提出"加快手语和盲文规范化、标准化、信息化建设，加快推广国家通用手语和国家通用盲文，加强手语、盲文学科建设和人才培养，为听力、视力残疾人提供无障碍语言文字服务"。

【31日】《国务院办公厅关于转发教育部等部门"十四五"特殊教育发展提升行动计划的通知》正式发布，《行动计划》提出"加大力度推广使用国家通用手语和国家通用盲文"。

12月

【本月】中国残疾人联合会组编、北京手语研究会编、国家手语和盲文研究中心审校的国家通用手语系列《冰雪运动常用词通用手语》视频上线。

2022年

4月

【28日】在教育部、国家语委的指导支持下，由29家高校、企业、协会组织等联合发起的国家应急语言服务团成立，中国聋人协会、北京师范大学、南京特殊教育师范学院、华夏出版社为首批团队会员，手语成为应急语言服务中的语种之一。

5月

【11日】中国残疾人联合会组织召开《中国少年先锋队队歌》《中国共产主义青年团团歌》国家通用手语方案（以下简称"方案"）审议视频会。中国残联副主席、副理事长程凯出席会议，教育部、国家语委、共青团中央、中国残联有关部门负责同志，中国聋人协会及手语委负责同志，方案研制组和有关专家在线上参加会议。方案研制组介绍了方案的研制背景和研究过程，与会人员对方案的进一步完善提出了建议。

6月

【28日】中国残疾人联合会、教育部、国家语言文字工作委员会联合下发《关于成立国家手语和盲文工作协调小组、专家组的通知》。

8月

【本月】《国家通用手语词典（全四册）》韩文版由韩国聋人社会信息院出版社出版。

9月

【29日】《疫情防控应急手语100句》视频在国家应急语言服务团、语言资源高精尖创新中心、国家语言资源服务平台、中国聋人协会、国家通用手语数字推广中心等平台同步上线。

10月

【本月】中国残疾人联合会组编，中国聋人协会、国家手语和盲文研究中心编的国家通用手语系列《化学常用词通用手语》《生物常用词通用手语》和修订版《美术常用词通用手语》出版。